KB147000

시시콜콜 조선부동산실록

시시콜콜 조선부동산실록

왜 개혁은 항상 실패할까?

ⓒ 박영서 2023

초판 1쇄   2023년 10월 16일

지은이   박영서

출판책임   박성규   펴낸이   이정원
편집주간   선우미정   펴낸곳   도서출판 들녘
기획이사   이지윤   등록일자   1987년 12월 12일
편집진행   이수연   등록번호   10-156
디자인진행 고유단   주소   경기도 파주시 회동길 198
본문삽화   이보현   전화   031-955-7374 (대표)
편집   이동하·김혜민   031-955-7381 (편집)
디자인   하민우   팩스   031-955-7393
마케팅   전병우   이메일   dulnyouk@dulnyouk.co.kr
경영지원   김은주·나수정
제작관리   구법모
물류관리   엄철용

ISBN   979-11-5925-812-1 (03910)

이 도서는 한국출판문화산업진흥원의 '2023년 우수출판콘텐츠 제작 지원' 사업 선정작입니다.

값은 뒤표지에 있습니다. 잘못된 책은 구입하신 곳에서 바꿔드립니다.

시시콜콜 조선부동산실록

박영서 지음

일러두기

1. 옛이야기가 어려운 이유는 서사 그 자체의 매력이 부족해서가 아니라, 사료의 장벽이 높은 까닭이라고 생각합니다. '읽는 맛'을 위해 이 책에 등장하는 모든 사료에 과감한 편집·윤색을 가했습니다. 일부 옛날 단어 또한 현대적 감각으로 재해석하여 옮겼습니다.

2. 독자의 이해를 돕기 위해, 넓이와 무게를 재는 조선의 도량형 일부를 우리가 자주 쓰는 도량형으로 추산하여 병기했습니다. 추산치는 다음과 같습니다.

1칸(間): 1.8평(坪)
1두락(斗落, 마지기): 200평 [10두락=1석(石, 섬지기)]
1일경(日耕): 40두락
1결(結): 약 4,000평 [1결=100부(負)=1,000속(束)=10,000파(把)]
1두(斗, 말): 18리터=18킬로그램 [1석(石)=10두=100되=1,000홉]
1결의 생산량: 400두 [400(두)×18(킬로그램)=7,200킬로그램]

〈추산 근거〉
국사편찬위원회, 『신편한국사』, 2002, 86쪽.
최순희(崔淳姬), 「농포 정문부 자제 화회성문(農圃 鄭文孚 子弟 和會成文)」『문화재』 17, 1984, 245쪽.
『목민심서(牧民心書)』 「세법(稅法)」.

3. 이 책에서 인용된 주요 사료의 원문·번역문을 확인할 수 있는 인터넷 사이트는 다음과 같습니다.

 한국고전종합DB: 『경세유표』『대산집』『목민심서』『연암집』『약천집』『조선경국전』『하재일기』『허백당집』

 국사편찬위원회한국사DB: 『고려사』『고려사절요』『노상추일기』『비변사등록』『승정원일기』『조선왕조실록』

 국사편찬위원회 조선시대법령자료: 『경국대전』『속대전』

 한국학중앙연구원 장서각기록유산DB: 『묵재일기』『이재난고』

 디지털장서각 조선시대한글편지DB: 은진 송 씨 송규렴 가 『선찰』

 디지털장서각 한국고문서자료관: 각종 소지(所志)류

 동양고전종합DB: 『맹자집주』

 지암일기: 『지암일기』

4. 인용 표기는 미주를 사용했으며, 참고문헌을 별도로 정리했습니다.

5. 단행본·고서·연구서·학술서 등은 겹낫표(『』)로, 논문·고문서 등은 홑낫표(「」)로 묶었습니다. 드라마·그림·사진·노래·법률 등은 홑꺾쇠(〈〉)로 표시했습니다.

모든 국가의 멸망 과정을 살펴보면 언제나 부동산 문제가 똬리를 틀고 앉아 있습니다. 하루아침에 만들어지지 않은 로마는 자영농 계층의 몰락과 귀족들의 토지 겸병으로 인해 11세기 이후 급격하게 쇠퇴합니다. 후한(後漢) 호족들의 대토지 겸병은 나라를 휘청이게 만들었고, 결국 '유관장 삼형제'가 활약하던 삼국시대가 열리는 원인이 되었지요. 멀리 갈 것도 없습니다. 귀족과 호족이 대토지를 소유하던 신라와 고려, 관료가 대토지를 소유하던 조선 모두 토지 불균형이 선을 넘다 못해 '망국을 견인하는 폭주 기관차'로 돌변하는 과정을 밟았습니다.

이렇듯 '귀족들의 대토지 소유'는 우리가 망국의 거시적 원인을 꼽을 때 늘상 언급되는 단골손님입니다. 그런데 그 한 줄의 서술 속에는 무수히 많은, 정말로 셀 수 없이 많은 사람의 실존적 고통이 숨어 있습니다. 땅은 모든 인간의 생산수단이자, 삶의 터전입니다. 그런데 토지를 독점하는 소수가 절대다수의 토지를 빼앗는 지경까지 흘러오면, 수많은 '보통 사람'이 최소한의 생계 수준도 유지할 수 없는 극한의 상황으로 몰리게 됩니다. 저, 그리고 여러분 같은 보통 사람들이 말이죠.

따라서 역사 속의 부동산 불균형 문제는 먼 나라 이야기나 옛날 옛적 이야기처럼, 한 번 듣고 흘릴 만한 것이 아닙니다. '지금, 여기'에서 우리 삶을 뒤흔드는 현재진행형의 문제죠. 토지를 소유하는 사람들의 신분이 바뀌고 토지를 소유하는 방법이 달라질 뿐, '토지 독점'은 결코 사라지지 않는 역사적 난제입니다.

저에게도 그랬습니다. 저는 어린 시절 서울 성북동에 살았고, 조금 뒤에는 인천으로 이사했으며, IMF 이후에는 양평을 거쳐 충주로 이사해 왔습니다. 서울에서부터 수도권, 수도권에서부터 지방으로 밀려나는 중산층의 몰락 과정을 그대로 겪어왔던 셈이죠. 그 과정에서 가정환경도 바뀌었고, 삶의 질이 확 달라지기도 했지요. 비록 어린 시절 짧은 기간 내에 일어난 변화였으나, 저는 그 안에서도 '부동산 문제는 현재진행형이면서 역사적 난제'라는 명제를 찾아낼 수 있었습니다.

그리고 이는 곧 역사 속의 모든 시간에서 통용됩니다. '조선은 토지 불균형 때문에 망했다.'라고 이야기하는 건 쉽습니다만, '조선은 토지 불균형을 해소하기 위해 어떤 노력을 기울였을까?'라는 질문에 답하는 건 쉽지 않습니다. 그들도 우리와 똑같은 문제의식을 느꼈고, 비슷한 해법을 고민했으며, 우리만큼이나 공정하고 평등한 세상을 꿈꿨습니다. 토지 불균형을 지적하는 상소가 연일 셀 수 없을 만큼 올라왔으며, 건국부터 멸망할 때까지 토지 개혁 문제는 모든 왕과 집권당의 중대한 국정 과제였습니다. 독자 여러분은 이 책에서 조선 사람들이 토지 불균형 문제에 대해 품었던 고민을 알고, 그들이 어떤 노력을 기울였는지 확인하실 수 있을 것입니다.

얼마 전, 한 커뮤니티에서 「정약용이 자녀들에게 강조한 가르침」이라는 글을 읽었습니다. 정약용은 자녀들에게 "절대로 서울을 벗어나지 말라"고 강조했다고 하죠. 사람들은 그의 혜안을 칭찬했습니다. 심지어 "지방 발전론에 대한 카운터다."라고 말하기도 했습니다. 정약용 같은 사람조차 서울을 떠나지 않으려 했는데, 우리 같은 사람들은 더더욱 서울에서 '비벼야' 한다고요.

슬프고, 안타까웠습니다. 시대의 양심으로서 모든 부패에 대한 해결책을 모색했던 정약용조차도 자녀들에게 "무조건 서울에서 '존버'해라"라는 조언을 남길 수밖에 없었던, 19세기 조선의 현실이 슬펐습니다. '서울 집중 현상'이 현대 대한민국에 얼마나 큰 불균형을 남기고 있는지 모두가 알면서도, 정약용의 조언을 비판적으로 다룰 수 없는 우리의 뿌리 깊은 부동산 인식이 안타까웠습니다.

우리는 마땅히 정약용의 말을 비판해야 합니다. 시대의 불평등에 개탄했던 정약용조차도 '내로남불'이었다고요. 성공적인 부동산 개혁은, '부동산 불평등은 개혁되어야 한다'는 시민들의 절대적인 믿음과 인식 위에서 출발합니다. 우리가 여전히 '내 집의 가격은 올라야 하지만, 국가 전체적으로는 떨어졌으면 좋겠다.'라는 환상에 젖어 있는 한, 부동산 불평등은 다음 세대, 그다음 세대에도 해결되지 않고 오히려 심화할 것입니다. 결국엔 망국으로 향하는 에스컬레이터가 되겠지요. 수많은 시민의 고통을 실어 나르면서요.

역사는 우리의 인식과 사상을 형성하는 양분입니다. 조선사의 진짜 가치는, 조선이라는 나라의 훌륭함이나 무능함에 있는 것이 아니라,

상황을 다각도로 둘러볼 수 있는 수많은 사료에 있다고 생각합니다. 이 책 또한 그러한 가치를 최대한 빛낼 수 있는 방향을 고민하며 쓰였습니다. 부족함 많은 이 책이, 부동산 개혁을 위한 공동의 인식을 마련하는 일에 아주 작은 마중물이라도 될 수 있다면, 저자로서 그만한 보람은 없을 것입니다.

이 책과 저의 졸저『시시콜콜 조선복지실록』은 도서출판 들녘의 여러 선생님과 대화하면서 시작된 기획입니다. 처음 이야기 나눈 시점으로부터 몇 년이 흘러서야 집필을 매듭지을 수 있게 되었지요. '복지'와 '부동산'은 각각 사회사와 경제사 파트로서, 대체로 '노잼'이라는 얘기를 듣기 좋은 분과이며, 저 또한 그래서 가까이하지 않던 분야입니다. 하지만 이 책들을 쓰며 한층 성장할 수 있었습니다. 귀중하고 또 의미 있는 기획을 제게 맡겨주신 도서출판 들녘에 진심으로 감사드립니다.

언제나 그렇듯 이 책은 지금도 치열하게 고민하시는 학계의 선행 연구에 큰 빚을 지고 있습니다. 따로 특정하기 어려울 만큼 많은 선생님의 선행 연구가 막막하고 답답할 때마다 길이 되어주었습니다. 깊은 존경과 감사의 인사를 지면으로나마 남깁니다.

그러나 비전공자가 다루는 것이니만큼, 여러 오류와 아쉬움이 있을 것입니다. 저의 졸고가 혹 여러 선생님의 연구에 누가 되는 건 아닌지 송구함이 앞섭니다. 특히 독자의 편의를 위해 결(結)과 같은 여러 도량형을 현대의 단위로 치환하였고, 사료들을 읽기에 더 편한 뉘앙스로 고쳐서 인용하였습니다. 그 밖의 여러 오점은 모두 저의 책임입니다. 독자 여러분의 따끔한 지적과 친절한 가르침을 겸허한 마음으로 기다리겠습니다.

처음 아이디어를 낼 때부터 지금까지 몇 년의 시간이 흐른 만큼, 많은 분의 도움을 받았습니다. 작업이 막힐 때마다 토론을 통해 물꼬를 터주는 철학이야기 도반들께 감사드립니다. 이번에도 볼 때마다 감탄하게 되는 훌륭한 삽화를 그려주신 이보현 작가님께도 감사드립니다. 책을 처음 쓸 때부터 탈고할 때까지, 함께 크고 작은 일상을 영위하며 영혼에 숨결을 불어넣어준 AW 님께도 감사드립니다. 좁고 불편한 저의 길을 묵묵히 지지해주는 석왕사(釋王寺) 가족 여러분들께도 감사드립니다.

요즘 사람들이 근황을 물으면, 저는 입버릇처럼 "행복합니다."라고 말하고 있습니다. 저는 잘 쓰는 작가도, 많이 쓰는 작가도, 유명한 작가도 아닙니다만, 이렇게 오랜 고민의 결과물을 드문드문 세상에, 그리고 여러분께 선보일 수 있다는 기쁨은 그 무엇과도 바꿀 수 없지요. 그래서 이 행복을 선사해주시는 독자 여러분께 감사드리지 않을 수 없습니다.

부동산 문제는 저출생 문제처럼, 한 국가가 가진 총체적 문제의 원인이면서 결과입니다. 다시 말하면, 어떤 원인들이 있어서 부동산 불균형이 나타나지만, 동시에 부동산 불균형으로 인한 어떤 결과들이 나타난다는 의미지요. 그래서 부동산 개혁은 불가능에 가까울 정도로 어렵습니다. 하지만 이 책을 읽어주시는 분들이라면, 조금 더 짙은 문제의

식과 강한 열망을 지니셨을 테지요. 그 마음들이 쌓일수록, 우리가 피부로 느끼는 불평등도 조금씩 나아질 것이라 믿어 의심치 않습니다. 그 험난한 여정에, 한 명의 시민으로서 동참하겠습니다.

2023년 10월 16일

충주 석왕사 조우재(遭遇齋)에서

박영서

목차

땅과 집은 언제나 역사의 주인공이었습니다. 땅에 경계를 긋는 자들이 나타난 뒤로 말이죠. 모든 인류가 땅을 공유하며 먹고 자던 어느 날, 누군가 나타나 경계를 긋고 "지금부터 내 땅"이라고 선언합니다. 이때부터 우리가 아는 역사적 사건의 대부분이 벌어집니다. 땅 위에서 번영을 일구려는 개인의 욕망들이 충돌하기 시작한 겁니다. 아주 거칠게 말하면, 땅을 소유하고자 하는 욕망이 인간의 기술과 사상이 발전하도록 이끈 원동력이었다고 해도 무방할 것 같습니다.

그러니까 우리 인류에게는, 어쩌면 이러한 인식이 인종과 국경을 넘어 공유되고 있는지 모릅니다.

'땅을 더 많이 소유하는 자가 더 행복해질 가능성이 크다.'

얼핏 맞는 것도 같습니다. 우리의 삶은 땅 위에서 전개되고 소멸하니까요. 때때로 사회주의나 아나키즘과 같은, 땅에 대한 새로운 실험도 있었습니다. 그렇지만 우리의 삶이 땅으로부터 자유로울 수 없다는 믿음, 나아가 땅으로부터 행복을 수확할 수 있다는 믿음은 언제나 강력했습니다. 그 강력한 믿음은 우리의 상식과 일반론을 아득히 뛰어넘는 흥미로운 상황을 만들기도 합니다. 예컨대 지구의 땅을 살 돈을 벌기 위해 "화성 갈 거니까!"를 외치며 코인에 투자하는, 그런 역설적인 상황 말이죠.

행복해지고 싶다는 열망이 너무 강력해지면, 역사책에 새로운 장을 만들어냅니다. 바로 혁명이죠. 조선도 다르지 않았습니다. 우리의 인식 속 조선은 봉건적이고 낡은 사회이자, 온갖 제도적 폐해가 궁궐에서부터 산골짜기까지 만연한 나라입니다. 하지만 한때는 조선 또한 혁명에서 비롯된 '새 시대, 새 나라'였음을 부정할 수는 없습니다.

고려에서 조선으로의 교체는 다양한 함의가 있습니다. 불교에서 유학으로의 교체, 권문세족에서 사대부로의 교체, 왕 씨에서 이 씨로의 교체 등등. 하지만 그 모든 것을 가능하게 한 밑바탕에는 땅이 있습니다. 고려의 도장이 찍힌 모든 토지 소유를 해체하고 조선이라는 도장을 찍어서 분배하는 일을 마쳤을 때, 비로소 조선을 세운 자들의 혁명도 완성된 것입니다.

그들에게 토지 분배란 어떤 의미였을까요? 우리는 항상 '국가란 무엇인가' '바람직한 국가는 어떤 모습일까'를 진지하게 고민합니다. 조선의 건국자들에게 '바람직한 국가'란, 맹자가 말했던 '인(仁)의 정치', 즉 사람에 대한 공감과 사랑을 기반으로 정치를 펼치는 나라였습니다. 맹자의 말을 읽어보죠.

백성들은 일정한 생업과 소득이 있으면(恒産), 실존적 충만함(恒心)이 변치 않습니다. 하지만 일정한 생업과 소득이 없으면, 실존적 충만함이 무너집니다. 실존적 충만함이 가득하다면, 방탕하고 편벽되고 사특하고 사치한 행동을 하지 않을 것입니다.

— 『맹자집주(孟子集註)』 「등문왕장구 상(滕文公章句 上)」

맹자는 인의 정치를 실현하기 위해 백성들에게 '일정한 생업과 소득'을 보장해야 한다고 말합니다. 일정한 생업과 소득이 있으면, '항심(恒心)'이 변하지 않고 굳건히 남는다면서요. 항심이란, 가깝게는 직업적·경제적으로 떳떳한 마음이며, 멀게는 '도덕을 포함한 모든 일에 힘을 쏟을 수 있는 마음의 상태'를 이릅니다. 즉 항심을 가진 이는 실존적으로 완성된 인간이죠. 모든 백성이 실존적으로 충만하다면, 그 사회는 안정되고 건전하며 도덕적으로도 완숙할 것입니다. 옛사람들은 이런 사회를 만들어나가는 것이 바람직한 국가라고 생각했습니다.

따라서 백성들에게 일정한 생업과 소득을 보장하기 위한 여러 방안이 고안됩니다. 그중 조선의 건국자들이 모델로 삼았던 건 주희의 정전제(井田制)입니다. 땅을 우물 정(井) 자 모양으로 9등분한 뒤, 여덟 가구가 가운데 땅을 공동 경작하여 생산물을 세금으로 납부하고, 나머지 땅은 각각 경작하여 자신들의 소득으로 삼는 형태였죠. 즉 땅을 고르게 분배하고 세금을 적게 거두는 제도입니다. 옛사람들은 이러한 제도가 전국에 안착하면 곧 이상적인 국가로 나아갈 수 있다고 믿었습니다.

조선의 건국자들은 정전제를 모델로 삼아서 드라마틱한 토지 개혁을 단행합니다. 수백 년간 누적된 극심한 불균형을 해소하기 위해 전국의 토지문서를 모아 불태워버렸죠. 그런데 도대체 오백 년 동안 무슨 일이 있었던 걸까요? 역사책 수십 쪽을 후루룩 넘기고 보니, 이상한 일들이 일어납니다. 대대로 서울에 살았으나 서울의 엄청난 집값을 견디지 못하고 경기도 광주로 밀려나는 조 씨네 양반이 나타나고, 반면에 땅이 너무나 많아서 어디가 자기 땅인지도 모르는 김 씨네 양반도 나타납니다. 어떤 이는 자기 땅이라고는 한 평도 없어서 평생 소작료를 내며 사는데, 어떤 이는 고래 등 같은 기와집 정자에서 배만 벅벅 긁고 있어도 '돈이 복사됩니다.' 이상합니다. 모두 함께 행복해지기 위한 토지 개혁이었는데 어째서 실제 사람들의 삶은 이처럼 서로 달라진 걸까요?

이 책은 땅과 집을 사이좋게 나눠 가짐으로써 행복해지려 했던 조선 사람들의 시도를 살피며, 그들의 이상이 어떻게 조금씩 잿빛으로 물들어갔는지를 알아볼 것입니다. 그것은 한 가지 사이클로 설명할 수 있습니다. 힘 있는 자가 부동산을 독점하고, 부동산 독점이 사회적 문제가 되며, 독점을 해체하기 위한 정치적 작업이 시도되었다가 다시 좌절되는 사이클입니다. 이러한 도돌이표는 대한민국에서는 정권마다, 조선 왕조에서는 오백 년 내내 벌어졌던 일입니다.

1부에서는 조선 땅의 역사를 다룹니다. 농사가 모든 것의 근본이었던 나라 조선에서 땅이 갖는 의미는 실로 막대했습니다. 이름 없는 필부의 생계비부터 국가를 운영하는 예산에 이르기까지 거의 모든 돈이 땅에서 나왔으니까요. 생산수단의 평등하고 공정한 분배를 통해 모두가 행복한 나라를 꿈꿨던 조선의 시도가 어떻게 흘러갔는지, 그 긴 시간 동안 어떤 반성과 침묵이 있었는지 살펴봅니다.

2부에서는 조선 집의 역사를 다룹니다. 집과 땅의 권리와 소유가 명백하게 분리된 현대와 달리, 조선에서는 집에 대한 권리가 대체로 땅에 예속되어 있었습니다. 그래서 집 문제는 땅 문제보다 덜 예민한 주제였죠. 하지만 집에 대해 첨예하게 촉각을 곤두세워야만 했던 곳이 있었으니, 바로 서울입니다. 제로(zero)부터 시작된 서울 신도시 주택 분배의 역사부터 집값이 무한 폭등했던 19세기 말까지, '조선 집의 역사'를 서울을 중심으로 살펴봅니다.

「다시 여는 글」에서는 '부동산 개혁은 왜 실패하는가'에 대한 생각을 풀어보았습니다. 조선 사람들이 시도했던 부동산 국유화 개혁을 원점에서부터 살펴보고, 우리가 집과 땅을 어떻게 바라봐야 하는지 조선사 속에서 자그마한 통찰을 꺼내보았습니다.

그럼 부동산에 울고 웃던 조선 사람들의 치열한 이야기, 지금부터 시작하겠습니다.

1부

조선의 땅 이야기

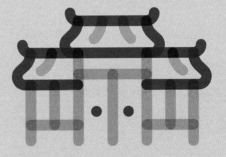

1장. 조선의 한 판 뒤집기: 과전법

불로소득, 이의 있소!

조선을 이야기하기 전에 고려를 다루지 않을 수 없습니다. 고려 말, 그러니까 1300년대 후반으로 돌아가보죠. 당시 고려는 국가로서의 기능이 완전히 마비된 상태였습니다. 북쪽에서는 홍건적이 날뛰고, 남쪽에서는 왜구가 내륙 깊숙이까지 들어와 활개를 쳤죠. 백성들은 외적의 침입과 무거운 세금, 격심한 노동에 시달리며 하루하루 목숨 부지하는 것만도 벅찬 삶을 살았습니다. 이를 바로잡아야 할 왕실의 권위는 땅에 떨어졌고, 각 지역에서는 시쳇말로 '주먹깨나 쓰는 사람'이 사실상 왕이나 다름없는 지위에 올랐죠.

흔히 기강이 무너지면 나라가 망한다고들 합니다. 기강이란 무엇일까요? 정치가들의 논의와 국가의 정책이 공공의 이익을 최우선으로 고려하는 것, 즉 '공정함을 추구하는 의식과 태도'가 곧 기강이라 할 수 있을 것입니다. 그래서 공정한 인사 선발이 중요합니다. 공정하지 않은 인사 선발이 관행으로 자리 잡으면, 그렇게 뽑힌 사람들이 사익을 추구하더라도 되돌리기 어려우니까요. 정교한 민주주의 체제를 이룬 우리 시대에도 정권이 뒤집힐 정도로 치명적인 부정부패가 있었습니다. 여전히 진행 중인 일이기도 하고요.

그런데 당시 고려는 단순히 왕의 측근이나 왕을 과거에 도와줬던 몇몇이 잘 보이지 않는 곳에서 적당히 사익을 추구하는 정도가 아니었습니다. 정치에 몸담은 사람 대부분이 나라의 모든 것을 사익 추구 수단으로 삼는, 그야말로 거대한 부패 그 자체로 전락했죠. 그 중심에는 역시 땅이 있었습니다.

> 요즘 가진 자들의 토지 독점이 심각한 수준입니다. 이들의 토지는 한 고을의 경계를 아득히 넘고, 그 모든 땅이 대대로 조상에게 물려받은 것이라 주장하면서 서로 싸우고 있습니다. 이런 마당에 밭 한 고랑에 주인이 대여섯 명이나 되고, 소작료를 한 해에만 8~9차례나 걷습니다. 그들은 국가 기관의 재정을 확충하기 위한 공적 토지부터 군사용 토지, 국가가 개인에게 내려준 토지, 심지어 사람들의 집까지 빼앗아 독점하고 있습니다. 국가가 개인에게 땅을 내린 것은 나라를 위해 일한 자들과 보통의 백성을 넉넉하게 하기 위해서였는데, 지금은 오히려 그들에게 해악을 끼치는 결과가 나타나버렸습니다.
>
> – 1388년(우왕 14년) 7월 『고려사(高麗史)』

고려 말 줄기차게 토지 개혁을 주장하던 사람들이 있었습니다. 조준(趙浚, 1346~1405)이나 정도전(鄭道傳, 1342~1398) 같은 사람들이죠. 앞의 글은 당시 고려의 땅 문제를 진단하는 조준의 상소입니다. 나라의 토지 상당 부분을 지역에서 주먹깨나 쓰는 사람들, 이른바 권문세가(權門勢家)가 불법·탈법적으로 소유하고 있었습니다. 그렇게 사적 소유한 토지는 한 행정구역의 범위를 아득히 넘을 정도였으며, 토지 소유권을 명확히 할 공정성이 사라져 자그마한 토지 하나에 주인이 여러 명인 상황도 태반이었습니다.

작게는 개인의 먹고사는 문제와 크게는 나라를 운영하는 문제가 모두 땅에 달려 있었습니다. 그런데 땅에서 나오는 이득이 딴 주머니로 들어갑니다. 정치적 공정성이 무너지면서 수백 년간 쌓인 사적 이익이 어느새 손댈 수 없을 만큼 큰 문제가 되었죠.

그러니 썩어빠진 세상을 되살리기 위해선 토지 개혁이 절실했습니다. 조준의 해법은 무엇이었을까요?

사적 토지는 오직 개인에게만 이익이 되고, 나라에는 하나도 도움되지 않습니다. 반면 공적 토지는 국가와 백성 모두에게 이익이 됩니다. 사적 토지가 개인에게 많은 이익을 가져다주기 때문에 토지 침탈과 독점이 발생하고, 토지 독점으로 인해 나라 재정이 고갈됩니다. 그러니 국가를 다스리는 자는 마땅히 토지제도를 공정하게 운영하는 것을 공정한 성치의 시작으로 삼아야 합니다.

원래 땅이라는 것은 사람을 부양하는 수단이었지만, 사람을 해칠 수도 있습니다. 그런데 토지의 사적 소유를 허락함으로써 사람을 해치는 폐해가 심각해졌습니다. 이것을 없애자고 하니, 힘 있는 자들은 "예부터 대대로 내려온 전통을 하루아침에 없앨 수는 없다. 이를 없애면 깨끗한 선비들이 살아갈 방법을 잃고 결국엔 장사꾼이나 될 것이다."라는 유언비어를 퍼뜨리면서, 자신들의 부귀를 지킬 생각만 하고 있습니다.

– 1389년(창왕 원년) 8월 『고려사』

토지 개혁론자들의 주장에는 공통점이 있습니다. 바로 토지 사적 소유를 원천적으로 제한하자는 것이었습니다. 조준 역시 이를 일관되게 주장했으나, 사료에 나온 대로 힘 있는 세력의 완강한 반대를 돌파하지 못했죠. 수백 년 동안 굳어진 고려의 정치권력적 체계 안에서는 불가능한 일이었습니다.

그런데 '토지의 사적 소유 제한'이라는 말에서 묘한 느낌이 납니다. 어쩐지 눈발 날리는 광장에서 붉은 깃발을 휘날려야만 할 것 같아요. 마르크스가 꿈꿨던 프롤레타리아의 유토피아와 조준을 비롯한 이른바 '신진사대부'의 유토피아는 비슷한 모습이었을까요? 하지만 둘 사이에는 큰 차이가 있는데요, 마르크스의 토지 개혁은 토지의 사적 소유를 폐지하고 프롤레타리아와 부르주아가 자본을 공동 소유하는 단계까지 나아가는 것을 목표로 합니다.[1] 반면 신진사대부의 토지 개혁론은 '본래 나라 안 모든 땅의 주인은 왕'이라는, 이른바 왕토사상(王土思想)을 근본으로 삼고 있죠. 즉 두 사상은 '실제 생산자에게 토지를 돌려주자'고 주장한다는 점은 비슷하지만, 토지를 '소유하고 있는 자'의 모습이 다릅니다. 마르크스주의자들은 '누구도 토지를 소유할 수 없다'고 주장하지만, 왕토사상은 '하늘 아래 모든 토지의 소유자는 왕'이라고 주장하죠. 이 지점에서 국가가 어떻게 통치를 정당화하고, 권력을 나누며, 정치는 무엇을 목적으로 하는지와 같은 정치철학에 큰 차이가 생깁니다.

옛날 사람들이 땅을 어떻게 생각했는지 조금 더 살펴볼까요? 공자가 춘추시대의 옛 시들을 모아놓은 책 『시경(詩經)』에 이런 말이 있습니다.

천하에 왕의 땅이 아닌 곳이 없고, 왕의 신하가 아닌 사람이 없다 (普天之下 莫非王土 率土之濱 莫非王臣).

왕의 존재는 천명(天命), 즉 모든 백성을 더 좋은 세상으로 이끌라는 명령을 하늘로부터 부여받았다는 설명으로 정당화됩니다. 자연으로부터 명령을 받았으니 곧 자연을 소유할 권리도 양도받은 셈입니다. 이렇게 성립된 왕토사상은 동아시아, 특히 한반도의 역사에 중대한 근간이 됩니다. 신라부터 조선시대까지의 토지제도가 왕토사상에 뿌리를 두고 있거든요. 예컨대 이런 식입니다. 천하에 왕의 것이 아닌 땅은 없지만, 모든 토지를 왕이 직접 관리할 수는 없습니다. 그래서 사람들에게 나눠주는데요, 땅에 대한 사용료를 내야겠죠? 그 대가가 바로 세금이나 병역입니다. 즉 왕토사상은 국가 운영의 근간인 조세 시스템을 정당화하는 근거로도 사용되었습니다.[2]

그런데 모든 사람에게 세금을 받을 수는 없었습니다. 화폐도 없고 유통망도 발달하지 못한 옛날에 매년 모든 세금을 중앙으로 모았다가 다시 분배한다면 어마어마한 행정 비용이 소요되었을 테죠. 그래서 왕은 나랏일 하는 사람들에게 땅을 경영할 권리를 줍니다. 나랏일을 수행한 대가(보수)로, 또 지방 관청의 재정으로 쓸 수 있도록 직접 토지를 경영하여 그 이익을 가져가라고 한 것이죠. 이렇게 생산물을 거둘 수 있는 권리를 수조권(收租權)이라고 합니다.

사실 수조권 그 자체가 복잡한 소유 구조를 암시합니다. 명목상 땅의 소유자는 왕이라 해도, 결국 '실소유자'는 수조권을 가진 사람이니까요. 즉 수조권자가 실제로 경작하는 사람들에게 땅에 대한 절대적 권리를 행사하게 되는 형태였습니다. 그래서 국가는 수조권에 여러 제한 장치를 걸어둡니다. 예컨대 수조권은 나랏일에 대한 보상인 만큼 수조권을 받은 관리의 자녀 대까지만 그 권리를 행사한 후 국가에 반납하도록 한 것이 있습니다. 하지만 어느 시점에서부터인가 수조권은 영구적인 권리가 되어 대대손손 불로소득이 샘솟는 알짜배기가 되는데요, 이렇게 '조상 대대로 유산으로 내려온 땅'을 조업전(祖業田)이라 불렀습니다.

고려 말의 토지 상황을 아주 간단히 서술하자면 이렇게 정리할 수 있을 것 같습니다. 고려의 왕들은 수백 년간 다양한 이유로 수조권을 나눠줬는데, 정치적 혼란이 이어지며 수조권자들이 소유권자인 왕의 권리를 잠식했으며, 왕이 정신 차렸을 때는 이미 수조권자에 대한 권한을 제대로 행사할 수 없게 되어버린, 뭔가가 단단히 잘못된 상태랄까요? 그 결과, 적은 사람이 토지 대부분을 독점하고, 토지 소송이 빈번하며, 토지 하나에 주인이 여럿이라 농사꾼은 중복으로 수취를 당하는데 정작 국가 재정은 고갈되어 군대도 제대로 운영할 수 없는 상태가 되었죠.[3]

조준을 비롯한 토지 개혁론자들은 모두가 행복한 세상을 만드는 일은 결국 토지를 '공정하게' 분배하는 데 달려 있다고 생각했습니다. 여기서 포인트는 '공정하게'인데요, 공정하다는 기준을 어떻게 잡을 수 있을까요? 그들은 '가장 공정했던 때'를 기준으로 삼고자 했습니다. 동아시아에서 가장 공정했다 여겨진 시대는 요순시대입니다. 즉 고려 말 토지 개혁론자들의 토지 분배는 '무너진 토지 분배 질서'를 다시 세워 '아름다웠던 옛적의 유토피아'를 복원하는 것을 목표로 했습니다.

유토피아는 바로 이 땅 위에서부터

조준의 토지 개혁안에는 공정한 토지 분배를 중요히 여기는 인식이 더욱 분명히 드러납니다.

- 모든 고위 공무원은 각 직급에 따라 직무를 수행할 때에만 수조권을 행사한다.
- 직업 군인은 수조권을 20세에 받고 60세에 반납한다.
- 모든 현장 공무원은 각 직급에 따라 수조권을 행사하며, 기한은

죽을 때까지로 한다.

- 모든 관청은 규모에 따라 토지를 분배받고 수조권을 직접 행사한다.
- 학교, 공업 기관 등에는 이전처럼 토지를 분배하며, 사찰의 경우는 수를 제한하여 분배한다.
- 백성으로서 호적에 등록되어 다양한 의무를 수행하는 경우, 가구마다 토지 1결을 지급하며 세금은 내지 않게 한다. 관노비·사노비의 경우에도 마찬가지다.

- 1388년(우왕 14년) 7월 『고려사』

조준의 토지 개혁안은 크게 세 가지를 골자로 합니다. 첫째, 공무원의 월급과 특수 계급의 생계를 위해 지급되는 토지는 나라가 잠시 빌려준 것뿐임을 분명히 한다. 둘째, 대부분의 토지는 관청이 직접 백성에게 빌려주게 한다. 셋째, 그 외의 토지는 백성이 직접 농사짓게 하되 이미 의무를 수행하고 있으면 별도의 세금을 거두지 않는다. 조준은 이것이 무너진 토지 질서를 회복하는 방법이라고 생각했습니다.

조선의 토지 단위, 결부제(結負制)

〈도판 1〉 주척(周尺) (ⓒ국립중앙박물관)
주척은 중국의 고대국가 주나라에서 쓰던 길이 단위입니다. 조선은 주척
을 현지화하여 사용했습니다. 『경국대전(經國大典)』에 따르면 주척의 길
이는 21.04센티미터로, 이것으로 토지 면적을 측량했습니다.

우리는 미터법을 사용해 토지의 넓이를 측량합니다. 전부터 써왔던 평(1평은 3.31제곱미터)도 자주 쓰죠. 조선 시대에는 다른 단위가 쓰였는데요, 이른바 결부제(結負制)입니다.

전근대 농업과 현대 농업의 결정적 차이는 비료에 있습니다. 현대 농업은 화학 비료가 생산·보급된 덕분에 토질의 불리함을 극복하고 비약적인 생산량을 거둘 수 있었죠. 그런데 조선은 그러지 못했습니다. 면적도 같고 겉보기에 똑같은 논이라 해도 토질에 따라 생산량에 큰 차이가 났습니다. 이런 상황에서 면적을 기준으로 세금을 부과한다면, 같은 면적이라도 토질이 나쁜 논에서 농사짓는 사람이 손해를 볼 것입니다.

이러한 한계를 극복하기 위한 측량법이 결부제입니다. 1결의 수확량을 400두(약 7,200킬로그램)로 정하고, 토지를 토질에 따라 6등급으로 나눈 것입니다. 예컨대 1등전은 질이 좋으므로 약 3천 평에서 400두를 생산할 수 있지만, 6등전은 약 1만 평 정도는 되어야 겨우 400두를 생산할 수 있었죠.[4]

한편 결의 하위 단위로는 부(負)·속(束)·파(把)가 있었습니다. '1결=100부=1,000속=10,000파'의 단위로 구성되었죠. 토지 1결의 면적과 1결당 생산량은 시대에 따라 달랐습니다. 전국 평균 생산량을 측정하기가 매우 어려웠고, 토지를 측정하는 표준자의 길이도 각각 달랐기 때문입니다. 따라서 1결의 넓이와 생산량을 정확히 추론해내기란 정말 어렵습니다. 도량형이 통일되지 못했기 때문에 조선은 오랫동안 두고두고 정치적인 에너지를 소모하게 됩니다.

그들이 꿈꿨던 유토피아는 어떤 모습이었을까요? 정도전이 쓴 글을 보겠습니다.

옛날 고대 중국에서는 나라가 토지 소유권을 가지고 있어, 이를 백성에게 나눠주었다. 세상 모든 백성이 나라로부터 토지를 받아 경작했다. 따라서 부유한 자와 가난한 자의 차이가 그리 심하지 않았으며, 토지의 생산물이 모두 국가로 귀속되어 국가도 부유하였다.
그러나 토지제도가 무너지면서 가진 자들이 토지를 독점했다. 가난한 사람들은 송곳 꽂을 땅도 없어 부자의 땅을 빌려서 농사를 지었는데, 일 년 내내 뼈 빠지게 일해도 먹을 것이 없었다. 반면 부자는 편안히 앉아서 수확량의 절반을 먹는데도 나라는 뒷짐을 진 채 물러나서 방관하니, 백성은 괴롭고 나라는 가난해졌다.

– 『조선경국전(朝鮮經國典)』「경리(經理)」

토지 개혁론자들의 아이디어는 간단하고 깔끔했습니다. '모든 토지의 국유화'와 '경작자에게 직접 분배'. 농민 한 사람이 생계를 해결할 수 있는 토지를 국가로부터 받아 경작하면서, 생산물의 십 퍼센트 정도만 세금으로 납부해도 빈부 격차와 재정 고갈을 모두 해소할 수 있다고 생각했죠. 조준의 토지 개혁안은 이러한 아이디어를 당시 고려의 현실에 맞게 구현하려는 노력의 결과물이었습니다. 그는 농민과 국가 사이에 끼어든 특권 계급이 농민에게서 오십 퍼센트를 받아 불로소득으로 떼먹고 나라에는 하나도 보내지 않았기 때문에 백성과 나라가 모두 가난해졌다고 진단했습니다. 그리고 조상 대대로 내려온 조업전의 근거를 폐지해 불로소득을 없애겠다는 의지를 강력히 표명했습니다.

그러나 권력이 없으면 개혁도 불가능합니다. 이들에게는 이성계가 있었습니다. 이성계가 위화도회군 이후 정국을 휘어잡자, 조준·정도전·이성계 트리오는 토지 개혁을 주도해나갑니다. 1389년(공양왕 원년), 조준을 비롯한 개혁론자들의 첫 번째 스텝은 토지조사였습니다. 전국에 토지가 얼마나 있고, 그 소유 구조는 어떠한지 살펴봤죠. 1390년 9월에는 토지대장을 모두 거둬 대로변에서 불태웁니다.[5] 기존의 모든 토지 관계를 절대 인정하지 않고 '제로(zero)부터 시작하는 이세계 토지 개혁'을 이루겠다는 의지의 표현이었습니다. 이어 1391년 5월에는 새로운 토지법인 '과전법(科田法)'이 제정됩니다.

과전법은 어떠한 내용을 담고 있었을까요? 그들의 개혁은 과연 이상을 충실히 따랐을까요? 1389년 12월, 전국의 토지조사가 마무리된 직후 조준은 상소를 올립니다.

마땅히 사적 토지를 없애서 백성이 부유하게 하는 기회를 맞이했습니다. 그러나 여전히 신하들과 힘 있는 자들은 유언비어로 민심을 선동하여 사적 토지를 포기하지 않고 있습니다.

조정의 사대부들을 우대하기 위해 경기도의 토지 십만 결(약 사억 평)을 지급하는 것은 아름답습니다만, 지방에도 사적 토지를 지급하면 국가 재정에 큰 무리가 됩니다. 각 정부 부처와 사찰, 일선 공무원의 봉급을 위한 토지도 부족한 실정이니, 지방에는 사적 토지 분배를 허락하지 않아야 합니다.

– 1389년(공양왕 원년) 12월 『고려사』

그런데 조준의 발언이 묘하게 달라졌습니다. 그는 분명히 '예외 없고 원칙적인 국유화'를 주장했었는데요, 사적 토지 소유를 원천 차단한다는 목표가 어느새 '서울 안의 사대부에게는 사전을 허용하자'는 내용으로 바뀌었습니다. 또한 백성에게 경작할 땅을 분배한다던 당초 개혁안의 내용은 아예 빠져 있죠. 어떻게 된 일일까요?

정도전은 '권문세가들이 본인들에게 불리하다는 이유로 마타도어와 방해를 일삼았다'고 언급합니다.[6] 그 정치적 갈등에 대해서 자세히 언급하진 않지만, 아마도 토지조사사업에서 이상과 현실의 괴리가 두드러졌을 것입니다. 뒤에 다룰 조선의 토지조사사업에서도 똑같은 일이 반복되니까요.

결과적으로 그들의 토지 개혁은 과전법으로 일단락됩니다. 그 법조문을 대략 정리해보면 이렇습니다.

전국 토지의 경작 상태와 면적을 모두 조사했으며, 이전 토지대장을 강제로 거둬 모두 불태우고 새롭게 분배했다. 토지대장에는 사람 이름이 아니라 가호(家戶) 번호를 기입하여 토지의 소유와 상속을 막는다. 그 구체적인 내용은 다음과 같다.

• 각 부처, 군부대, 사찰의 운영과 지방 공무원의 봉록을 위해 토지를 각각 분배하며, 공무원의 경우 직급에 따라 토지를 지급한다.

- 경기는 나라의 근본 지역이므로 따로 토지를 지급하여 사대부를 우대한다.

- 토지를 분배받은 자가 사망하면, 남은 가족의 생계 상황에 따라 생계 보장용 토지를 이어받는다. 공신에게 하사한 토지는 세습한다.

- 공적 토지와 사적 토지 모두 1결당 생산량의 약 10분의 1을 세금으로 거둔다.

- 경작하지 않는 토지는 함부로 이용할 수 없다. 또한 토지를 빌려서 직접 경작하는 자는 토지를 매매하거나 증여할 수 없으며, 직접 경작하지 않는 토지를 사용할 수 없다.

- 땅을 빌려주는 자가 빌려 받은 사람의 농지를 빼앗거나, 다른 이에게 판매하면 처벌한다. 만약 빌려 받은 사람이 사망하거나 농사에 불성실한 경우 그 땅은 빌려주는 사람의 판단에 맡긴다.

＜ 1391년(공양왕 3년) 5월 『고려사』

과전법의 핵심은 토지조사를 통해 모든 토지를 파악하고, 분배 상태를 초기화하여 법률에 맞게 나누는 것이었습니다. 이때 대원칙은 '나랏일을 하는 사람에게는 토지를 분배하되, 원칙적으로 상속은 불가능하다.'였습니다. 과전법이라는 이름부터가 '관직자에게 적용되는 토지법'이라는 뜻이었죠.

과전법은 언뜻 관료들의 수입과 관계되는 것으로 보입니다. 하지만 과전법이 중대한 개혁이었던 까닭은 따로 있습니다. 첫 번째는 '실제 경작자'의 법적 지위를 마련했다는 점입니다. 토지를 빌려서 직접 경작하는 농사꾼들이 이른바 전객(佃客)이라는 법적 용어로 새롭게 규정되었죠. 과거의 토지대장에는 이들의 존재가 보이지 않았습니다. 땅은 명목상으로는 국가가 소유하고 개인에게 빌려주는 것뿐이었지만, 사실상의 소유권은 그 개인에게 있었죠. 과전법은 이러한 소유 구조를 단순화하여, 오직 '땅 주인(국가)'과 '땅 빌린 사람(전객)'의 관계로 조직화합니다.[7] 토지대장에서 사람 이름을 빼고 가호 번호를 전면에 등장시킨 까닭도 기존의 '토지 소유자'를 '토지 사용자'로 바꾸겠다는 의도에서였죠.

이러한 변화에는 어떤 의미가 있었을까요? 실제 경작하는 농민의 입장에서 보면, 이들은 국가로부터 직접 토지를 빌려 받든 국가가 공무원에게 지급한 토지를 빌려 받든 생산량의 약 십 퍼센트만 납부하면 됐습니다. 전자의 경우에는 국가에, 후자의 경우에는 개인에게 말이죠. 땅 주인은 오직 국가뿐이니 중복 수취는 불가능했고, 정해진 곳에 고정된 수세를 한 번 납부하고 나면 그만이었습니다. 나머지 생산물은 자기 몫으로 챙기고요.[8] 이렇게 소규모 자영농을 육성하고 보호하겠다는 조치는 가히 혁명적인 시도라 평가할 수 있습니다.

다른 의미에서 이는 조준이 3차 상소에서 언급한 '사적 토지'를 새롭게 규정하는 시도였습니다. 과거의 사적 토지는 공적 토지와 완전히 분리된 성격으로 굳어졌습니다. 그래서 사적 토지와 그 운영을 규제하는 법률이 미비했죠. 그런데 과전법은 사적 토지를 공적 토지의 테두리 안으로 끌어들이고, 어디까지나 '아주 특수한 사례'라 규정했습니다. 또한 사적 토지 역시 어느 때건 규제될 수 있음을 분명히 했죠. 사적 토지를 경기도에 국한한 것도 문제가 생기면 즉각 회수하겠다는 의도였습니다.

그러나 안타깝게도 개혁론자들의 취지는 퇴색되었습니다. '서울의 사대부를 우대해야 한다'며 자신들의 특권을 인정했고, 그 결과 세습의 여지가 충분한 토지들이 분배됩니다.[9] 권력에 협조하는 이들의 동의를 구하기 위해서 어쩔 수 없이 당근을 줘야 한다는 건 모든 개혁 정책에서 벌어지는 모순이죠. 또 땅을 빌려 받는 사람이 농사에 불성실할 경우 빌려준 사람이 땅을 처리할 수 있도록 권한을 주면서, 일정 부분 소유권을 인정하게 되었습니다.

나라가 아니라 백성을 위해 의기투합했던 그들. 그들이 수십 년 동안 수많은 정치적 위기를 만나고 여러 사람의 피를 흘리며 추진한 개혁의 결과는 크게 두 가지로 정리됩니다. '약간의 특권을 용인한 모든 토지의 국유화'와 '소규모 자영농의 육성과 보호'입니다. 이 두 가지 특징 모두가 '상속 또는 독점에서 나오는 불로소득의 원천 차단'과 '백성의 삶의 질 향상을 통한 국가 재정 건전화'라는 두 가지 목표에 상응했죠. 비록 조금은 비겁하고 부족한 개혁이었으나, 최선을 다했다고 자평했을 것입니다.

그러나 안타깝게도 '특권 토지의 세습화'와 '모호한 소유권의 인정'이라는 미완성된 부분도 있었습니다. 아마도 그들은 후대의 현명한 사람들, 즉 새로운 이념과 교육 시스템으로 성장한 후배 개혁가들이 이 모순을 고쳐놓을 거라는 희망을 품었을 테죠. 자기들이 미처 완성하지 못한 부분은 아주 작을 뿐이라고 위로하면서요. 하지만, 과연 그랬을까요? 여하튼 이제 고요한 아침의 나라에 개혁의 깃발이 올라갑니다.

2장. 유토피아의 꿈, 삐걱대기 시작하다

특권 계급, 토지 사유화를 시작하다

(1) 특권을 손에 쥔 서울 양반들

과전법이 제정된 다음 해인 1392년, 새로운 나라 조선이 탄생합니다. 과전법이라는 개혁 법안이 통과되었지만, 하루아침에 천지가 개벽하기란 쉽지 않죠. 여전히 전국 방방곡곡에서 토지를 독점하는 사람과 그로 인해 착취당하는 사람이 나타났습니다. 조선이라는 나라의 과제는 지방에 대한 행정 통제력을 강화하고 과전법이라는 울타리 안으로 끌어들여 점차 토지 불공정을 바로잡아 나가는 것이었죠.

그런데 즉각 문제가 생겼습니다. 과전법에서 허용했던 '아주 약간의 오류'가 위기의 단초가 되었습니다. 그리하여 과전법 제정 이십 년 뒤, 예외 조항에 대한 개정이 이뤄집니다.

- 재혼한 여성의 자식은 친부가 받았던 땅을 대신 받는다.
- 원칙적으로 부모는 죄를 범한 자녀에게 땅을 물려줄 수 없다. 하지만 자녀가 중대한 범죄를 저지른 것이 아니라면, 부모는 그 땅을 자녀 대신 손자에게 물려줄 수 있다.
- 부모는 자신이 받았던 땅을 자식들의 직급에 따라 나눠준 후 땅이 남으면 어린 손자들에게도 각 5결씩 나눠줄 수 있다.
- 수절하는 여성(남편이 사망했음에도 재혼하지 않고 시댁을 지키는 여성)은 친부모의 땅과 시부모의 땅을 남편의 직급에 따라서 받는다.

  ― 1411년(태종 11년) 윤12월 9일 『태종실록(太宗實錄)』

　　과전법에서 예외를 두었던 땅들이 있습니다. 공무원 남편이 사망한 뒤 재가하지 않는 부인의 생계를 돕기 위해 지급하던 수신전(守信田), 공무원 아버지와 어머니가 사망한 경우 자녀들의 생계를 위해 지급하던 휼양전(恤養田)이었습니다. 이 두 종류의 땅은 '나랏일 하는 자들만 나라의 땅을 임시로 받을 수 있다'는 원칙에서 예외였습니다. 너나 할 것 없이 모두가 이 두 가지 예외에 속하고 싶어 하는 것은 자연스러운 일이었겠지요? 공무원 사회의 지속적인 문제 제기로 인해, 조선은 위의 사료처럼 수신전과 휼양전의 지급 요건을 완화하고 수혜 대상을 확대합니다.

　　조선을 설계한 사람들은 당시의 가족 질서를 매우 못마땅하게 여겼습니다. 고려 때부터 여성은 남성과 거의 동등한 상속권을 보장받았으며, 여성의 재혼 역시 그리 흠 될 게 없는 풍습으로 여겨졌죠. 하지만

〈도판 2〉 과전법, 어떻게 개정되었을까?: 휼양전과 수신전

수신전과 휼양전의 확대는 결국 양반가의 재산 상속을 뒷받침하는 단초가 되지요.

조선의 사대부들은 나라 안의 모든 가정을 부계 중심의 가족 질서로 재편하길 바랐고, 여성의 재혼을 바람직하지 못한 것으로 바라봤습니다. 남편 사망 후 여성이 재혼하면 전남편의 자녀들도 어머니를 따라가게 되므로 부계 중심의 가족 질서를 세우기 어렵다고 생각했기 때문입니다.[10] 그래서 여성이 재혼하지 않게 하기 위해 수신전을 경제적 유인책으로 제공했습니다. 전남편의 자녀들에게 준 휼양전 또한 부계 가족의 지속적인 성립이라는 측면에서 이해할 수 있습니다.

과전법은 여성의 사유재산을 폐지하고 오직 임용이 가능한 남편의 경제적 능력에 종속시킨다는 점에서 여성에게 매우 불리한 법이었습니다. 실제 사회에서는 여성의 경제적 권리가 꽤 오래도록 인정되었지만, 적어도 조선을 세운 사람들의 이념과는 차이가 있었죠. 하지만 재혼 풍습은 인간의 자연스러운 이치에 따른 것이었기 때문에, 수신전 같은 유인책으로 쉽사리 바뀌지 않았습니다.

그래서 태종과 신하들이 과전법을 앞에서 본 것과 같이 개정한 것입니다. 어머니가 재혼하더라도 자녀들은 친아버지의 땅을 받을 수 있었고, 아버지가 죄를 지었을지라도 중죄인이 아니라면 상속에 문제가 없었습니다. 또 재혼하지 않는 여성이 더 많은 땅을 받게 되었습니다. 이렇게 법을 넓고 유연하게 적용한다는 것은 곧 상속의 권리가 복원된다는 것을 의미했죠. 단 여성을 배제한 상속으로요.

결국 수신전과 휼양전의 혜택을 받은 사람들은 누구였을까요? 누구보다 빠르게 유학적 사고방식에 적응한 사람들, 즉 조선의 사대부들이었습니다. 이 두 가지 예외는 유학적 가족 질서를 세우기 위한 경제적 유인책으로 설계되었지만, 동시에 사대부 가문들의 독점적 지위를 강화할 가능성도 내포하고 있었죠.

또 한 가지 예외가 더 있습니다. 공을 세운 사람들을 위한 땅, 공신전(功臣田)입니다. 이성계의 즉위부터 태종 재위를 거치며 여러 차례 공신이 지정되고, 이들을 위한 땅이 내려졌습니다. 이 땅은 원칙적으로 상속할 수 있고, 심지어 면세까지 되는 그야말로 '꿀땅'이었죠. 조선 왕실은 공신에게 특권을 주었고, 공신은 왕실에 충성을 맹세합니다. 공신전은 양자 간의 정치적 약속이자, 그 약속을 쉽게 무를 수 없게 하는 현실적 장치였습니다.

시작은 매우 미미했습니다만, 겨우 태종 대에 이르러 '경기도 내의 과전이 8만 4천 결인데 공신전이 2만 1천 결'이라는 언급이 나타납니다.[11] 즉 어떤 공무원은 땅을 반납하는데, 어떤 공무원은 땅을 세습할 수 있었다는 것입니다. 만약 우리 사회에서 공무원 다섯 명 중 한 명에게만 세습할 권리를 준다고 하면 어떨까요? 사회적 파장이 막대하겠죠. 하지만 과전법이 제정된 지 얼마 되지도 않아 이 정도 수치에 이르렀으니, '불로소득 원천 차단'이라는 과전법의 목표는 이미 심각한 타격을 받은 셈이었습니다.

물론 이때 부과했던 사적 권리는 수조권, 즉 생산물을 받을 권리였습니다. 하지만 문제는 그 정도 권리만으로도 농부들의 삶을 위협하기 충분했다는 것입니다.

과전, 공신전 등의 생산물을 거둘 때쯤, 땅 주인이 사람을 고용해 땅

넓이와 생산량을 엄격하게 측정합니다. 그리고 농민들이 정확하게 측정할 줄 모른다는 점을 악용하여 생산물을 과중하게 받습니다. 게다가 측량할 때에는 측량의 대가로 농민들에게 여러 물건을 요구하여 부당하게 받습니다.

— 1415년(태종 15년) 8월 10일 『태종실록』

과전·공신전의 주인이 추수하기 전에 측량하지 않고, 추수한 뒤 땅의 넓이만 보고 측량하여 생산물을 받으니, 농민들의 원망이 심합니다.

— 1415년(태종 15년) 9월 14일 『태종실록』

새로운 나라를 세운 지 얼마 되지도 않았는데, 수조권을 앞세워 농민을 착취하려는 시도가 속속 등장합니다. 심지어 나랏일 하는 사람들, 공신이라는 사람들이 그랬습니다. 조정은 작황과 토질에 따라서 납부하는 생산물의 양이 달라지도록 의도했습니다. 하지만 작황이나 토질을 고려하지 않고 오직 넓이만으로 계산하는 것은 물론, 그 안에서도 훨씬 부풀려서 더 많은 생산물을 받아내는 사람들이 등장합니다. 측량비라는 명목으로 여러 물품을 부당하게 받아내는, 야무진 재테크 스킬은 덤이었죠.

그런데 이를 고발하는 회의 자리에서 태종은 의미심장한 말을 합니다.

"농사짓는 사람이 고발하지 않으면 나라에선 그러한 부정을 알 방법이 없다."

　　과전법은 모든 땅을 공적 토지로 만든 후 임시로 빌려준 사적 토지에서 문제가 발생할 경우, 적극 규제하여 농민을 보호하기 위한 법이었습니다. 그런데 빌려준 사적 토지에서 문제가 발생해도 신고하지 않으면 모른다는 것입니다. 부정행위를 모니터링하고 중립적으로 평가할 시스템이 부족했다는 뜻입니다. 더군다나 이러한 시스템을 구축하는 사람이 바로 사적 토지를 운영하는 사람이었습니다. 시스템에 구멍이 생기는 것은 당연한 결과였죠.

　　수조권이라는 경제적 권한과 상속이라는 소유권이 조금씩 확장되면서, 사실상의 사적 토지가 부활하고 있었습니다. 나라와 농민 사이에서 생산물을 떼어먹는 중간자가 조금씩 덩치를 불리기 시작했습니다. 이대로라면 이른 시일 내에 고려 말의 모습으로 돌아가리라는 걸 누구라도 쉽게 예측할 수 있었죠.

　　그래서 다시 개혁이 시도됩니다. 1466년(세조 12년)에 시행된 직전법(職田法)입니다. 간단히 말하면, 전직 관료에게는 땅을 주지 않고, 상속되는 수신전과 휼양전도 폐지하는 법이었지요. 이를 통해 오직 현직 관료에게만 땅을 지급하는 것이 직전법의 핵심 목표였습니다.

　　직전법을 발의해야만 했던 구조적 원인이 있습니다. 조선 초기에 나눠준 과전이 다양한 이유로 조금씩 상속되면서 관료들에게 나눠줄 토지가 부족해진 것입니다. 과전법이 1391년에 제정되었으니, 약 70여

년 만에 체제가 한계에 봉착했다고 볼 수 있겠네요. 1960년대 농지 개혁 때의 한국과 지금의 한국에는 큰 차이가 있는 것처럼요.

그런데 이렇게 중차대한 개혁임에도 불구하고, 직전제는 미스터리할 만큼 입법 필요성이나 타당성 등을 논의했다는 기록이 보이지 않습니다. 아마도 세조가 정치 개혁 조치로써 비밀리에 추진했을 가능성이 큽니다. 함께 의기투합하여 쿠데타를 성공시켰던 정치인들이 이제는 조금씩 그의 발목을 잡기 시작했거든요.[12]

논의 없이 갑작스레 도입되는 개혁 조치는 항상 극렬한 반대를 불러일으킵니다. '세조의 제갈량'이라 불렸던 양성지(梁誠之, 1415~1482)조차도 직전법 반대 투쟁의 최전선에 서죠. 그들의 논리는 이랬습니다.

과전은 사대부를 양성하기 위한 토지입니다. 하지만 직전법이 실행되면, 퇴임한 신하를 비롯한 사대부의 자손들은 땅을 한 평도 받을 수 없으니, 사대부를 세세손손 육성하겠다는 과전법의 의미에 반합니다. – 양성지(梁誠之)

수신전과 휼양전이 모두 직전법으로 폐지되었으니, 가난한 자들에게 어진 정치를 베푸는 이치에 반하는 것입니다. – 송희헌(宋希獻)

과전법을 회복해야만 합니다. 비록 땅은 하나일지라도, 그 땅이 공무원의 생계를 도우면 과전이며, 공무원이 죽고 그 가족들의 생계를 도우면 수신전과 휼양전이 됩니다. 직전법은 사람이 살아 있을 때만 넉넉하고 사람이 죽었을 때는 빈약합니다. 즉 선비를 기를 수는 있지만, 백성을 교화하고 풍속을 이룰 수는 없습니다. — 이극기(李克基)[13]

반대자들의 논리는 일관됩니다. 직전법이 '사대부를 육성한다'는 과전법의 원칙에 반한다고 역설했죠. 사대부 육성은 조선왕조가 추구해야 할 국가적 이념이었습니다. 사대부들이 '백성을 교화하고 풍속을 이루게' 하려면 국가적 차원에서 그들의 사회적 영향력을 키워줘야만 했죠. 따라서 반대자들은 사대부가 안심하고 공부에 전념하며 지역사회에서 영향력을 행사할 수 있도록 과전 상속을 인정하여 '경제적 특권'을 보장하자고 주장한 것입니다.

직전법의 한계가 한 가지 더 있습니다. 땅이 부족한 사태를 해결하고 착취당하는 백성을 구제한다는 명분은 아름다웠지만, 세조는 단순히 거기에 그치지 않고 직전법을 대신들을 견제하는 정치적 장치로 사용했습니다. 입법 논의 단계에서 광범위한 합의를 끌어내지 못했기 때문에 제도의 실현도 어려워졌죠. 실제로 직전법은 3급 이하 공무원에게만 적용되고, 대신이라 할 수 있는 고위 공무원들은 여전히 과전 상속이 용인되는 형태로 모호하게 운영됩니다.[14] 하지만 이 정도 개혁도 세조의 왕권이 강력했기에 가능한 일이었습니다. 이후의 퇴보는 예정된 수순이었다고 봐도 과언이 아니죠. 실제로 성종 대에 이르면 직전법 개정을 두고 뜨거운 논의가 일어납니다.

물론 직전법은 기존에 계속해서 문제가 되었던 '수조권 행사 과정에서의 오류'를 개선하는 성과도 있었습니다. 수조권을 받은 관료가 생산량 조사를 독단적으로 진행하여 농민을 착취하던 관습을 개선하기 위해 생산물 납부 기준을 국가가 직접 정하는 관답험제(官踏驗制)를 도입했고, 농부에게 불법을 저지르는 땅 주인을 고발할 수 있는 권리를 주었죠.

이러한 성과에도 불구하고 과전법은 알쏭달쏭한 법이 되어버렸습니다. 법적인 땅의 주인은 국가지만, 실제로 운영하는 사람은 땅을 받은 관료라는 형태에서 비롯된 '소유 구조의 이중성', 또 고위 공무원에게는 사실상 상속을 인정하지만 평범한 공무원에게는 불허하는 '운영의 이중성', 나아가 수조권을 개인에게 분배하면서도 그 행사를 국가가 감독하는 '권리의 이중성' 등 온갖 이중성들로 가득한 '누더기 법'이 되어버렸죠. 이 모든 것이 '사대부를 육성해야 한다'는 대전제 아래 허용되었던 자그마한 특권에서 시작되었습니다.

상속의 특징은, 시간이 지날수록 상속받는 사람들이 무수히 많아져 어느 시점에선 상당수가 '자기 땅'을 갖게 된다는 점입니다. 조선의 역사도 사적 토지가 빠르게 증가하는 방향으로 흘러갔죠. 결과적으로 점차 사유재산권을 인정하는 수순을 밟게 됩니다. 조선의 건국자들은 "토지의 사적 소유를 완전히 막자!"라고 외치며 개혁의 깃발을 세웠습니다. 그러나 '작은 예외와 타협'이 거듭되며 그 깃발은 완전히 꺾이게 됩니다.

(2) 공신전, 땅 먹는 하마가 되다

조선 초기부터 중기까지 군사력에 의해 정치적 전환이 일어난 사례는 모두 다섯 차례입니다. 바로 태조의 위화도회군에 의한 조선 건국, 태종의 왕자의 난, 세조의 계유정난, 중종의 중종반정, 인조의 인조반정이죠. 함께 칼을 들고 싸운 이들 사이에는 '으리으리한' 의리가 있어야 했습니다. 그 의리를 증명하는 수단은 물론 땅이었고요.

공신들은 의리로 받은 땅을 어떻게 운영했을까요? 두 가지 사례를 살펴보겠습니다. 먼저 태종의 칼이었던 이숙번(李叔蕃, 1373~1440)입니다. 그는 이방원의 최대 정적이었던 정도전 일파를 몰아낸 공 등으로 두 차례 공신에 책봉되었고, 그 대가로 땅 삼백 결(약 120만 평)과 노비 28명을 받습니다. 120만 평이면 요즘 들어서는 중소도시 산업단지 정도의 규모인데요, 이숙번은 그 땅으로 농장을 일굽니다. 한 시군 단위의 생산량에서 막대한 비중을 차지하는 농장이 개인의 소유였다고 생각하면 될 것 같네요.

그런데 성공에 너무 취해버렸을까요? 그가 공신이라는 지위를 믿고 오만방자하게 굴면서 지나친 사치와 향락을 탐한다는 고발이 이어집니다. 탄핵이 이어지자 1417년(태종 17년), 이숙번은 공신에서 잘리고 함양에 유배되죠. 하지만 태종의 배려로 재산은 박탈되지 않았고, 농장 수입 덕분에 유배지에서도 떵떵거리면서 잘 먹고 잘살다가 죽었습니다. 그 재산은 모두 자녀들에게 고스란히 상속되었고요.[15]

세조의 꾀주머니였던 한명회(韓明澮, 1415~1487)는 평생 네 차례나

일등 공신에 책봉되었습니다. 성종 대에는 왕의 장인이자 영의정이면서 국방부 장관인, 그야말로 신하가 누릴 수 있는 모든 것을 다 누린 '고인 물 끝판왕'이 되었습니다. 그 대가로 그는 한강 두모포(성동구 옥수동) 인근에 이백오십 결(약 백만 평) 이상의 농장, 경기도 안산·광주·여주, 충청도 청주와 아산, 경상도 상주와 하양, 전라도 여산, 황해도 평산 등 전국 각지 '꿀땅'에 거대한 농장을 지었습니다. 그러니까 당시 한명회라는 사람은 집권 여당의 대표이면서 재계의 총수였던 셈이죠.[16]

그의 권세는 순전히 본인의 편의와 농장 운영을 위해 말 한마디로 행정구역을 바꿔버릴 정도였습니다.[17] 당연히 백성들은 착취당했고, 심하면 목숨까지 잃었죠. 그래도 그는 당당했습니다.

> "부자가 되는 것은 천명(天命)입니다. 부자가 된 사람들은 자그마한 이익을 놓고도 밤낮없이 계산하고 셈할 만큼 부지런하고 열정이 있습니다. 가난한 사람들은 그럴 만한 천명이 아닌 것이죠. 정인지는 여러 왕을 섬기며 벼슬이 높았고 월급이 두터웠으니, 그의 부 또한 당연한 보상이 아니겠습니까?"
>
> – 1478년 8월 1일 『성종실록』

이것은 한명회의 공신 동기였던 정인지(鄭麟趾, 1396~1478)가 훗날 재산이 너무 많다는 비판을 받자, 그가 정인지를 옹호하면서 한 말입니다. 간단히 말하면 이렇습니다. '부자는 근면하고 유능하다. 가난한 사람은 게으르고 무능하다. 그러므로 부자의 축재는 잘못이 아니라 자연스러운 결과다.' 빈곤에 대한 차별과 혐오로써 부정한 축재를 옹호하는 논리는 시간이 지나고 나라가 바뀌어도 똑같습니다.

한명회를 막을 수 있는 사람은 없었습니다. 오만함이 하늘을 찔러 말년에는 성종과 갈등이 있었으나, 재산만은 굳건히 지켰습니다. 덕분에 그 엄청난 재산을 자손들에게 고스란히 상속합니다만, 법과 원칙이 통하지 않는 '끝판왕' 연산군을 만나는 바람에 모든 재산을 빼앗기죠.

공신과 공신전은 중종반정 이후에도 연일 정치적 논란의 대상이었습니다. '공신 인플레'를 지적하고 공신전의 비효율성을 비판하는 상소가 매일같이 중종의 테이블 위로 올라옵니다.

요즘 공신을 너무 남발하고 있습니다. 반정하던 날 겁을 잔뜩 먹어서 대문을 나서다 넘어지거나 흙탕물에서 엉금엉금 기었던 사람, 이미 거사가 끝났는데 뒤늦게 합류하거나 무슨 일인지도 모르고 왔던 사람, 사무실에 콕 박혀 상황을 지켜보다가 거사가 성공한 것을 보고 눈물을 흘리면서 공신에 끼워달라고 애원한 사람 등 추태가 그야말로 눈 뜨고 볼 수 없을 지경이었습니다. 이런 자들이 무슨 공을 세웠다고 공신이 된다는 말입니까?

- 1507년(중종 2년) 11월 30일 『중종실록(中宗實錄)』

지금 공신이 백여 명이나 됩니다. 공신들이 대규모의 땅을 독점하였기 때문에 국가의 수입은 날이 갈수록 줄어들고 있습니다. 조선이 건국한 지 백 년이 채 안 되었는데 벌써 8~9차례나 공신을 선정했습니다. 훗날의 공신들에겐 무엇으로 상을 줄 수 있겠습니까?

– 1507년(중종 2년) 12월 2일 『중종실록』

이러한 비판에도 불구하고, 중종은 계속해서 "윤허하지 아니하였다."라는 말로 거부권을 행사하며 공신 인플레를 허용했습니다. 사유화된 세습 토지의 소유권은 역모 등 피비린내 나는 굵직한 정치적 갈등이 있을 때마다 뒤바뀌었습니다. 하지만 소유권이 이 양반에서 저 양반으로 바뀌었을 뿐, 특권 계급을 형성하는 데 지대한 도움이 되었던 것은 분명합니다.

게다가 중종 시기부터는 자연재해와 전쟁이 계속되었죠. 가뜩이나 부족한 국가 재정의 상당수를 복지 정책에 투입해야만 했습니다. 그 결과, 관료들에게 줄 직전마저도 부족해져, 땅 대신 급료를 주는 형태로 바뀌었죠. 이렇게 자그마한 개혁이었던 직전제마저도 사실상 폐지됩니다.

사실 '땅이 없다'는 말은 참 이상합니다. 늘 그 자리에 있어서 부동산(不動産)인데, 지진이 나거나 화산이 터진 것도 아닌데 땅이 없다뇨? 조선의 관료들은 수백 년 동안 토지 부족 현상을 지적하며 입을 모아 땅이 없다고 외쳤지만, 땅은 늘 있었습니다. 다만 그 땅에 이미 주인이 있었을 뿐이죠. 공신이라서, 사대부라서, 관료의 아내라서, 그 후손이라서 가지게 된 땅이 처음 설계한 국가의 재정 체계를 완전히 무력화해버렸음에도, 아무도 조선의 설계자들이 세웠던 대원칙을 언급하지 않았습니다. 그것이 '완전 해체를 통한 완전 재분배'였음은 다시 말하면 입이 아플 지경이고요. 그 원칙이 언급되기 시작한 건 얄궂게도 고려 말 시즌2가 열렸던 18세기부터였으니, 역사란 참 흥미롭고도 잔인합니다.

가진 자들에게 유리한 조세정책: 공법, 그게 뭐길래

'인(仁)의 정치'를 위해서는 백성에게 일정한 생업과 소득을 보장해야 한다는 조선의 건국 이념에 따라 시행된 과전법. 그 목표 중 하나는 '소규모 자영농 육성'이었습니다. 그런데 앞에서 보았듯, 수조권자의 토지를 빌려서 경작하는 자는 과한 세금을 강요받고, 또 다른 누군가는 세금을 거의 내지 않는 불공정이 문제로 떠올랐죠. 일정한 생업과 소득을 보장하는 일에는 토지 분배뿐 아니라, 조세를 적절하게 거두는 것도 포함됩니다. 따라서 이상 사회로 여겼던 고대 중국에서부터 정해진 10분의 1이라는 세율이 현실에서도 정확하게 적용될 수 있도록 고민했죠.

고민의 핵심은 이랬습니다. '10분의 1인 건 알겠는데, 수취 기준을 '토지'로 할 것인가, '생산물'로 할 것인가?' 고려 때부터 이어진 법은 토지의 질을 기반으로 한 정액세율법이었습니다. 조선은 이를 생산물 기준의 변동세율로 바꾸는데요, 이른바 '손실답험법(損實踏驗法)'입니다.[18]

손실답험법은 10분의 1이라는 세율을 흉작·풍작 등으로 매해 달라지는 생산량을 기준으로 적용하겠다는 취지에서 도입되었습니다. 언뜻 보면 합리적인 제도입니다. 하지만 늘 그렇듯 사람의 문제가 있었죠.

조선은 교육받은 사대부가 임금의 명을 받고 전국 방방곡곡에 파견되어 따뜻한 정치를 행하는 관료제를 꿈꿨습니다. 하지만 조선 전기에는 교육받은 관료의 수가 턱없이 부족해 지방에서는 여전히 면장보다 조합장이 갑인 것이 현실이었죠. 조선 후기에는 교육받은 관료는 넘쳐났지만, 그 교육이 행정 교육과는 거리가 멀었다 보니 정교한 정책을 집행하기에 무리가 있었고요. 결국 앞서 보았듯 땅 주인이 생산량 조사 결과를 주무르는 것이 관행으로 자리 잡습니다.[19]

그 결과는 놀라울 정도였습니다. 규정상 쌀을 약 270킬로그램만 납부해도 되는 농민이 불합리한 생산량 조사로 450킬로그램을 납부하게 되는 일이 빈번해졌죠.[20] 또 태종은 다양한 세목을 신설하는 등 국가 재정을 최대한 풍족하게 하려고 했는데, 그 역시 백성들에게는 적잖은 부담이었습니다.[21]

세종은 이러한 현실에 문제를 제기합니다. 세종이 출제한 과거 시험 문제를 보시죠.

매해 관리를 뽑아 전국으로 파견해서 손실을 측정하고 생산물을 걷었다. 하지만 그들 중 일부는 백성들의 괴로움을 구제하지 않았기 때문에 과인은 이 제도가 매우 나쁘다고 여겼다. 손실 조사가 전부 한 사람의 마음에 달려 있으면 구조적으로 백성이 피해를 입을 수밖에 없다. 이 폐단을 구제할 방법은 공법(貢法)뿐이다. 하지만 공법 또한 문제가 있다. 공법의 문제를 어떻게 고쳐서 사용할 수 있겠는가?

— 1427년(세종 9년) 3월 16일 『세종실록(世宗實錄)』

세종의 해결책은 공법(貢法), 즉 정액세율법입니다. 중간에서 떼먹는 사람들이 너무나 많으니, 차라리 10분의 1이라는 정액세율로 공평하게 거두자는 논리였죠. 하지만 흉년일 때는 백성에게 지극히 불리하다는 점을 세종도 인지하고 있었기에, '어떻게 고쳐서 사용할 수 있겠는가?'라는, 아주 어려운 시험 문제를 낸 것입니다.

공법 도입을 위한 세종의 열정은 계속 이어져 관료들의 주된 토론 주제가 되었습니다. 찬반 양측의 논리는 첨예했습니다. 공법 반대론자들은 이렇게 주장했습니다.

"흉년에 백성이 너무나 불리해집니다. 손실답험법에 문제가 있는 건 사실이지만, 앞으로 전문 관료를 최대한 육성해서 '사람의 문제'를 해결하면 되지 않겠습니까?"[22]

한편 공법 수정주의자들은 말합니다.

"사람의 문제를 더 정교한 제도로 고쳐야 합니다. 손실보상을 위해서 전국의 토지를 총 9등급으로 나누고 각각 다른 세율을 매기는 것이 어떻겠습니까?"[23]

즉 손실답험법처럼 복합세율을 도입하되, 비옥도에 따른 지역별 세율 차이를 미리 정하여 사람의 리스크를 최대한 줄이자는 이야기였죠. 시스템이 문제인가, 사람이 문제인가를 두고 팽팽한 줄다리기가 이어졌습니다.

　좀처럼 결론이 나지 않자, 세종은 그 유명한 공법 도입의 찬반을 묻는 '전 국민 여론조사'를 실시합니다. 5개월 동안 전국에서 진행된 이 여론조사의 결과는 이랬습니다.

〈표 1〉1430년(세종 12년) 공법 시행에 대한 전 국민 여론조사 결과 (단위: 명)[24]

지역	찬성		반대	
	수령	백성	수령	백성
경기도	29	17,076	5	236
평안도	6	1,326	35	28,474
황해도	17	4,454	17	15,601
충청도	13	6,982	26	14,013
강원도	5	939	10	6,888
함길도	3	75	14	7,387
경상도	55	36,262	16	377
전라도	42	29,505	12	257
총합	170	96,619	135	73,233
	98,657		74,149	

* 총합은 전·현직 관료, 관찰사 및 그 외를 포함함.

　이 여론조사 결과를 놓고 조사 방법의 타당성을 따지고 다수결로 법을 고치는 것이 적절한가를 묻는 토론이 다시 이어집니다. 관료·자영농·노비의 입장, 지역별 입장이 다 달랐으며, 지역 내에서도 의견이 갈

렸으니까요. 어떤 이는 주판알을 튀기면서, 어떤 이는 공공의 이익을 계산하면서 표를 던졌습니다. 게다가 백성의 투표로 집계되었지만, 실제로는 백성이 아니라 지역 조합장인 경우도 있었죠.

오랜 논의 끝에 결국 공법은 다음과 같이 확정 공표됩니다. 핵심 내용은 세 가지입니다.

1. 곡식 400두(약 7,200킬로그램)를 생산할 수 있는 땅 1결의 면적은 토양의 질에 따라 6개 등급으로 나눈다.
– 1등급 약 2,700평~6등급 약 11,000평
2. 1결의 세율은 생산량의 20분의 1로 하되, 한 해의 작황에 따라 세율을 다르게 매기며, 그 기준을 9개로 나눈다.
– 가장 풍년일 때 약 360킬로그램~가장 흉년일 때 약 72킬로그램
3. 농사짓지 않는 토지는 다른 의도가 있지는 않은지 엄격히 평가한 뒤 면세하며, 자연재해로 심각한 타격을 맞은 토지 역시 엄격히 심사하여 면세한다.[25]

1번은 조선 시대 토지 측정 및 조세 부과 기준이 되었던 1결을 곡식 약 7천 2백 킬로그램을 생산할 수 있는 면적으로 정한 것입니다. 남들이 7천 2백 킬로그램을 생산할 때 나는 3천 킬로그램밖에 생산하지 못하는데, 똑같은 1결로 간주되어 세금을 4백 두니 내야 한다면 너무 버거울 테니까요.

2번은 공법 수정주의자들의 의견을 적극 반영하여, 풍년과 흉년의

정도를 평가하여 그에 따라 세율을 다르게 정하는 것으로 합의를 보았다는 것입니다. 이러한 평가는 지역 단위로 이루어지게끔 했습니다. 지역별로는 세율 차이를 두되, 지역 내에서는 정액세율을 적용한 것이죠.

3번은 면세 조항을 엄격히 하여 농사를 권유하고 점차 세수를 늘려가자는 의도였습니다. 원래는 두 조건의 땅에도 세를 거뒀지만, 시간이 지나면서 다소 완화하여 운영했죠. 경작하지 않는 토지에도 세를 거두고 재해 평가를 엄격하게 했더니, 농민이 아예 땅을 버리고 떠도는 부작용이 나타났기 때문입니다.[26] 이를 막기 위해 두 가지 '예외'를 엄격하게 판단하여 농민을 보호하고자 했습니다.

공법은 1444년(세종 26년) 공표된 이후 실험을 계속하다가 45년이나 지난 1489년(성종 20년)에 전면 시행되었습니다. 과전제가 토지 개혁이었다면, 공법은 과전제라는 토지제도 위에서 현실에 부합하면서도 소규모 자영농을 보호할 수 있는 조세제도를 도입하고자 했던 노력의 결과물입니다. 공법 이후 한 해 농사의 성과가 좌우되는 토지조사사업과 예외 조항의 관리가 더욱 중요해졌습니다.

자, 그렇다면 실제는 어땠을까요? 과연 공법은 조선의 평범한 백성들을 윤택하게 했을까요? 안타깝게도 '사람의 문제'와 예외에서 시작되는 특혜는 사라지지 않았습니다. 여전히 토지조사사업을 수행하는 공무원들이 각 지역에서 영향력을 발휘하는 사람들에 대해 중립적일 수 없었기 때문입니다. 토지조사사업이 마무리되고 새로운 토지대장이 만들어질 때마다 오히려 예전보다 현실과 동떨어진 결과가 속출합니다. 무엇보다 면세 혜택을 받을 수 있는 '재난 평가'를 두고 각 지역에서는 피 말리는 줄다리기가 이어졌습니다.

> 관찰사가 수령에게 측량을 지시하면, 수령은 논밭은 보지도 않고 걸어 다닐 뿐, 실제 업무는 담당자에게 맡깁니다. 담당자 역시 일선의 지방 공무원에게 업무를 맡기는데, 지방 공무원도 험하고 먼 곳은 가기 싫어합니다. 그래서 공무원을 초빙하려면 음식을 대접하고 뇌물까지 바쳐야 하는데, 그러하다 보니 부자는 풍년이 들어도 재해를 당한 것으로 처리되어 면세 혜택을 받고, 가난한 자는 흉년을 맞아도 풍년으로 판정되어 생산물을 모두 빼앗깁니다. 이 애달픈 백성들은 어디에 호소할 수 있겠습니까?
>
> – 1517년(중종 12년) 8월 21일 『중종실록』

왕과 신하들이 수십 년간 토론과 실험을 거듭한 끝에 만들어낸 시스템이었으나, 결코 사람의 문제를 해결하지는 못했습니다. 행정 현장에서 벌어지는 부조리가 제도의 예외를 파고들었고, 그 예외가 블랙홀이 되어 시스템을 삼켜버린 것입니다. 부자들은 세금을 모두 피해 갔고, 부담은 소규모 자영농들에게 전가되었습니다. 결국 조선이 개국 초기부터 전략적으로 육성하려 했던 소규모 자영농들은 세금의 압박을 견디지 못해 무너지기 시작했습니다.

그렇다면 당시 자영농의 삶은 어땠을까요? 가상의 인물을 예로 들어보죠. 조선 중기 경기도에 살던 자영농 김 씨는 일 년 동안 새벽같이 나가서 땀 흘리며 농사지었지만, 여름에 태풍이 휩쓸고 가는 바람에 큰 피해를 입습니다. 기대 생산량이었던 쌀 7천 2백 킬로그램에 훨씬 못 미쳐 2천 킬로그램밖에 생산하지 못했지요. 이걸로 그는 5인 가족의 한 해 생계는 물론, 나라에 바칠 세금과 다음 해 농사지을 볍씨까지 마련해야 합니다. 그런데 같은 마을에 사는 박 대감 댁에서 공무원에게 뇌물을 먹여, 태풍 피해가 전혀 없었음에도 재해 판정을 받고 세금을 면제받습니다. 하지만 중앙에서 내린 지역별 과세 할당량은 채워야 하기 때문에 박 대감에게 부과되었어야 할 세금은 김 씨와 같은 자영농 여섯 명에게 분배됩니다. 원래대로라면 72킬로그램만 내도 될 세금이 360킬로그램으로 늘어납니다. 여기에 공납 명목으로 이백 킬로그램을 떼어 가고, 국방세 명목으로 이백 킬로그램, 공무원 접대 및 뇌물용으로 백 킬로그램, 마을 수리 시설 분담금으로 오십 킬로그램 등을 떼어 가며 세금만 소득의 절반을 넘어버립니다.

조선 중기부터는 자연재해가 끊이질 않았습니다. 어떻게든 버텨보려고 했지만 결국 김 씨는 몇 해 동안 이어진 흉년과 생활고를 견디지 못하고 땅을 버리고 서울로 떠납니다. 서울에 가면 나라에서 먹을 걸 나눠준다는 소문을 들었거든요. 몇 년 후, 간신히 돌아온 김 씨 일가는 자신들의 땅이 이미 박 대감의 소유가 되어버렸다는 사실을 알게 됩니다. 이제 김 씨 가족이 생계를 해결할 수단은 단 하나, 박 대감 댁 노비가 되는 길뿐입니다.

부동산 세금의 비중은 한 나라의 경제를 뒤흔들 정도로 막중합니다. 우리나라도 중산층의 재산세나 종부세 논란이 뜨겁죠. 부의 편중을 바로잡아야 할 세금이 도리어 서민에서 중산층이 되는 사다리를 걷어

차고 중산층이 안정적인 생계를 꾸려나가기 어렵게 합니다. 특히 우리나라는 자산 대부분이 부동산에 몰려 있어, 소득의 일정 부분 이상이 세금으로 나가면 생활을 영위하기가 무척 버거워지죠.

흔히 서울에서는 자가 1주택, 지방에서는 2~3주택을 갖고 있으면 중산층이라고 부릅니다. 주택 가격이 오르면 공시지가도 오르고, 공시지가가 오르면 세금도 오릅니다. 하지만 연봉은 물가상승률을 따라잡지 못해 소득에서 세금이 차지하는 비중이 점점 커지고, 끝내 중산층은 서울을 떠나거나 전세로 돌아서야 하죠.

정작 부자들은 세금을 요리조리 잘도 피해 갑니다. 갓난아이에게 주택을 증여하여 절세하는데, 그마저도 현금을 몰아줘서 주택을 사는 방법으로 증여세를 피합니다. 혹은 뇌물 공여를 통한 부당 합병으로 거대 기업을 상속세 없이 상속하는 경우도 있었죠. 종부세, 양도소득세, 금융소득과세, 상속증여세 모두 부자의 부를 나누겠다는 취지로 도입된 세목이나, 실제로 가장 큰 피해를 보는 건 중산층입니다. 중산층을 위해 마련된 감세 혜택을 가장 많이 누리는 사람들은 압도적인 부를 가진 상류층이죠. 밑에서 치이고 위에서 눌리는 중산층의 일그러진 모습은 한국의 현대사 같습니다.

재산 증식 욕망은 바다를 메우고

15~16세기 서울에서는 정치적 갈등이 연이어 일어났습니다. 이때 자의 반 타의 반으로 중앙 정계를 떠나야 했던 사람들은 고향으로 돌아갑니다. 이들은 이른바 향직(鄕職)이라는, 대대로 세습되는 정치권력을 독점해온 가문의 일원이었습니다. 덕분에 이들은 한동안 향식을 세습받으며 나름대로 윤택한 삶을 이어갈 수 있었습니다.[27]

그런데 반전이 일어납니다. 사대부의 사회적 지위가 상승하고 향리의 사회적 지위가 그만큼 떨어진 것입니다. 물론 향리는 여전히 지방행정 실무를 담당하면서 다양한 이권을 취했으나, 지역사회의 주된 의사 결정은 지방관과 사대부의 몫이었습니다. 특히 향리 계층의 과거 진출이 법적으로 봉쇄되면서 이들의 계층 사다리는 완전히 끊기죠.

정치적 위기 속에서 다른 선택을 한 양반도 있었습니다. 바로 아내의 고향으로 내려간 사람들입니다. 조선 전기까지만 해도 남성과 여성의 상속 권리가 동등했습니다. 처가살이도 빈번했고요. 아내가 상속받은 재산이 넉넉하거나 처가가 지역사회에서 큰 영향력을 가지고 있을 경우, 아내의 고향에서 사는 편이 더욱 유리했습니다.

어느 면에서 유리했냐고요? '양반의 지상 목표', 바로 과거 합격이었지요. 과거 급제자를 키워내기 위해선 막대한 재력이 필요했습니다. 요즘으로 치면 자녀를 서울 소재 사립 대학에 보내기 위해 수년 동안 뒷바라지하는 느낌이랄까요? 중산층이라 해도 쉽지 않은 일일 겁니다. 하지만 과거 급제 이후 관직 생활을 하며 얻게 될 사회적 영향력은 돈으로도 살 수 없는 값진 것이었죠. (적어도 조선 중기까지는 그랬습니다.)

그러니 이들은 자기 재산은 물론 아내의 재산까지 끌어모아 부를 불려야 했습니다. 자신뿐 아니라 아들과 손자까지, 대대손손 과거 급제 자를 배출해야 했으니까요. 그러려면 가문의 버팀목이 되어줄 수익 사업이 필요했습니다. 사업이라 해서 특별한 건 없었고, 서울 양반들과 똑같았습니다. 바로 농장이죠. 처음 이들은 노비를 부리며 직접 농장을 운영했고, 노비 수를 불리기 위해 양인 남성과 노비 여성의 혼인을 적극 장려했습니다. 그리고 '어머니가 노비면 자녀도 노비'라는 노비종모법을 적용해 둘 사이에 태어난 자식을 자기 재산에 편입시켰습니다.

'노비 만들기 프로젝트'로 노동력을 확보한 양반들은 본격적으로 땅을 불리기 위해 노력합니다. 때론 합법적으로, 때론 불법적으로, 그리고 때론 합법과 불법의 경계에서 말이죠.

(1) 공격적인 M&A, 토지 침탈

경제위기 때마다 '위기는 곧 기회'라는 뉴스를 보곤 합니다. 맞는 말입니다. 단, 투자할 만한 자본이 있는 사람에 한해서요. 한 달 벌이로 빠듯하게 생계를 유지해나가는 유리 지갑 직장인들에게는 그저 어이없는 소리일 따름이죠.

농사는 참 리스크가 큰 사업입니다. 아무리 수리 시설을 만들어도 자연재해가 닥치면 한 해의 노력이 물거품이 되기 일쑤입니다. 기술이 발달하지 못한 조선에서는 더욱 그랬죠. 그래서 조선은 나라에서 봄에 곡식을 빌려주고 추수 이후에 거두는 환곡이라는 사회보장제도를 통해 농업의 리스크를 관리하고자 했습니다. 그런데 땅 몇 뙈기 가진 자영농은 환곡을 비롯한 각종 복지제도에서 후순위로 밀리기 일쑤였습니다. 제일 먼저 복지 혜택을 받는 저소득자와 꼼수를 부려 수혜받는 고소득자 사이에 끼인 신세였죠. 결국 세금은 세금대로 내지만 위기가 닥쳤을 때 복지 혜택은 가장 적게 받는 계층이 자영농이었습니다.

조선의 자영농 김 씨의 이야기를 들어볼까요? 그는 다음 해 농사지을 종자는커녕 생계조차 위급한 상황을 마주합니다. 나라로부터 곡식을 지원받기도 어려워서 급한 대로 사채를 빌릴 수밖에 없었죠. 흔히들 말합니다. "무슨 일이 있어도 절대 제2금융권 미만에서 대출하면 안 되고, 사채 쓸 바엔 사업을 접어라." 하지만 미래가 너무나 불투명한 상황에선 사업을 접겠다는 결정조차 쉽사리 할 수 없습니다. 코로나19 시국을 떠올려볼까요? 많은 자영업 종사자가 곧 사회적 거리 두기가 끝날지 모른다는 기대감을 품고 대출을 받았습니다. 심하면 사채까지 끌어다 임대료를 내면서 버텼지만 결국 파산했습니다.

김 씨도 그랬을 겁니다. '비록 올해는 농사를 망쳤지만, 일단 급한 불부터 끄자. 내년에 열심히 하면 어느 정도 회복할 수 있겠지?'라고 생각했겠지요. 그러나 내년에 태풍이나 우박이 있을지 없을지 어떻게 예상할 수 있을까요? 실제로 안타깝게도 16세기 이후부터 조선에는 무수히 많은 자연재해가 불어닥칩니다. 아무리 뼈 빠지게 농사지어도 다음 해도, 그다음 해도 원금은 고사하고 이자도 갚기 어려울 지경입니다.

결국 자영농 김 씨는 땅을 팔아야만 했습니다. 그것도 헐값에요.

〈토지거래계약서〉

나는 몇 해 전부터 양인(人) 김은석(銀石)에게 곡식을 빌려왔으나 경제 사정이 안 좋아 갚지 못하고 있었다. 하나 올해 농사도 망해 도무지 빚을 갚기 어렵다. 따라서 조상 대대로 상속된 논 약 다섯 마지기(약 천 평)를 김은석에게 원금과 이자 대신 영원히 넘기기로 한다.

1535년 11월 11일 양반 김극창(金克昌) (인)[28]

〈토지거래계약서〉

저는 임하 댁 이정회(庭檜) 어르신으로부터 벼 다섯 석을 오래도록 빌려왔으나, 원금과 이자를 갚지 못해 윗마을의 밭 4부 6속(약 180평)과 그 아래의 밭 약 5부 5속(약 220평)을 원금과 이자를 대신하여 임하 댁 어르신께 영원히 넘길 것을 약속합니다.

1565년 11월 21일 노비 천연 (인)[29]

조선 시대 토지매매문서에는 판매 사유가 적혀 있는데요, 사채 때문에 땅을 판다는 내용이 매우 많습니다. 물론 거래계약서에 이유야 뭘 적어도 그만이겠지만, 사채의 경우 토지매매문서가 토지 구매자의 매입 정당성을 보증하는 장치가 되는 만큼 사실에 가까울 것입니다. 두 건의 토지계약서에는 사채로 인해 땅을 팔아야 했던 자영농의 처지가 잘 드러납니다.

양반부터 노비까지, TMI가 넘치는
조선의 토지매매명문(土地賣買明文)

조선시대 매매계약에서는 판매자와 구매자가 증인과 필집(筆執, 문서 작성자)이 입회한 가운데 계약서를 작성했습니다. 이 계약서를 구매자가 가져감으로써 소유권 또한 이전되었습니다. 이때 해당 토지를 이제까지 거래해온 계약서들까지 함께 넘겨주는데요, 땅과 함께 땅의 역사도 딸려 오는 셈이죠.

시대에 따라 양식은 조금씩 다르지만, 기본적으로 계약서에는 땅의 소재지와 면적, 토지의 종류가 기입됩니다. 여기에 역대 판매자와 구매자의 이름, 노비의 이름, 매매 일시와 가격, 거간꾼(중개인)의 이름 등도 함께 적혔습니다. 그런데 수많은 계약서에 노비의 이름이 기재되어 있습니다. 대체로 양반이 자기 이름을 뒤로 숨기고 노비를 대리인으로 내보냈기 때문입니다.

한편 종종 판매 사유도 기록되었습니다. '환곡 빚을 갚지 못해 판다.' '요긴하게 쓸 돈이 필요해서 판다.'처럼 간단한 이유도 있고, '모월 모일 김 진사 댁에 빚진 돈을 갚지 못해 땅을 넘긴다.'처럼 자세한 사유가 기록되기도 했습니다. 계약자와 판매자 사이의 역학 관계가 계약서 위까지 그대로 따라온 것입니다.[30]

이러한 거래문서는 토지가 소송의 대상이 될 때, 유력한 증거로써 활용되었습니다. 하지만 위조하기 너무나 쉬웠던 탓에 글자를 모르고 법을 모르면 위조꾼의 술수에 걸려 땅을 빼앗기는 경우도 많았죠. 날이 갈수록 부동산 관련 법 조항이 복잡해지는 요즘, 높고 비싼 법의 문턱에 걸려 눈물을 삼켜야 했던 조선 민초의 삶을 생각해봅니다.

그런데 도대체 빚이 얼마였길래 땅까지 팔아야 했을까요? 조선의 사채는 장리(長利)라는 형태가 일반적이었습니다. 장리는 10두를 빌리면 15두를 갚아야 하는, 연 이자율 오십 퍼센트의 '충격과 공포의' 사채였습니다. 심한 경우 빌려주는 기한도 봄에서 가을까지 약 7개월 정도밖에 되지 않아서, 매월 칠 퍼센트의 이자를 갚아야 하는 셈이었죠. 물론 춘궁기에 빌렸다가 곡식이 넘치는 추수기에 갚는 것이니 아예 갚지 못할 정도는 아니었습니다. 하지만 매해 기대 수확량은 정해져 있는데 이자율이 이렇게 높으면, 어지간한 풍년이 들지 않고서야 이자를 다 충당하기 어렵습니다. 그러니 땅을 팔아야만 했죠.[31]

고리대금업에 뛰어들 수 있는 사람 역시 자본력을 갖춘 사람이었습니다. 상품경제가 아직 발달하지 못한 조선 전기에는 주로 쌀을 빌려줬는데요, 누군가에게 쌀을 빌려주려면 창고가 넉넉해야 합니다. 게다가 쌀은 매년 썩거나 쥐가 먹는 등의 이유로 일정 부분이 손실되죠. 즉 그 모든 것을 감안하고서도 여유가 있는 사람만이 사채시장에서 이익을 거둘 수 있었습니다. 명목상으로는 누구든 빚을 내줄 수 있다지만, 실상은 가진 자들의 전유물이었던 셈이죠.

한편 양반이라고 해서 당연히 다 부유한 것도 아닙니다. 가진 땅이 적은 양반도 있었을 테니까요. 앞서 본 양반 김극창의 계약서에는 소규모 양반 자영농이 돈 많은 양인에게 사채를 빌려 썼다가 조상 대대로 상속받은 토지를 내주고 마는 상황이 담겨 있습니다. 조상으로부터 물려받은 것이라면 머리카락 한 올까지 지키고자 노력했던 양반이 자신보다 신분이 낮은 사람에게 땅을 판다는 행위는 의미가 큽니다. 조선이 설계했던 사대부 중심의 사회조직이 경제적 권력에 의해 뒤틀리고 있다는 전조니까요.

물론 신분 권력은 여전했지만, 그래서 더욱 무서웠습니다. 신분 권력을 가진 이가 경제적 권력까지 취하면, 나라의 제도를 마음껏 주무를 수 있었으니까요. 예컨대 명망 있는 전직 관료가 지방관 및 지역의 양반가와 연합하여 지자체의 행정을 자신의 부를 위해 이용하는 것도 그리 어려운 일이 아니었습니다.

나랏돈은 그렇게 '눈먼 돈'이 됩니다. 그들은 농업 공동체의 사회 안전망으로서 나라 재정의 상당량을 투입하여 운영하던 환곡마저 인수합병의 수단으로 활용했습니다. 이문건(李文楗, 1494~1567)의 『묵재일기(默齋日記)』 속 기록들입니다. 정리해보았습니다.

1563년 10월 24일: 노비 신손이가 와서 말했다. "이번에 빌린 환곡을 갚을 곡식이 없습니다. 어르신께 환곡 갚을 곡식을 받는 대신, 제 논을 내놓겠습니다."

1563년 10월 27일: 노비 신손이와 후손이가 논 두 마지기를 팔아 환곡을 갚고자 했었는데, 갑자기 팔지 않겠다면서 계약서에 서명하지 않았다. 나는 목사(牧使)에게 그들의 환곡 납부를 다시 독촉해달라고 편지를 보냈다.

1563년 10월 29일: 신손이와 후손이가 다시 논을 팔겠다면서, 이번에는 매매문서를 만들어 왔다. 매매문서를 받고, 목사에게 나의 6개월분 월급으로 신손이의 환곡 원금과 이자를 갚아달라고 요청했더니,

목사가 허락했다.

– 『묵재일기』

위의 일기는 성주 지역에서 강한 영향력을 행사하던 양반 이문건이 지방관과 합세하여 노비의 땅을 인수합병하는 장면입니다. 노비 신손이는 생계가 어려워져 나라의 환곡을 받았으나, 빚을 갚지 못하는 처지가 됩니다. 신손이는 이문건에게 땅을 내줄 테니 환곡 빚을 대신 갚아달라고 요청하는데요, 아무리 생각해도 너무 밑진다 싶었던 걸까요? 갑자기 마음을 바꿔 거래를 무르려 하죠. 하지만 이문건은 그 땅이 너무나 탐났나 봅니다. 곧장 성주 목사에게 편지를 씁니다. "노비 신손이의 환곡 빚을 더 엄하게 독촉해주십시오."

나랏돈으로 운영되는 환곡 창고를 관리하는 규정은 매우 엄격했습니다. 적어도 규정상으로는 그랬죠. 환곡 빚을 갚지 못했을 때의 불이익도 매우 컸습니다. 결국 불안해진 신손이는 이문건에게 땅을 팔았고, 이문건은 급료를 받지 않는 것으로 신손이의 환곡을 대신 갚습니다. 공권력을 앞세워 노비를 압박하고, 땡처리로 나온 땅을 취하는 이문건의 모습은 조선시대에 일상처럼 벌어졌던 '양반표 공격적 인수합병'의 전형적인 사례입니다.

그렇다고 이러한 행위가 윤리적으로 정당화된 것은 아닙니다. 탈법적인 수단을 이용하여 축재하다가 고발되어 파직당한 사례가 무수히 많기 때문입니다. 그렇지만 윤리보다는 생존이 우선인 국가적 위기 상황일수록 전략적인 재테크는 더욱 빛을 발하는 법입니다. 심지어 전쟁이 닥쳐도 말이죠.

> 나라가 전쟁으로 위기인데 자기만을 살찌우려는 이들이 너무나 많습니다. 궁궐에서 급료를 받는 관리가 수령에게 청탁하여 먼 시골에 농장을 만들거나, 수령으로 파견된 이가 나랏일을 빙자하여 개인 농장을 만들고 운영합니다. 예컨대 위원 군수 윤정(尹定)은 파견지의 집과 땅을 독점하면서 피난 온 친척에게까지 마구 나눠주었고, 그 결과 위원군을 아예 윤 씨 가문의 농장으로 만들었습니다. 가산 군수 심신겸(沈信謙)은 정주 땅에 대농장을 개간했는데, 그 과정에서 나라의 곡식과 공적 물품을 마음껏 갖다 썼습니다. 심지어 '걸리면 무조건 파직이니까, 차라리 한탕 치고 벌 받은 뒤에 편하게 살자.'라는 뻔뻔한 자세로 더욱 백성을 수탈합니다.
>
> – 1594년(선조 27년) 6월 11일 『선조실록(宣祖實錄)』

LH공사의 직원들이 3기 신도시 등에 투기한 것이 적발되었을 때, LH공사 직원으로 추정되는 사람이 '아무리 문제가 되어도 차명으로 열심히 투기해서 이득 보겠다'는 글을 써 화제가 된 바 있습니다. 가산 군수 심신겸의 행보도 그와 유사한데요, 위기가 정말로 무서운 까닭은 평소에는 그럭저럭 작동되던 윤리적 기준이 쉽게 무너진다는 점에 있습니다. 나아가 누군가 위기를 기회로 바꾼 선례를 만들면, '나도 따라 하지 않으면 뒤처질 것 같다'는 위기감이 전염병처럼 퍼집니다. 설사 그 과정이 다소 비윤리적이라 해도요.

아마 조선의 양반들 또한 그랬을 겁니다. 자그마한 예외 규정을 비틀어서 제도와 시스템에 구멍을 낸 사람들, 그들을 비판하면서도 그 방법을 조금씩 변용하여 법의 그물에 걸리지 않는 길을 찾아낸 사람들, 어느새 그들의 방식을 표준으로 받아들인 사람들 덕분에 환곡이라는 훌륭한 사회보장제도는 부패의 온상이 되었죠.

이렇듯 '가진 사람들'은 모두가 힘겹게 생계를 이어가야 하는 위기 상황조차 축재의 기회로 삼았습니다. 더 멋지면서 합법적인 수단도 있었는데요, 바로 개간과 간척 사업입니다. 우리는 이것들을 가히 양반들의 '땅 복사 스킬 총 집합체'라 말할 수 있습니다.

(2) "땅이 복사된다고?" 개간과 간척 사업

사실 불법·탈법적으로 땅을 늘리는 건 양반들이 일반적으로 선호하는 방식은 아니었습니다. 한국 사회에 오래도록 통용되는 관습적인 윤리가 있습니다. 바로 정당하지 않은 방법으로 부를 쌓은 사람에게는 공적인 역할을 맡길 수 없다는 것입니다. 조선왕조에서는 치부만으로도 흠이 되었는데, 치부에 불법까지 끼어 있으면 여지없는 탄핵감이었죠. 물론 현실 권력에 따라 유야무야 넘어가기도 했으나, 적어도 강력한 정치적 명분은 되었습니다.

양반들은 나라에 도움이 되면서 나에게도 이익이 되는 '합법적인 방법'을 찾아야 했습니다. 그런데 살짝 눈을 돌려보니 이게 웬걸, 조선은 '기회의 땅'이었습니다. 고려 말, 왜구의 침입으로 바닷가 인근의 수많은 농경지가 황폐해집니다. 내륙에서는 백성들이 조세 압박과 천재지변을 견디지 못하여 땅을 버리고 유랑했죠.[32] 그렇게 포텐셜이 가득하나 주인을 잃고 잡초만 무성해진 빈 땅들이 많아집니다. 양반들은 바로 이 땅들에 군침을 흘리기 시작한 것이고요.

개간은 조선 초기부터 국가 주요 사업으로 추진되었습니다. 개간 사업은 노동력이 많이 필요하므로 힘 있는 세력에게 우선권을 주었는데요, 문제는 이들이 땅에 알만 박아두고 실제로는 농사를 짓지 않는 경우가 많았다는 것입니다. 그런데 시간이 흐르며 땅이 부족해지자, 사대부가의 개간 사업 투자 러시가 이어졌습니다.

경상도 안동의 양반 김진(金璡, 1500~1580)은 초고속 농장 확장을 보여주는 좋은 사례입니다. 그는 아버지로부터 노비 열세 명을 상속받아 경상도 안동과 영양, 강원도 강릉 등에 농장을 일구는데요, 특히 강릉에서는 나라로부터 약 150만 평에 이르는 개간지를 받아 농장을 일굽니다.[33]

경상도 김 진사 댁의 노비 옥룡이 신청서를 올립니다.

저희 상전은 경상도에 살고 계시는 김 씨 어른입니다. 김 씨 어른께서 이번에 강릉 지역의 황무지를 개간하려고 하는데, 그 땅은 앞에는 넓은 바다가 있고 뒤에는 큰 산이 있습니다. 토질은 소금기가 가득해 척박하고, 나무와 숲이 우거져 있습니다. 사는 사람이 적어서 아무도 그 땅에서 농사지으려고 하지 않으므로 저희 상전께서 그 땅을 개간하려고 합니다. 규모는 가로세로 각 10리(약 5킬로미터) 정도입니다. 허가증을 발급해주시기를 바랍니다.

김진이 노비 옥룡을 앞세워 강원도로부터 황무지 개발권을 따내는 신청서입니다. 양반들은 이렇게 공적 지위와 세세한 법 조항에 대한 이해를 바탕으로 개발권을 선점했습니다. 개발권을 따낼 땐 항상 "그 땅은 너무 안 좋아서 가치가 작습니다."라며 우는소리를 했지만, 정말 그렇다면 개간 신청도 하지 않았겠죠.

금광을 찾아 서부로 떠난 개척 시대의 미국인들처럼, 조선의 양반들은 포텐셜 있는 개간지 찾기에 심혈을 기울였습니다. 부를 불리기 너무나 좋았거든요. 개간지의 소유권은 오롯이 개간자에게 주어지며,[35] 한동안 면세 혜택까지 받을 수 있었습니다. 종종 개간 과정에서 공권력을 앞세워 지역 주민을 동원할 수도 있었습니다.[36] 주요 노동력인 노비는 관리만 하면 자연적으로 증가하는 형태였고요. 혼인을 통해 새로운 노비가 생기기도 했고, 생활고를 못 이겨 스스로 노비가 되는 자도 많았으니까요. 심지어 전쟁 중 모든 것을 잃고 떠난 피난지에서도 개간은 양반의 생계 수단이 되었습니다.[37] 이거야말로 노다지 아닐까요?

조선 조정에서 개간을 장려했던 까닭은 단순합니다. 농업 생산량을 증대하여 백성을 윤택하게 하고 국가 재정을 풍족하게 하기 위해서죠. 개간지에 일정 기간 면세 혜택을 준 깃도 개간을 유도하기 위해서였습니다.

그러나 이 혜택은 모두 자본력과 노동력, 법을 이해하고 있는 엘리트 계층에게 돌아갑니다. 더 큰 문제는 사대부가의 농장 확장과 조세 불공평 때문에 백성은 땅을 잃어만 갔고, 이후 사대부들이 깨알 같은 '절세 스킬'로 세금을 최대한 피해 가는 바람에 국가 재정도 풍족해지지 않았다는 거죠. 정책의 기대 목표가 모두 상실된 것입니다.

또 하나의 농지 확장 사업이 있었습니다. 바로 간척입니다. 한때 우리나라가 '수출 총액 증대'를 국가적 사업으로 추진했다면, 조신은 '농업 생산량 증대'를 국가적 사업으로 삼았죠. 간척은 매우 넓고 평평하면서 소유권도 깔끔한 토지를 만들 수 있는 매력적인 사업이었습니다. 그 과정에서 제방 및 수리 시설을 만들게 되므로 인근의 토질을 더욱 높일 수 있다는 장점도 있었습니다.

그런데 간척은 개간보다 더 많은 노동력과 자본이 필요합니다. 세종 때는 간척하여 백성들에게 농사지을 땅을 나눠주자는 건의가 올라오기도 했습니다.[38] 그러나 토목 기술이 발달하지 못한 시대였기에 리스크가 큰 간척을 국가가 주도적으로 시행할 수는 없었습니다. 재정력과 행정력이 부족했기 때문이지요.

그러나 돈이 되는 아이템에는 자본이 따라붙기 마련입니다. 16세기 이후 구조적 모순이 누적되고 전쟁으로 인해 땅이 부족해졌습니다. 또 후술할 '사적 소유권 발달'로 직전제는 기능을 잃었습니다. 이제 조정은 땅 대신 '개발권'을 나눠주기 시작합니다. 이에 따라 힘을 가진 사람들, 고관대작이나 왕실의 친척은 국가로부터 사업권을 따내어 간척을 진행합니다.

전남 지역의 해남 윤 씨 가문은 '간척 전문 가족 기업'이었습니다.

1573년부터 1715년까지 약 백오십 년간 삼십 건이 넘는 간척 사업권을 따내서[39] 가깝게는 삼 년, 멀게는 이십여 년의 터울을 두고 계속 간척 사업을 진행했죠.

그들의 간척 사업은 어땠을까요? 윤이후(尹爾厚, 1636~1699)의 일기에 적힌 '간척 사업 지출 정리'를 읽어보겠습니다.

드디어 속금도 간척 공사가 끝났다. 연인원 3,187명이 지난달 21일부터 이번 달 28일까지 일했다. 실제 작업은 삼십여 일이 걸렸다. 일꾼들에게 준 술은 148항아리이며, 한 항아리당 삼십 사발로 계산했다. 남은 쌀과 벼는 공사가 끝난 후 속금도 마을 사람들에게 줘서 술을 빚어 하루 동안 잔치를 벌이게 했다. 간척 공사를 통해 약 이천여 평 정도의 논을 새로 만들 수 있었다. 흙의 질이 상당히 좋다. 좀처럼 얻기 어려운 좋은 땅이다. 공사도 빨리 끝났고, 큰 손해도 없이 무사히 완료해서 운이 좋았지만, 그동안 나는 정말 고생을 많이 했다.

혹자들은 "저 욕심쟁이 양반이 또 땅 넓힌다고 난리네."라며 나를 비난하지만, 농사는 천하의 근본이다. 농사지을 땅을 넓히는 일이 무엇이 부끄러운가? 부정하게 이득을 취하는 것도 아닌데. 그들이 나를 뭐라고 비난하든 상관없다. 다만 후손들이 내가 이렇게 고생했다는 것을 기억해주었으면 좋겠다. 마을 사람 김득성이 공사 감독을 맡았으며, 노비 이릉, 만홍, 언실, 불동 등이 도왔다. 그 공을 인정해 불동이를 이 땅의 관리자로 임명했다.

– 1694년(숙종 20년) 4월 28일 『지암일기(支菴日記)』

〈도판 3〉 윤이후가 개간한 죽도의 현재 모습 (©한겨레)

종가의 재산을 불려서 후손에게 전하는 것을 자기 사명으로 삼은 윤이후. 간척 사업은 그 사명을 당장 완수할 수 있는 확실한 수단이었죠. 바다가 옥토로 변한 모습은 지나가다 봐도 대단한 광경이었습니다.

윤이후는 원래 금수저였습니다. 어지간한 공사라면 자기 노비를 수백 명씩 동원해 진행할 수 있을 정도로 자금력과 노동력이 충분한 사람이었죠. 그런데 조선에서 노동력이란, 곧 농사짓는 사람입니다. 노비를 수백 명씩 계속 동원하면 농사에 차질이 생기고, 곧 수입에 타격을 받게 됩니다. 그래서 윤이후는 전문 공사 감독관 몇 명만 고정으로 두고, 자신의 영향력을 활용해 그때그때 인력시장에서 '일용직'을 모집합니다. 간척지 주변의 마을 사람들, 윤이후의 땅에서 농사짓는 소작농, 근처 사찰의 승려들, 심지어 나라의 각종 토목 공사를 위해 징발된 노동자들까지도 간척 사업에 동원했죠.

이렇게 고생한 사람들에게 지급한 것은 고작 술입니다. 급여라고 말하기도 민망한 수준이죠? 아마 소작농들은 윤이후의 땅에서 농사지어 먹고사는 만큼 동원을 거부하기 어려웠을 겁니다. 승려나 역군 등은 윤이후와 친한 누군가가 모집해 왔는데요, 역시 그 누군가가 윤이후와 오래도록 이익을 주고받아왔기 때문에 가능한 일이었을 겁니다. 해남 윤 씨 가가 지역 내에서 오래도록 쌓아온 광범위한 사회적 영향력이 간척 사업의 원동력이 되었다는 거죠. 심지어 사대부가는 지방관으로부터 공적 자원을 지원받아 사업을 수행하기도 했습니다.[40]

그렇게 만들어진 꿀땅 이천여 평은 모두 윤이후의 소유가 됩니다. 나라에서 인정한 정당한 권리였죠. 그런데 아무래도 영 부당해 보인다고요? 당연합니다. 공적 자원을 투입하여 사적 이득을 취하는 일을 정당하다 말할 수는 없죠. 그리하여 간척의 장점이 주로 논의되던 조선 초기의 조정과는 달리, 16세기 이후부터는 간척의 문제점을 지적하는 사료가 등장합니다.

해변의 갯벌 근처는 백성들이 생업으로 삼는 땅인데, 힘 있는 사람들이 이를 모두 빼앗아 독점합니다. 그러고는 지역 백성들을 징발하여 둑 공사에 투입하고, 그 경비도 지역 주민에게 거두거나 관청에서 징발하여 충당합니다. 둑 공사가 성공하여 간척이 완료되면 그 이익은 모조리 자기가 챙기고, 혹 실패하더라도 본인의 재산에는 하나도 손해가 나지 않습니다. 이러니 요즘엔 너도나도 간척 사업에 투신합니다. 먹고살 터전을 빼앗긴 것도 모자라 힘겨운 노동에까지 동원되고 있으니, 백성들의 억울함이 얼마나 심하겠습니까?

- 1559년(명종 14년) 2월 9일 『비변사등록(備邊司謄錄)』

갯벌에서 해산물을 채취하거나 자그마한 땅뙈기에서 농사를 짓던 해변의 주민들은 어느 날 양반가의 간척 노동자로 뒤바뀌었습니다. 이들은 이후 간척지의 소작농이 되죠. 이렇게 간척은 나라에서 밀어주는 '땅 복사'를 넘어, 지역 주민이 부자에게 예속되는 현상을 부추기는 사업으로 점점 변질됩니다. 심지어 어떤 양반은 이미 지역 주민이 농사짓던 땅을 '주인 없는 땅'으로 신고하여 개발권을 따낸 후, 작은 둑 하나 짓고 그 일대의 땅을 모조리 독차지하는 스케일 큰 꼼수도 벌였습니다.[41] 이런 경우에 비하면 윤이후는 나름 '양반'이었습니다. 자신이 사는 지역에 흉년이 들면 시원하게 곳간을 열어젖히는 편이었으니까요.

개간과 간척 사업의 원래 취지는 백성들에게 새로운 땅을 나눠주는 것이었습니다. 하지만 기대와는 달리 개발의 단물은 대부분 양반 계층에게 돌아갔습니다. 실제로 16세기 양반 지주들이 소유했던 토지 중에는 개간을 통해 확보된 토지가 많으며, 이러한 경향은 개간 가능한 지역이 줄어드는 17~18세기에도 유효했습니다.[42] 결국 소규모 자영농을 육성하기 위해 도입된 다양한 정책이 '양반의 지주화'라는 결과로 나타났다고 봐도 과언이 아닙니다.

오늘날 신도시 개발 사업, 재개발 사업 등은 언제나 '서민을 위한 사업'으로 포장되지만, 그 단물은 대부분 기업이나 돈 많은 개인에게 돌아갑니다. 심지어 임대주택마저도 가진 자의 절세 수단으로 쓰일 때가 있죠. 역설적으로 살기 위해 집을 구매하려는 사람들이 가장 불리해지고, 재산을 증식하려는 목적으로 집을 구매하는 사람들이 가장 유리해집니다.

분당 신도시의 경우, 아파트 수분양자(70.42퍼센트), 택지개발업자(14.58퍼센트), 주택개발업자(10.62퍼센트), 토지 소유자(4.38퍼센트) 순으로 개발 이익을 누렸습니다.[43] 수분양자가 가장 많은 혜택을 받았지만, 과연 실거주자의 이익이었는지는 의심스럽습니다. 오히려 이익이 높을수록, 해당 아파트 단지는 주거 목적보다 투자 목적의 거래가 더 활발하죠. 정작 실거주자는 전세 또는 월세 형태로 살게 될 가능성이 큽니다.

그래서 '분양가 상한제'가 도입되었는데요, 실거주자에게 주택을 분양하기 위함이었습니다. 그러나 이 또한 분양가가 구매가보다 낮아 시세 차익을 노리는 사람들의 '로또'로 변신합니다. 자연히 '신도시 개발이 취지와는 달리 수도권의 주거난을 해소하지 못하고 실제로 거주하고자 하는 사람들을 외면한다'는 비판이 제기됩니다.

조선의 양반들, 특히 윤이후의 경우는 모든 개발 이익을 독점했으니 지금보다 훨씬 심각했습니다. 특히 자영농 다수가 소수의 대지주에게 잠식된 상황은 사실상 민간에 토지 개발을 맡기고 손을 놓아버렸던 조정의 책임입니다. 이처럼 어느 시점에서부터 조선은 '모든 토지의 국유화'라는 개혁 이념을 완전히 포기해버린 듯한 모습을 보입니다. 16세기부터는 특별히 중죄를 지은 것이 아니면 현실적으로 굳건해진 사유재산권을 가급적 박탈하지 않고 인정하려는 모습이 등장합니다. 그렇게 조선은 지주의 나라, 갓물주의 나라가 되었습니다.

3장. 조선, '갓물주'의 나라가 되다

국유화와의 뜨거운 안녕

(1) 토지대장의 완성=토지 사유화 QED

혹자는 말합니다. "그 땅과 노비는 신 씨 부인 소유니, 국가에서 이 러쿵저러쿵할 바가 아니다." 하지만 국가는 관청을 설치하여 옳고 그름을 판단하니, 나라 법이 공적인 영역과 사적인 영역을 구분하여 집행되겠습니까? 하늘 아래 모든 땅이 왕의 것이고, 모든 사람이 왕 의 신하입니다. 오직 신 씨 부인의 땅과 노비만 예외가 되겠습니까?

– 1471년(성종 2년) 9월 14일 『성종실록』

1471년, 광평대군의 부인 신 씨가 지기 재산을 사찰에 시주하려 했습니다. 위의 사료는 그것을 반대하는 상소문인데요, 조선 전기의 사 람들이 사유재산권을 어떻게 생각했는지 보여줍니다. 과전법 개혁은 전 국토의 국유화를 추진했으나, 현실적으로 사유재산권을 완전히 없앨 수는 없었죠. 사료에서처럼 개인의 것이니 국가가 알 바 아니라고 말하는 옅은 수준의 사유재산권이 조선 전기에도 있었습니다. 예컨대 1424년(세종 6년) 세종은 땅을 판매할 권리를 제한적으로 허용하죠.[44]

이후 조선은 여러 차례 나라가 뒤엎어질 위기를 겪습니다. 16세기부터 끊임없이 자연재해가 몰아쳤고, 임진왜란과 병자호란이라는 엄청난 전쟁을 치렀죠. 국가의 역량은 한계를 드러냈고, 전쟁을 겪고 국가를 재건하는 과정에서 지방 선비의 사회적 영향력은 더욱 커졌습니다.

국토가 황폐해지고 사망자가 속출한 수십 년 동안 조선이 설계했던 토지 관리 체계는 그 힘을 상당 부분 잃습니다. 전쟁 직후인 1601년(선조 34년)에는 조선의 전체 토지가 삼십여만 결로 보고되는데, 임진왜란 이전의 토지가 150만~170만 결이었다는 기록과 대비되는 충격적인 수치입니다.[45] 꾸준히 토지가 회복되었던 1635년(인조 13년)에도 삼남 지역(충청·전라·경상)에서 진전(陳田), 즉 서류상으로는 농지지만 실제로는 농사를 짓지 못하는 땅의 비율이 39.6퍼센트에 이릅니다.[46] 토지를 복구하여 재정을 확충할 필요성이 절실했으나, 조정은 토지 복구에 공적 자원을 투입할 여건이 되지 않았습니다. 어쩔 수 없이 이를 민간에 맡겼고, 자연히 그들의 소유권을 인정해줄 수밖에 없었죠.

이러한 흐름 끝에 1719~1720년(숙종 45~46년)에 실시된 경자양전(庚子量田), 즉 전국 토지조사사업에선 사유재산권이 명확하게 정리되는 흐름이 나타납니다. 경자양전을 중심으로 당대의 땅 상황을 살펴보도록 하겠습니다.[47]

말도 많고 탈도 많았던 양전 사업

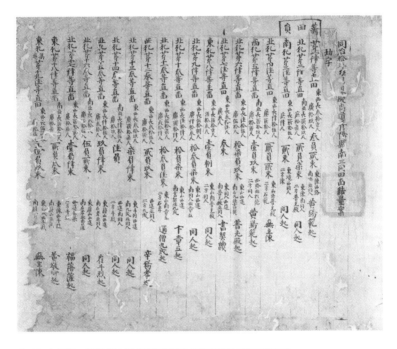

〈도판 4〉 경상도언양현남삼동전답양안(慶尙道彦陽縣南三洞田畓量案)

(ⓒ서울대학교 규장각한국학연구원)

양전 사업의 결과물로서 만드는 토지대장을 양안(量案)이라고 합니다. 양안에는 토지의 위치, 모양, 넓이, 결부수(생산량 및 조세량), 경작 여부, 소유주 등의 정보가 들어 있습니다. 지금으로 치면 토지대장, 지적도, 공시지가인 셈이죠.

양전은 조선의 시골 마을을 뒤집어놓는 사건이었습니다. 양전 사업의 결과로 세금이 결정되므로, 마을 구성원에게는 삶과 직결되는 이벤트일 수밖에 없었죠. 그래서 양전 실무자는 어떻게 해도 욕을 먹었습니다. 지방관은 지역의 양반을 양전 실무자로 임명하여 지역사회와 '밀당'을 하기도 했습니다.

양전이 시작되면, 면마다 최소 두 개의 사무실이 설치됩니다. 또한 네댓 명으로 구성된 '양전 프로젝트 팀'이 오십 일 동안 면을 돌아다니면서 측량하는데요, 양전 사업의 책임이 지방관에게 있었기 때문에 지방관은 직접 시범 측량을 하면서 실무자 교육을 진행했습니다.

측량 후에는 세 개의 초안이 작성되어 상급 기관으로 올라갑니다. 그런데 아무래도 전근대의 측량 기술이었기 때문에, 매번 '실측 결과에 오류가 많다'는 얘기가 흘러나왔죠. 또 실측 과정에서 더 유리한 결과를 얻기 위해 뇌물과 인맥 과시가 요란하게 펼쳐졌습니다. 자연히 양전은 서바이벌 게임처럼 치열한 생존 경쟁의 장이 되었습니다.

숙종 재위기에는 지속해서 토지조사사업의 필요성이 논의되었습니다. 하지만 토지조사사업은 궁궐에서부터 저 먼 곳의 작은 섬까지 모든 사람의 생계 기반을 뒤흔드는 거대한 프로젝트였습니다. 그래서 집권 여당에는 큰 부담이었지요. 연이은 환국(換局)으로 정치인이 '밤새 안녕' 하는 불안한 정치 상황 또한 집권 여당이 토지조사사업이라는 부담을 짊어지는 것을 기피하게 했습니다. 막상 지역별로 토지조사사업을 실행하겠다 마음먹어도, 흉년이나 자연재해가 끊이지 않아 평균 생산물을 토대로 결부수를 판정하기로 한 원칙을 따르기 어려웠고요. 그렇게 토지조사사업은 무한히 연기되고 있었습니다.[48]

조선왕조 오백 년을 통틀어 재정이 풍족했던 때가 드물긴 하지만, 특히 1710년대의 재정 상황은 빨간불로도 그 심각성을 다 표현할 수 없을 정도였습니다. 연이은 기근, 전염병, 흉작 등으로 수입은 줄어드는데, 백성을 위한 복지 지출은 날로 늘어만 가고 있었기 때문이죠. 일례로 1717년(숙종 43년)에는 "지난 십여 년 동안 저축해온 쌀 12만 곡을 한 해 기근 구제를 위해 다 써버리고 1만 7천여 석만 남았습니다. 제가 무능한 탓입니다."라는 무기력한 말이 나올 정도였죠.[49]

'이제 더는 미룰 수 없다'는 위기감이 팽배하던 그때, 영의정 김창집(金昌集, 1648~1722)이 조심스럽게 토지조사사업을 건의합니다.

"매년 흉년으로 토지조사사업을 시행하지 못했지만, 올해는 그럭저럭 농사가 잘되었으므로 때가 적절합니다. 하지만 중앙에서 담당자를 파견하면 지방에서 소란이 벌어질 테니, 각 도(道)의 관찰사와 지방의 수령에게 맡겨 실행하는 것이 좋을 듯합니다."

숙종이 말했다.

"그대가 건의한 바가 적절하다. 구체적인 법안을 만들어서 시행하되, 도의 감사와 수령에게 맡기라."

- 1717년(숙종 43년) 9월 22일 『숙종실록(肅宗實錄)』

마침내 숙종의 재가가 떨어졌습니다. 드디어 오래 묵은 문제가 처리되나 싶었지만, 토지조사사업은 또 해를 넘기고야 맙니다. 감사-수령 조직에 맡겼더니, 이들이 사업을 차일피일 미루며 버텼기 때문입니다.[50] 왜 그랬을까요?

중앙에서 담당자를 뽑아 파견하면 현지 사정은 고려하지 않고 매뉴얼대로만 집행하여 반발과 비협조를 낳고, 결국엔 사업이 제대로 추진되지 못한다는 문제가 있었습니다. 실제로 1709년(숙종 35년) 강원도 원주의 춘천에서는 지주가 백성을 앞세워 토지조사관을 막아서는 사태가 벌어졌습니다.[51] 결국 김창집과 숙종은 실제 조사 권한을 관찰사-수령 조직에 맡겼지만, 수령들 또한 지역에서 영향력 있는 사람들의 의견을 무시할 수가 없었습니다.

토지조사사업의 목표 중 하나는 농사짓고 있는 토지를 최대한 조사하여 과세하는 것입니다. 그런데 땅을 가진 사람들, 특히 권력과 쉽게 타협할 수 있는 지방의 사대부 계층은 탈세를 위해 농사가 잘 굴러가는 땅이나 이미 개간한 땅을 농사짓지 않는 땅으로 바꿔서 등록하거나, 심지어는 아예 등록하지 않고 숨기기도 했죠. 수령은 사대부들의 행보를 눈감아주는 대신, 관청에서 운영하는 땅을 숨겨 그 수입을 지방 재정에 충당했습니다. 나아가 자신들의 땅까지 숨겨 수입을 올렸습니다. 즉 수령과 사대부가 이익 공동체가 되어 굳건하게 버티고 있었던 것입니다. 이들의 탈세는 곧 경제적 약자에 대한 부당한 조세 갈취로 이어졌고, 그 폐해가 국가 운영을 위협할 정도로 심각했습니다. 따라서 토지조사사업의 실질적 목표는 지주들의 탈세를 정상화하여 '세금 불평등'을 해소하는 데 있었습니다.

구조적 문제는 언제나 개인을 얽고 들어갑니다. 조정에서 논의하는 자들 또한 구조적 문제에서 자유로울 수 없었죠. 조정의 토지조사사업 논의는 곧 "조세를 공평하게 부과해야 한다"는 강행론과 "지금은 곤란하다. 조금만 기다려달라"는 연기론이 팽팽하게 부딪힙니다. 그런데 이때도 자신의 경제적 계급에 기반해 정치적 목소리를 내는 장면이 발견됩니다. 예컨대 남인 계열은 숙종 재위기 내내 양전을 반대합니다. 한때 정권을 잡았지만 여러 차례 당쟁에 패배하여 관직 진출이 막힌 남인은 '정치 집단'이 아닌, '지방의 지주 집단'으로 변해가고 있었습니다.[52] 그래서 지주 계급의 이해에 반하는 방침의 양전을 환영하기는 어려웠죠. 일선의 지방관들은 붕당과 관계없이 약속이나 한 듯 '양전 거부 파업'을 벌이기 일쑤였고요.

지주 계급의 양전 반대는 아주 세세한 항목에서도 치열하게 전개되었습니다. 예컨대 토지의 면적과 생산량을 측정하는 도량형의 길이를 두고도 오랫동안 토론합니다. 논제는 '약 72센티미터의 긴 자를 쓸 것인가, 약 66센티미터의 짧은 자를 쓸 것인가'였습니다.[53] 조선은 생산량과 땅의 면적을 함께 고려하여 과세했기에, 긴 자로 측정하면 결 수가 적게 나오고 예상 생산량도 줄어듭니다. 반면 짧은 자로 측정하면 결 수가 많이 나오고 예상 생산량도 늘어났죠. 자의 길이에 따라 세금의 유불리가 정해진 것입니다.

이런 건 법정 기준 자를 딱 정하면 해결되는 문제 아닌가 싶은데요, 문제가 있었습니다. 법정 기준은 짧은 자였지만, 과거 토지조사사업 때 긴 자를 사용하는 바람에 전례가 생겨버린 것입니다. 약 육 센티미터 차이를 두고 치열하게 논쟁한 숙종 대의 국무회의 장면을 보시죠.

김창집(金昌集): 요즘 토지조사를 위한 자(尺)의 기준을 놓고 갑론을박이 심합니다. 민간에서는 '조정에서 세금을 더 떼 가려고 한다'며 소요하고 있습니다. 제 생각엔, 전례에 따라 긴 자를 사용하는 편이 좋을 것 같습니다.

이건명(李健命): 예전에 충청도에서 토지조사사업을 했을 때는 짧은 자를 썼다던데, 경상도와 전라도에서 긴 자를 쓴다면 불공평한 처사입니다. 지금 백성들의 마음은 그저 토지조사사업이 좌초되기만을 바랄 뿐이니, 균등하게 써야 할 것입니다.

송상기(宋相琦): 인조(仁祖)께서 긴 자를 쓰신 까닭은 백성의 반발을 염려해서였습니다. 그 뜻을 따라 긴 자를 법정 기준으로 정하면 될 일입니다. 긴 자를 사용하는 게 좋겠습니다. 긴 자를 쓴다 하더라도 차이가 얼마 되지 않으니, 세입량은 그리 달라지지 않을 것입니다.

민진후(閔鎭厚): 지금 조정에서 "사실은 이렇습니다. 조정에서 세금을 더 걷으려는 게 아니라, 조세를 공평하게 하려는 겁니다."라고 아무리 팩트 체크를 해줘도 모든 백성을 설득할 수는 없을 것입니다. 민심을 자극하지 않도록 지역마다 기존에 써왔던 자를 사용하는 편이 좋을 것 같습니다.

이이명(李頤命): 가난한 백성은 땅이 적으니 짧은 자를 쓰더라도 세금이 별로 늘어나지 않을 것입니다. 또한 부자라 하더라도 해로울 정도로 세금이 늘어나지는 않습니다. 그럼에도 지금 가진 자들의 말을 듣고 법에서 벗어난 자를 쓰자고 하는 것이 옳습니까?

– 1719년(숙종 45년) 9월 17일, 9월 23일

『비변사등록』『승정원일기(承政院日記)』

'민심이 요동치고 있으니 긴 자를 쓰자'는 주장부터(사실 그 민심은 백성보다는 지주의 민심이었죠.) '공평하지 않으니 지역에서 쓰던 대로 쓰자'는 근시안적인 주장까지 제기되며 소란스러운 국무회의장. 그중 합리적이라 여겨지는 건 이이명의 말입니다. 자의 길이가 짧아지면, 땅을 많이 소유한 사람일수록 세금을 더 많이 내게 될 것입니다. 중소 지주의 경우 육 센티미터 짧은 자로 측정하더라도 미미한 차이겠지만, 땅을 많이 가진 사람이라면 그 차이는 엄청나게 불어날 테니까요. 애초에 조세 평등을 위해 추진되는 사업이니만큼, 도량형도 적법하고 공정한 것으로 사용해야만 했습니다. 하지만 토지조사사업 반대 여론이 극심하여 사업 자체가 무산될 위기에 놓이자, 조정은 긴 자 사용을 허가하는 것으로 타협했습니다.

토지 등급 변경과 관련한 논점도 있었습니다. 보통 지주들은 권력과 타협하여 토질이 좋지 않다거나 재해를 입었다고 속여 낮은 등급을 따냈습니다. 토지조사사업은 이러한 부정을 정상화해야 했는데요, 이를 두고도 갑론을박이 일었습니다. 다시 국무회의장으로 돌아가보겠습니다.

김창집(金昌集): 이번 토지조사사업계획에서 만약 토질이 변경될 경우, 기존 토지대장에서 3등급 이상 상향하거나 하향하지 못하도록 한 바 있습니다. 토질이란 옛날에 척박했어도 지금 비옥해질 수 있고, 그 반대가 될 수도 있습니다. 따라서 토지 등급이 달라졌다 하더라도 너무 지나치게 변경하지 않는 것이 적절할 것 같습니다.

이건명(李健命): 상향과 하향의 범위를 최대 2등급으로 정한 까닭은, 땅 가진 자들이 부정한 방법으로 등급을 낮춰왔기 때문입니다. 토지의 실제 가치대로 평가하기 어려운 상황을 고려한 것이지요. 토지조사사업단장 김재로가 "토지조사사업의 본질은 조세의 공평함에 있으니, 토질에 따라 사실대로 등급을 매겨야 합니다."라고 했습니다만, 지나치게 큰 폭으로 변경할 수 없게 해야만 땅 가진 자들이 토지 평가 결과를 납득하고 받아들일 것입니다.

민진후(閔鎭厚): 만약 과거 1등급이었던 토지가 지금은 6등급이 되었는데도 2등급만 낮춘다면, 그 백성은 억울할 것입니다. 또한 예전엔 6등급이었던 토지가 지금은 1등급이 되어야 마땅한데도 2등급만 상향한다면 국가 세입에 타격을 받습니다. 1~2등급 이상 변경하지 못

〈도판 5〉 토지 등급 조정의 상하한을 규제하지 않는다면?
상하한을 두지 않고 제대로 평가한다면 양반의 땅은 9등급에서 1등급으로 오르고, 평민의 땅도
제대로 평가를 받을 것입니다. 따라서 더 공정하지만 그만큼 양반의 저항은 엄청났죠.

하도록 강제한다면, 토지조사사업의 취지가 무색해집니다.

송상기(宋相琦): 토지의 실제 가치대로 등급을 평가하는 것이 적절합니다. 미리 제한을 둘 필요는 없을 것 같습니다.

– 1719년(숙종 45년) 9월 17일 『비변사등록』

앞서 보았듯, 15세기에 공법을 시행하며 토질에 따라 여섯 개 등급, 작황에 따라 아홉 개 등급으로 나눠 세율을 적용하는 제도가 도입되었습니다. 그런데 시간이 흐르자 전국 토지의 대부분이 토질은 6등급, 작황은 9등급이라는 평가를 받게 됩니다.[54] 재난과 흉년이 거듭 이어진 것도 사실이지만, 공직 사회가 지주 계급과 협업하면서 최저 세율을 관행으로 만들어낸 영향이 더 큽니다. 모자란 세금은 힘없는 백성들에게 전가하면서요.

따라서 정확히 조사하고 실제 토질에 맞게끔 평가하는 것이 중요했습니다. 그런데 조정은 등급 판정 시 상향과 하향의 범위를 최대 2등급으로 제한했습니다. 기존 평가에서 6등급을 받은 토지들을 정확히 조사한다면 1~2등급으로 조정될 가능성이 너무나 컸고, 그 타격을 가장 크게 입을 사람들은 지주 계급이었기 때문입니다. 즉 이 역시 토지조사사업에 대한 극렬한 반대를 무마하기 위해 내놓은 일종의 타협안이었습니다.

조정의 대신들은 현장의 상황을 너무나 잘 알고 있었습니다. 뇌물·꼼수·인맥 등 쓸 수 있는 방법은 다 활용하여 최저 세율을 따내는 지주와 사대부 계급의 '관행'은 물론, 그들이 토지조사사업을 반대하는 이유가지도요. 하지만 실제 토질에 맞게 평가하지 않으면 토지조사사업의 취지가 무색해진다는 사실도 잘 알았죠. 그러나 늘 그렇듯, 앎과 상충하는 이익이 그들을 인지부조화로 이끌어 갔습니다.

국무회의 현장은 크게 두 가지 의견으로 나뉩니다. 한쪽은 '토지 등급 변경의 상한과 하한을 두지 말고, 사업 취지에 맞게 실제 토질대로 평가하자'고 주장했습니다. 다른 쪽은 '제한을 두지 않으면 이전처럼 가진 자들이 꼼수를 써서 자기 토지의 등급을 낮출 것'이라고 주장했습니다. 결국 후자의 논리가 더욱 힘을 얻게 됩니다.

부동산 정책의 의도와 시장의 반응이 엇갈릴 때가 굉장히 많습니다. 종종 부동산 시장이야말로 '정부는 시장을 이길 수 없다는 증거'라는 말까지 나옵니다. '가진 자들의 꼼수까지 고려하여, 그들이 정책에 순순히 협조할 수 있도록 토지 등급을 관대하게 평가해야 한다'는 말은, 좋게 해석하면 '시장의 반응을 고려하여 정책이 실행될 수 있게끔 유인을 제공해야 한다. 정책이 아예 동력을 잃어버리는 일만은 막아야 하지 않겠나.'라고 읽을 수 있습니다. 반대로 나쁘게 해석하면, '지주 계급의 이해를 최대한 반영해야 한다.'라고 읽을 수도 있죠. 어떻게 해석하든 대신들이 사업을 추진하면서 현실을 결코 외면하지 못했다는 것만은 분명합니다.

기존의 사회 구조와 이해관계가 첨예하게 부딪쳐 좀처럼 개혁이 어려울 때, 기술 혁신이 그 해결책이 될 수 있습니다. 새로운 방법론을 통해 문제를 바라보는 관점을 확 바꿀 수 있기 때문입니다. 조선의 지식인 중에서도 그렇게 생각한 사람이 있습니다. 유집일(俞集一, 1653~1724)은 측량 방식 자체가 땅을 은폐하거나 등급을 변경하기에 유리하다면서, 새로운 측량 방식인 '방전법(方田法)'을 고안합니다.

지금까지의 토지조사 방식은 평가자의 주관이 개입되기 너무나 쉬웠습니다. 측량 기술도 발달하지 않았을뿐더러, 측량 전문가도 극히 드물었거든요. 그렇다고 논마다 다 주척을 대면서 측량할 수도 없었지요. 토지의 생김새가 제각각이라 면적을 산출하는 것은 더 어려웠고요. 조선은 이 문제를 해결하기 위해, 모든 땅을 다섯 가지 유형(정사각형, 직사각형, 직각삼각형, 정삼각형, 사다리꼴)으로 범주화합니다. 실제로 생김새가 조금 다르더라도, 저 유형 안에 넣어서 산출 공식을 적용하도록 했죠. 자연히 토지의 실제 면적과는 차이가 날 수밖에 없었습니다. 나아가 토지를 평가하는 주체가 관료-지주 계급의 이해를 대변하는 사람들이라, 평가 방식 또한 정성적(qualification)일 수밖에 없었습니다.

방전법의 핵심은 이러한 문제를 명확한 기준에 의한 정량적(quantification) 평가 방식으로 바꾸는 것입니다. 방전(方田)이란, 정사각형의 네모난 땅을 일컫습니다. 방전법은 곧 한 변이 약 360미터인 정사각형의 틀을 만들어서 측량하자는 아이디어였지요. 물론 이 방식으로도 완벽히 측량하기는 어려웠으나, 오차를 기존 방식보다 훨씬 줄일 수 있었습니다. 무엇보다 방전법의 측량 주체는 관료가 아니라 농민이었습니다. 이로써 사대부 사회의 집단적인 조세 회피와 책임 전가를 예방할 수 있었지요.

방전법은 조정의 논의를 거쳐 황해도 지역에서 시험적으로 실시되었는데요, 토지의 양이 기존보다 1.5배나 늘어났습니다.[55] 즉 지주가 숨

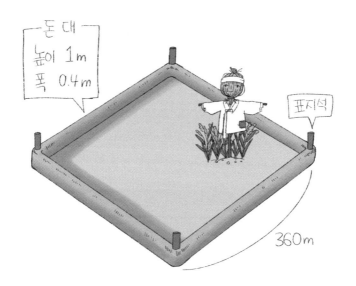

〈도판 6〉 구획된 방전[56]
일정한 '틀'을 만들어서 땅을 측정하니, 자로 재는 것보다 훨씬 수월하고 정확했지요.

겨놓은 땅, 거짓으로 등록한 땅들을 찾아낼 수 있었다는 의미죠. 또한 농민들은 관료들이 부풀려서 보고한 땅을 실제 면적대로 측량함으로써 과한 세금에서 벗어날 수 있었습니다. 이렇듯 방전법은 세수 확보와 조세 평등을 목표로 하던 토지조사사업에 딱 맞는 방식이었습니다.

그러나 방전법은 실험 단계에서 그치고 맙니다. 방전법을 반대한 사람들은 여전히 '백성의 반대'를 운운했으나, 다수의 백성은 토지를 숨길 힘도 없었고 그럴 방법도 몰랐죠.[57] 훗날 황해도 암행어사 역시 '백성의 고충'을 운운하면서 방전법 폐지를 건의합니다. 숙종은 대신들에게 방전법의 실효성에 대해 물었으나, 그들은 묵묵부답이었습니다.[58] 그렇게 기술 혁신은 기억 저편으로 사라져버렸고, 조선은 이후에도 비슷한 문제의 틀 안에서 시달려야 했죠.

여러 차례 개정되어 원래 취지와는 너무도 달라진 법을 '누더기 법'이라고 합니다. 한국에서는 종부세가 '누더기 세법'이라며 집중 공격을 받았습니다.[59] 조세 형평성 강화와 자산 불평등 완화를 위해 지난 2005년 도입된 종합부동산세는 고가 자산 보유자에 대한 부유세 성격의 세금입니다. 시행 초기부터 많은 논란을 낳았고, 심지어 2008년에는 헌법재판소로부터 위헌 판정을 받았습니다.

특히 지난 2018년, 종부세 과세표준이 바뀌면서 뜨거운 논란이 일어납니다. '집 한 채밖에 없는 은퇴한 고령인에게 종부세 수백만 원이 부과되었다.'라는 헤드라인이 뉴스를 장식했습니다. 종부세는 원래 2주택 이상의 고가 자산 보유자에게 적용되는 세금이지만, 소득에 비례하는 세법이 아니므로, 세금을 내는 사람이 실제로 부유한지 가난한지 판단하기 어렵죠. 뉴스에서 이야기한 대로, 실제로 다소 억울하게 종부세를 맞는 사람도 있었을 겁니다.

그런데 상식적으로 생각해보면, 종부세를 내는 사람은 대부분 다주택자, 그것도 고가 부동산을 소유한 사람들입니다. 억울한 사람이 있을 수도 있고, 고소득자에게 징벌적 세금을 매기는 것이 타당한지 따져볼 수도 있지만, 종부세가 마치 전 국민에게 떨어지는 '세금 폭탄'처럼 묘사한 보도가 홍수처럼 쏟아졌다는 것은 문제적입니다. 반면 종부세의 입법 취지가 타당한지, 실제로 조세 형평성을 개선하고 자산 불평등 해소에 일조하고 있는지 점검하는 기사는 드물었습니다. 종부세를 도입한다거나 올린다는 이야기만 꺼내도 '공산주의자' '빨갱이' '갈라치기'라는 비난을 받는 현상이 십여 년 넘게 지속되고 있습니다.

조세 형평성을 위해 추진되었던 토지조사사업(경자양전)이 아우르는 여러 문제는 우리나라의 종부세 논란과 유사합니다. 추진 과정에서 '백성들이 싫어한다'는 논리로 반대를 마주했지만, 사실 그들이 말하는 '백성'은 다수의 농민이 아니라 소수의 지주 계급이었습니다. 양전의 양자만 꺼내도 '나라에서 세금 뜯어 가려고 혈안이 됐다'는 마타도어가 판을 치니, 왕과 집권 여당으로선 부담스러울 수밖에 없었죠.

양전의 의도는 분명합니다. 국가 재정을 풍족하게 하는 것이죠. 국가 재정이 풍족하지 않은 것은 가진 자가 탈세하기 때문이므로, 토지를 정확히 조사하여 만연화된 탈세를 정상화하겠다는 시도입니다. 하지만 '낮은 세금'은 유교적 이상 국가의 덕목 중 하나였습니다.[60] 그와는 정반대인 듯 보이는 정책을 도입하고 시행하는 것은 왕과 집권 여당으로서는 굉장한 정치적 부담이었죠. 어찌저찌 도입하더라도 정작 당사자들은 다양한 방어 수단으로 정책을 피해 갔다는 점도 양전과 종부세의 공통점입니다. 조선의 지주는 공직 사회와의 이익 공동체화를 통해 세금 추징을 방어해냈고, 한국의 다주택자들은 가족 증여 등을 통해 종부세를 방어했죠.

결국 오랫동안 필요성이 제기됐던 토지조사사업이지만 조정은 다양한 예외 조항을 두며 관대히 적용한다고 타협할 수밖에 없었고, 양전은 원래 의도와는 멀어진 누더기 정책이 되어버렸습니다. 사업이 완료된 이후의 결과 역시 조세 형평성과는 거리가 멀었습니다.

올해 진행됐던 토지조사사업은 형평성을 잃어, 백성들은 손해를 보고 지주는 이득을 누렸습니다. 예컨대 오래 묵어서 이미 폐허가 되어버린 밭을 '농사짓는 밭'으로 평가하여 등록하는 경우가 고을 전체에 비일비재했습니다. 토지 등급을 평가할 때도 등급을 올리기만 할 뿐, 내리는 일이 없어 백성들의 원망이 매우 큽니다.

― 1720년(경종 즉위년) 11월 21일 『비변사등록』

토지조사사업은 토지대장 발급으로 완성되는데요, 실제로 조사할 때 법에 맞게 하더라도 훗날 토지대장을 발급할 때 결과를 스리슬쩍 바꾸는 사례가 판을 쳤습니다. 예컨대 충주의 경우 토지대장 초안에는 약 6천~7천 결이 늘어났지만, 최종안에서는 약 이천 결정도만 늘어난 것으로 확정되었습니다.[61] 힘이 있거나, 돈이 많거나, 법을 잘 알거나, 인맥이 있는 사람들은 모두 빠져나갔고, 그들이 빠져나간 만큼의 손실분은 힘없는 사람들에게 전가되었습니다.

경자양전은 누더기 법이 되어 서민의 부담을 늘리는 역효과를 불렀습니다. 하지만 어쨌거나 정부의 조세 수입은 증가했고 지주의 권리역시 보호되었으니, 가뜩이나 논란 많은 토지조사사업을 다시 하거나뒤엎는 일은 일어나지 않았죠. 덕분에 조선을 좀먹고 있던 지주제는 당당한 법적 권리를 확보하고 조선의 디폴트값으로 자리매김합니다.

사실 종부세가 '세금 폭탄'이라는 누명을 쓰게 된 원인 중 하나는정부의 조세정책이 반복적으로 중산층의 지갑을 털어 갔던 사례 때문이 아닐까 싶습니다. 정부의 의도는 그게 아니었는데 정말 세금을 많이내야 할 사람들이 각종 창의적이고 혁신적인 방법으로 방어해내는 바람에 소득이 자산에 묶여 탈세를 시도하기 어려운 중산층만 정직하게세금을 내왔죠. 종부세가 번번이 비판받는 건 조세 불공정에서 오는 거부감이 기저에 강하게 깔려 있기 때문일 겁니다.

그런 점에서 우리는 경자양전의 사례를 세밀히 살펴볼 필요가 있습니다. 조정의 의도가 그렇지 않았음에도 일반 백성의 불안을 불식시키지 못했고, 결국 설득에 실패했습니다. 반발을 무마하기 위해 예외를두면서 누더기 법이 되었으며, 결과적으로 아무것도 개혁하지 못했죠.백성의 지지가 충분히 강력했다면, 비록 지주 계급이 격하게 반대했더라도 취지에 걸맞게 엄격히 평가하고 객관적인 결과를 낼 수 있었을지도 모릅니다. 물론 언제나 그랬듯 시장은 창의적인 방어 전략을 고안해냈겠으나, 오히려 불평등을 고착시키는 사례로 남지는 않았을 것입니다. 똑같이 누더기 법이라 비판받는 김영란법이 어쨌든 한국 사회의 반부패 의식을 끌어올리는 데 일조하고 있는 것처럼요.

종부세도 그러한 차원에서 접근할 때가 되지 않았나 싶습니다. 여전히 종부세는 헌법재판소의 문턱을 자주 넘는 단골손님입니다. '한 집에 여러 종류의 세금을 매기거나 특정인에게만 다른 종류의 세금을 매기는 것은 조세 형평성에 위반한다'는 논지의 비판을 받고 있죠. 그래서 위헌 소지가 있는 종부세를 폐지하고 보유세를 강화하는 방향으로 재편해야 한다는 주장도 제기됩니다. 또 혹자는 종부세의 전제, 즉 '가진 자들에게 세금을 더 걷겠다'는 논리 자체가 적절하지 않다고 비판합니다. 자유롭고 정당한 재산 증식에 징벌적 조세를 매기는 것은 부당하다는 얘기죠. 이렇게 다양한 쟁점을 가진 종부세 정책이 여러 대안과 여론을 건전하게 수렴하고 있을까요? 우리는 꼼꼼히 따져봐야 합니다.

한편 종부세에 대한 비판 중 일부는 그것이 엘리트가 주도하는 위로부터의 개혁이라는 한계에서 비롯됩니다. 그래서 엘리트들이 조금이라도 개혁이 추구하는 바와 다른 모습을 보인다면 곧바로 '내로남불'이라는 강력한 비판을 받죠. 때로는 정치적 내로남불 사건이 개혁을 좌초시키는 결정적인 원인이 되기도 합니다. 종부세와 같은 경제적 강자에 대한 세금은 개혁안을 발의하고 집행하는 그 사람에게로 향할 가능성이 높기 때문입니다.

조선의 토지조사사업에서도 엘리트가 곧 개혁의 대상이었습니다. 반드시 그런 것은 아니지만, 관직의 급과 토지의 양은 대체로 비례했으니까요. 1720년 진주『나동리대장』 문서에 등재된 토지 중 삼십 퍼센트가 황해도 수군절도사를 역임한 박창윤의 소유였던 것처럼[62] 과거에 합격하고 고위 관료가 되면 지역에서 압도적인 영향력을 발휘하여 부동산을 빠르게 집적할 수 있었습니다. 고위 관료일수록 더 넓은 땅을 소유할 기회가 많았다는 의미입니다. 이처럼 정치체제 자체가 부동산 개혁을 완수하기 어려웠다는 것이 조선의 한계였습니다.

(2) 토지대장으로 보는 땅 복사의 실제

경자양전에서 주목받는 항목은 기주(起主), 즉 땅 주인의 이름을 비롯한 개인정보였습니다. 토지의 소유권을 명백히 밝히기 위해서였죠. 국가가 주도하는 토지조사사업에서 땅의 소유권을 밝히기 위해 노력했다니, 조선의 설계자들이 꿈꿨던 '토지 국유화'는 사실상 완전히 무력해졌다고 봐도 과언이 아닙니다. 이미 현실에서 땅의 소유권은 개인의 권리로 강력하게 인정되었고, 땅을 두고 소송전을 벌이는 일도 비일비재했죠. 토지조사사업은 이러한 현실을 법의 테두리 안으로 끌어당기는 길을 택했습니다.

그렇다면 과연 지주들은 땅을 얼마나 많이 가졌을까요? 또 이들의 땅은 어떻게 늘어났을까요? 먼저 '칠곡 광주 이 씨 감사 댁'의 토지대장을 통해 살펴보겠습니다.[63] 광주의 향리 가문이었던 이 씨 집안은 16세기에 아내의 고향인 칠곡으로 내려옵니다. 그 뒤 경북 지역의 여러 가문과 혼인을 맺으며 경제적·사회적 지위를 굳혔고, 17세기에는 이도장(李道長)-이원정(李元禎)-이담명(李聃命) 삼대에 걸쳐 과거 합격자를 배출하는 쾌거를 달성합니다. 특히 이원정-이담명 부자는 남인의 스피커로서 왕성한 정치적 활동을 펼쳤고, 덕분에 감사 댁은 전국적인 '네임드'가 됐죠.

감사 댁에는 1685년(숙종 11년)부터 1787년(정조 11년)까지, 약 백여 년 동안이나 작성된 추수기(秋收記)가 있습니다. 추수기란 말 그대로 한 해 농사의 생산물을 총정리한 '추수결과보고서'라고 할 수 있습니다. 추수기 외에도 1707년부터 1708년까지 작성된 여러 권의 '전답안(田畓案)', 즉 토지대장이 남아 있습니다. 이를 통해 감사 댁의 토지 소유 규모를 알아볼 수 있죠.

1701년에 감사 댁이 소유한 토지는 26결(약 10만 4천 평) 정도입니다. 이 중 약 19결(약 7만 6천 평)은 매입을 통해 획득했고, 2결(약 8천 평)은 상속을 통해 확보했습니다. 나머지는 노비로부터 받은 땅, 개간한 땅, 획득 경위가 불분명한 땅으로 나뉩니다. 즉 대부분(19결)이 조세 압박을 견디지 못한 농민으로부터 사들인 땅이었다는 의미입니다. 실제로 1642년부터 1701년까지 약 12결을 사들였고, 그밖에도 매득 연도는 확인되지 않으나 칠곡·성주·고령 등 경북 각지에서 많은 땅을 매입했습니다. 그렇게 삼대째인 이담명 대에 이르면 감사 댁은 칠곡의 '1타 대지주'로 등극하는데요, 그 규모만 이천 두락(약 사십만 평) 정도로 추정됩니다. 이 어마어마한 양의 땅은 이담명의 네 자녀에게 분할상속되었습니다.[64]

한편 감사 댁의 고문서를 통해 우리는 소작농의 부담이 증가하던 시대 상황도 엿볼 수 있습니다. 원래 전세(田稅), 보유세 및 소득세 성격의 세금은 땅 주인이 납부하는 것이었습니다. 그런데 18세기부터 서서히 소작농이 대신 납부하는 관행이 자리 잡습니다. 그 예로 이담명의 손자 이유중(李裕中)은 소작농들에게 지급하던 전세를 줄여나가는 모습을 보여줍니다. 1735년에는 한 소작농에게 벼 7두(126킬로그램)를 전세로 지급했지만, 1743년엔 2두(36킬로그램)밖에 주지 않았죠. 다른 소작농에게도 1735년에 벼 20두(360킬로그램)를 전세로 지급했지만, 1743년에는 벼 2두(36킬로그램)밖에 주지 않았습니다. 이유중은 처음에는 소작인에게 나라에 내야 하는 재산세 전액을 줬지만, 조금씩 줄여나갔습니다. 종국에는 모든 세금을 소작농에게 전가했죠. 세금뿐만 아니라 농사지을 종자까지도요. 병작반수(竝作半收), 즉 땅 주인과 소작농이 생산량을 절반씩 나눠 갖는 계약 조건 자체도 이미 소작농에게는 충분히 버거웠는데 말이죠.[65]

지주와 소작농의 이야기라고 하지만, 이러한 현상은 비단 조선의 일만이 아닙니다. 요즘 우리나라에서도 비슷한 현상이 눈에 띄죠. 예컨대 집주인의 보유세가 일 퍼센트 오르면, 세금 증가분의 약 삼십 퍼센트는 전세 보증금 형태로 임차 가구에 전가된다는 연구 결과가 있습니다. 월세라면 그 비율이 46퍼센트까지 올라가죠.[66] 부동산 관련 세금이 오를 때마다 '가장 힘든 건 전월세 세입자'라는 얘기가 나올 정도입니다.

소작농에게 세금과 종자 부담을 슬쩍 미뤄버리는 계약이 관행으로 자리 잡은 데에도 경제적인 이유가 있었을 것입니다. 이러한 관행을 주도했던 사람들은 중소 지주로 보입니다. 18세기 중반, 경주 최 씨 가의 종손 최흥원(崔興遠, 1705~1786)에게는 이백 두락(약 사만 평) 정도의 땅과 백오십여 명 정도의 노비가 있었던 것 같습니다.[67] 최흥원 본인도 여러 벼슬을 거친 엘리트였고, 그 가문도 지역에서 나름대로 영향력이 있었습니다. 지금으로 치면 '중견기업 가족회사' 정도로 생각할 수 있을 텐데요, 그런데 이게 웬일일까요? 정작 그의 일기 속에는 짠내 나는 가난의 기록이 지독히도 이어집니다.

> **1737년 3월 19일**: 환곡 신청서를 올렸지만 받지 못했다. 하루 끼니를 해결할 식량조차 없다고 호소해도 소용없었다.
>
> **1748년 3월 29일**: 양식이 떨어진 지 오래라 식구들이 배고프다고 난리다. 며느리에게 너무나 미안하다.
>
> **1751년 5월 15일**: 보리가 흉년이라 당분간 밥조차도 짓지 못할 듯하다. 노비들의 굶주린 기색은 보기 힘들 정도다.
>
> **1756년 2월 23일**: 집안의 아이들이 "배고파요, 엄마." 하소연하는 것도 보기 힘들 지경이다. 굶어 죽기 직전인 노비가 거의 열 명이나 되지만, 그들에게 식량을 줄 방법이 없다. 내가 가장으로서 책임을 다하지 못해 이런 일이 생겼으니, 죽을 먹기가 부끄러울 따름이다.
>
> – 1737년 3월 19일~1756년 2월 23일 『역중일기(曆中日記)』

『역중일기』는 오십 년 동안 기록된 최흥원의 생활일기입니다. 그 안에는 지긋지긋할 정도로 가난에 시달리는 모습이 담겨 있습니다. 적지 않은 토지와 노비를 소유한 양반 가문인데도 하루 먹을 게 없어서

온 가족이 배고픔을 참는 일이 종종 있었죠.

가난의 주된 원인은 자연재해였지만, 사실 지출 규모도 너무 컸습니다. 명망 있는 양반가로서 반드시 지내야 할 수많은 제사와 그에 따른 비용, 수많은 손님을 접대하는 비용, 가난한 사람들을 위해 지급하는 양식, 문중의 서원을 건립하는 데 내는 기부금 등 버는 것보다 나가는 게 훨씬 많았죠.[68] 명망 있는 양반가로서 영향력을 유지하기 위한, 이른바 '품위 유지비'가 지출의 상당 부분을 차지했던 것입니다. 이렇게 중소 지주의 삶이 팍팍해지면서 세금과 종자 부담은 점점 소작농에게 전가되었죠.

다른 지역의 토지대장에서도 불평등한 관계는 증명됩니다. 경자양전 시기 경상도 용궁현(현 예천군 용궁면)의 토지대장을 살펴보죠. 용궁현 일대의 토지를 신분에 따라 분류하면 다음 표와 같습니다.[69]

〈표 2〉 용궁현 각 면의 신분별 전답 소유 비율 (단위: 퍼센트)[70]

	남하면	북상면	북하면	읍내면	내상면	신상면	신하면	용궁현 전체
양반	44	41	58	31	23	20	17	35
중인	3	13	8	22	13	6	13	11
평민	34	29	23	17	47	54	43	10
천민	10	9	6	12	12	4	20	10
기타	4	3	4	13	2	15	5	7
주인 불명	5	5	1	5	3	1	2	3

남하·북상·북하·읍내면은 양반층 소유지의 비율이 높은 동네입니다. 반면 내상·신상·신하면은 평민층 소유지의 비율이 높죠. 전자에는 양반이, 후자에는 평민이 집단으로 거주했기 때문인데요, 용궁현 전체 토지의 총량으로 따지면 양반 소유지가 35퍼센트, 평민 소유지가 34퍼센트로 차이가 그리 커 보이지 않습니다. 불평등은 허상일까요?

지금이야 비료가 발달하여 전국의 토질이 상향 평준화되었지만, 조선에서는 그렇지 못했습니다. 토질의 차이가 아웃풋(output)의 차이를 만들어냈죠. 그래서 토지 측정 단위 역시 절대적인 면적이 아니라 생산량을 기준으로 하는 결(結)이었습니다. 결국 불평등의 실체를 알기 위해서는 겉이 아니라 속을 들여다봐야 합니다. 다음의 표를 보시죠.

〈표 3〉 용궁현 각 면의 가경전(加耕田) 규모 (단위: 퍼센트)[71]

	남하면	북상면	북하면	읍내면	내상면	신상면	신하면	합계
총 토지 중 개간지 비율	1.8	1.3	0.9	1.7	3.1	6.6	9.2	3.5

앞서 말했듯, 남하·북상·북하·읍내면은 양반의 토지가 많은 지역, 내상·신상·신하면은 평민의 토지가 많은 지역입니다. 그리고 가경전(加耕田), 즉 새로 개간한 토지의 비율은 평민 거주 지역에서 훨씬 높습니다. 땅을 손바닥만큼이라도 늘려보겠다고 자갈밭을 농지로 일구던 평민 농부들의 구슬땀이 담긴 수치인 것입니다.

그렇다고 양반이 개간에 소극적이었다는 의미는 아닙니다. 앞서 이야기했듯, 개간은 양반의 주요한 땅 복사 수단이었습니다. 〈표 2〉의 주인을 찾을 수 없는 땅의 비율은 평민 거주 지역에 비해 양반 거주 지역에서 더 높은 경향을 보입니다. 이것은 서류에 잡힌 땅과 잡히지 않은 땅의 실태를 의미합니다. 우선 농민들이 개간한 가경전은 기존 토지대장에 등록되지 않았던 토지입니다. 반면 '주인 불명'은 현재 또는 얼마 전까지 농사가 진행되었으나 관리 부실로 소유권을 알 수 없는 땅을 의미합니다. 이런 땅의 비율이 양반 지역에서 높게 나타났다는 것에서 양반들은 소유권이 모호한 땅에서 농사짓는 걸 선호했음을 읽어낼 수 있습니다. 즉 '가경전'과 '주인 불명'이라는 두 가지 통계로부터 평민은 주로 기존 토지대장에 등록되지 않은 토지를 새로 개간했고, 양반은 기존 토지대장에 등록되어 있으나 관리 부실로 폐허가 된 땅을 개간하고자 노력했음을 추론할 수 있죠.

　　탈세하려면 등록되지 않은 땅을 개간하는 편이 더 쉬울 것 같은데, 왜 양반들은 이미 등록된 땅을 개간하려고 했을까요? 또 왜 평민들은 등록되지 않은 땅을 주로 개간한 걸까요? 두 사료를 보시죠.

　　경상 감사 황선(黃璿)이 보고했다.
　　"경자양전 시기 공무원이 실적을 채우기 위해 힘없는 백성을 수십 년 동안 농사짓지 않았던 땅의 주인으로 등록하고, 토지가 없는 사람들에게는 황무지를 떠넘겼습니다. 이 때문에 백성들은 황폐한 농지에 대해서도 높은 세금을 내고 있습니다."

　　　　　　　　　　　　－ 1727년(영조 3년) 10월 24일 『승정원일기』

지방의 유력가들은 한 토지에서 반은 농사짓고 반은 농사를 쉬고 있을 때, 조금이라도 자연재해를 입으면 토지 전체에서 농사를 짓지 않는다고 허위로 등록하여 탈세한다. 이러한 사례가 너무나 많다.

– 1738년(영조 14년) 8월 19일 『가림보초(嘉林報草)』

두 사료는 답을 알려줍니다. 첫 번째 사료는 이서와 같은 공무원의 회유와 협박으로 평민들이 아직 채 개간되지도 않은 땅을 개간 완료된 땅으로 등록하였음을 보여줍니다. 이밖에도 비록 지금은 농사짓지 않는 땅이지만, 토지대장 등록 과정에서 주인 없는 땅이 되는 것이 두려워 농사짓는 땅으로 등록한 경우도 적지 않았죠. 일단 '주인 없는 땅'이 되어버리면 평민들은 언제라도 재산권을 침탈당할 수 있었거든요.

반면 두 번째 사료는 양반의 속사정을 말해줍니다. 사실 양반은 주인 없는 땅을 적극 개간한 것이 아니라, 이미 농사가 잘되고 있는 땅을 '빽을 써서' 주인 없는 땅으로 만들어왔다고 봐야 합니다. 토지를 빼앗기지 않으려고 어떻게든 '주인 있는 땅'으로 남겨두려 애썼던 평민과는 달리, 양반들은 탈세하기 위해 자신의 토지를 '주인 없는 땅'으로 만들었습니다. 전국 방방곡곡에 이러한 탈세 스킬이 만연해 있었습니다.

정리하면, 토지조사사업 현장에서 양반은 멀쩡히 농사 잘되는 땅을 '주인 없는 땅'으로 돌려서 탈세하고, 공무원들은 그만큼의 세금을 채우기 위해 자갈밭을 평민들의 '개간지'로 등록하는 사태가 일상처럼 벌어졌습니다. 그 결과가 표에서 보는 것처럼, 양반은 적게 개간하고 평민은 많이 개간하는 통계로 나타난 것이죠. 엄청난 통계의 함정이 숨어 있던 셈입니다.

불평등은 여기서 끝나지 않았습니다. 일반적으로 같은 면적이면 밭농사보다 논농사가 고부가가치 사업입니다. 양반 지역은 전체 토지에서 논의 비중이 높았고, 평민 지역은 밭의 비중이 높았습니다.[72] 같은 면적이라도 알짜배기는 양반이 가져가고, 평민은 가치가 덜한 땅을 소유했다는 의미죠.

정리하면 이렇습니다. 통계상 양반과 평민의 토지 보유 현황은 비슷해 보입니다. 하지만 양반은 멀쩡히 농사 잘 짓는 땅도 주인 없는 땅으로 속여서 탈세했고, 평민은 농사지을 수 없는 땅도 새로 개간한 땅으로 '등록당해' 더 무거운 세금을 짊어지게 되었습니다. 또한 상대적으로 고부가가치인 논은 주로 양반이, 저부가가치인 밭은 주로 평민이 소유했죠. 이서를 비롯한 중인 계급 또한 양반과 경제적 이익을 같이하면서 평민을 수탈했습니다. 〈표 2〉의 '용궁현 전체 합계'를 보면 양반과 평민의 토지 보유량이 비슷해 보이지만, 사실은 양반과 중인의 것은 물론, 주인 없는 토지까지 다 합친 것과 평민의 토지를 비교해야만 불평등의 실체에 더욱 가까이 다가갈 수 있죠. 비록 이조차도 거친 셈법이지만 말입니다.

물론 양반 안에서도 불평등은 굳건했습니다. 예컨대 남하면의 경우 25개의 양반 성씨 중 정(鄭) 씨 가문이 전체 양반 소유지의 46.7퍼센트를 독점했습니다.[73] 이러한 불평등은 시간이 흐를수록 더욱 심화되었습니다. 1634년에 만들어진 용궁현의 토지대장(갑술양안)과 1720년에 만들어진 용궁현의 토지대장(경자양안)을 비교해보면, 약 구십 년 동안 용궁현 전체 토지는 칠 퍼센트 증가했고, 땅 주인은 4,303명에서 6,535명으로 증가했습니다. 수가 늘었다고 무조건 좋은 것이 아닙니다. 1결 미만의 소규모 지주와 1결 이상 5결 미만의 중소 지주가 증가하지만, 5결 이상 10결 미만의 토지를 소유한 지주는 감소하죠. 이는 모종의 이유로 토지 소유 규모가 영세화되었음을 의미합니다.[74]

조선은 왕조가 존속되었던 오백 년 내내 기간에 몰두했습니다. 매해 전 국민 새마을운동이 일어났다고 봐도 과언이 아니었죠. 이따금 토지가 황폐해지는 충격도 있었으나 빠르게 피해를 복구했고, 복구한 이후에도 토지 확장에 여념이 없었습니다. 토지, 그중에서도 농토가 곧 사회구조의 밑바탕이 되는 나라였으니까요. 우리는 양반은 땅을 복사하기에 너무도 유리한 특권적 지위에 있었음을 확인했습니다. 그렇다면 이쯤에서 궁금해집니다. 그럼에도 토지 소유 규모가 영세화되었던 것은 무엇 때문일까요?

The 장남 Takes it all: 상속제의 변화

조선 후기의 상황을 살펴보죠. 전쟁과 끝없는 자연재해로 인구가 감소하고 농토는 파괴되었지만, 나름대로 성공적으로 복구해냅니다. 하지만 전쟁의 상흔은 공동체 전체에 깊게 남았습니다. 특히 여성은 무차별적인 폭력에 무방비하게 노출되었습니다. 가족의 안위를 지키려면 보다 강화된 생존 전략이 필요했죠.

외부로부터 위기가 닥쳐왔을 때의 선택지를 크게 세 가지로 정리할 수 있습니다. 아무런 변화도 없이 위기를 맞아 해체되거나, 위기에 적극적으로 대응하여 새로운 흐름을 타거나, 내부 결속을 강화하거나. 조선은 세 번째를 선택했습니다. 연이은 전란과 자연재해로부터 가족을 보호하기 위한 체제로, '종법(宗法)' 즉 적장자 중심의 '우리 가문끼리 체제'가 자리 잡습니다. 이는 그전까지 이론적으로는 강조됐지만 좀처럼 관습으로서 정착하지 못했던 것입니다. 가족 안에서는 장손(長孫)을 중심으로, 가문 안에서는 종손(宗孫)을 중심으로 사회적·정치적·경제적 연대를 강화했죠. 이 과정에서 여성은 '보호의 대상'으로 전락했고, 가뜩이나 좁았던 사회활동의 범위도 더욱 쪼그라듭니다.

조선의 인구는 지속적으로 증가했습니다. 그러나 토지 확보, 다시 말해 총생산량의 증가는 인구가 증가하는 속도를 따라가지 못했습니다.[75] 그 와중에 양반이라는 특권적 지위를 유지하기 위한 지출의 규모는 늘어났습니다. 예컨대 과거 시험이 있습니다. 경쟁이 치열해지면서 과거에 합격하기까지 들어가는 비용도 막대해졌죠. 그래서 이들은 더더욱 자산 증식에 힘썼습니다. 그런데 한 세대에서 아무리 부를 쌓아도, 몇 세대를 거치고 나면 재산의 총량은 어느샌가 줄어들어 있었습니다. 그 주요한 원인은 상속이었습니다.

옛날에도 가정 내에서 경제권을 두고 힘겨루기를 하는 건 오늘날이나 마찬가지였습니다. 조선 초기에는 남성과 여성의 상속권이 동등했습니다. 이른바 '균분상속 원칙'은 가정 내에서 여성이 나름대로 목소리를 낼 수 있는 근거가 되었습니다. 사직서를 던지고 낙향한 관리들이

친가가 아니라 아내의 고향으로 떠났던 건 부부가 중대한 의사결정을 내릴 때 아내의 영향력이 적지 않았음을 방증합니다. 그 영향력이란 곧 아내 집안의 경제력, 다시 말해 아내의 경제력에서 나왔겠죠. 요즘 부부가 각자 자기 재산을 관리하듯, 조선 전기에는 부부의 재산을 '남편이 상속받은 것'과 '아내가 상속받은 것'으로 각각 구분하여 개별적으로 관리하는 집안도 많았습니다.[76]

그런데 균등상속은 한 가문의 재산이 N분의 1로 분할된다는 의미이기도 합니다. 지출 규모가 증가하고 먹일 입은 늘어나는데, 재산이 분할되면 큰 위기가 닥쳐왔을 때 가문 전체가 송두리째 흔들릴 수 있었죠. 앞서 용궁현에서 구십 년 동안 토지 소유 규모가 영세화된 것처럼, 누군가 매우 공격적인 매입 활동을 하지 않으면 재산은 점점 쪼그라들 수밖에 없었습니다. 이를 해결하기 위한 양반의 첫 번째 대안은 '남녀 차등상속'이었습니다.

> 아버지께서는 살아 계실 때 우리에게, "가뜩이나 적은 재산을 자녀 여덟 명에게 똑같이 나눠주면, 자녀들이 모두 가난해지고 만다. 특히 남자들은 돌아가면서 조상의 제사를 모셔야 하는데, 죄다 궁핍해지면 제사를 제대로 지내지 못하게 된다. 그러니 이 얼마 되지 않는 재산은 아들 셋에게 모두 나눠주고, 여식들에겐 주지 않겠다."라고 하셨다.[77]

형제는 같은 집에 살지 않고, 남매는 여러 곳에 떨어져 있다. 따라서 조상 대대로 물려받은 재산을 나누는 게 맞다. 그러나 생산량은 너무나 적고, 여식들은 집안 제사를 모시지 않기로 합의했기 때문에 이번에는 재산을 남자들에게 줄 수밖에 없다.[78]

위의 글은 17세기 후반에 작성된 분재기(分財記), 즉 재산 분할 각서에서 재산 분배 원칙을 밝히는 글입니다. 토지가 경제적 권력의 근거라면, 제사는 사회적 권력의 근거였습니다. 아들들이 제사라는 책임과 의무를 더 많이 짊어지므로 상속도 더 많이 받아야 한다는 말은 언뜻 합리적으로 비칩니다. 하지만 제사가 사회적 영향력을 재생산해내는 강력한 수단이었음을 고려하면, 여성에 대한 '배려'가 '배제'로 이어질 가능성이 농후했죠.

실제로도 그랬습니다. 20세기 후반까지만 해도 여자는 제사에 참여하지 못하는 문화가 있었는데요, 그 지독한 차별의 뿌리는 '경제적으로 힘드니 여식은 제사에 굳이 안 와도 되지만, 대신 재산은 나눠줄 수 없다'는 16~17세기 분재기의 언급에서 찾을 수 있을 것 같습니다. 그렇게 시작한 하나의 사회현상이 수백 년 뒤 '여성은 이런저런 흠이 있어 감히 제사에 참여할 수 없다'고 생각하는 지경까지 비틀린 거죠. 배려와 타협에서 시작해 배제와 혐오로 바뀐 오랜 차별의 원인에는 경제적 문제, 구체적으로 부동산 문제가 도사리고 있었습니다.

뿌리 깊은 가부장제는 조선을 비판하는 주된 근거입니다. 그런데 상속의 변화는 다른 관점을 시사합니다. 토지 소유 규모 영세화가 가부장제를 더욱 군건히 한 원인일지도 모른다는 시각입니다. 어쩌면 토지

소유 규모가 영세해지며 상속에 있어 '선택과 집중'의 중요성이 대두되었고, 종법 질서가 이 선택과 집중을 정당화하는 하나의 이론적 근거로 쓰인 건 아닐까요?

선택과 집중은 여기서 끝나지 않았습니다. 이들은 조금 더 재산을 몰아줄 수 있는 방법을 끝없이 고민했고, 이른바 '신분에 따른 상속'도 등장합니다. 영해 지역의 명문가였던 신안 주 씨 가문의 재산 분할 문서는 상속의 변화를 뚜렷하게 보여줍니다.[79] 1539년(중종 34년) 주소종(朱紹宗, 1477~?)은 1남 1녀에게 각각 2석(약 사천 평) 이상의 땅을 비슷하게 배분했고, 1577년 주춘령(朱春齡, 1504~?) 또한 4남 2녀에게 제사용 토지를 제외하고 약 14~16퍼센트의 비율로 재산을 분할해 주었죠.[80] 그런데 1623년, 주춘령의 장자인 주양(朱樑, 1535~?)은 자녀들에게 다음과 같이 재산을 상속합니다.

〈표 4〉 주양이 자녀들에게 차등 상속한 비율 (단위: 퍼센트)[81]

구분	노비 상속 비율	토지 상속 비율
제사용	8	15.7
아들 천기	42	77.5
사위 이시중	33	4.1
서자 용이	0	0.7
두 번째 부인	0	0.7
손자 종이산	17	1.2

임진왜란 때 의병장으로 활약했던 주양은 벼슬살이를 하며 영해

지방에서 사회적 영향력을 갖출 수 있었습니다. 물론 재산도 많이 늘어났습니다. 그런데 상속 방식이 기존과는 너무도 달라집니다. 한 세대 전에만 해도 재산을 자녀들에게 똑같이 나누었는데, 주양은 장자에게 상당량의 재산을 몰아줍니다. 제사용 토지를 관리하는 주체 역시 장남이므로, 사실상 토지의 구십 퍼센트를 장남에게 몰아준 상황입니다. 반대로 딸에게는 4.1퍼센트만 주면서 그마저도 사위의 이름으로 상속합니다. 서자와 둘째 부인은 각각 손자보다도 못한 양을 받습니다. 재산 상속이 상속받는 사람의 신분에 따라 매우 세세하게 구분되기 시작한 것입니다.

사실 이미 15세기 완성된 조선의 기본 법전 『경국대전』에서 다양한 상속 규칙이 제안되었습니다만, 실제로는 오래도록 남녀균등상속이 이루어졌습니다. 주양의 사례는 삼백 년 동안 유지되었던 상속 방식이 드라마틱하게 바뀌었다는 점에서 흥미롭습니다. 우리나라의 경우 1959년까지는 장자가 부모의 재산을 단독으로 상속받을 권리가 법적으로 보호되었죠. 물론 실제로 꼭 그랬던 것은 아니지만, 대체로 장남 우대 상속으로 진행되었습니다. 심지어 장손이 재산을 균등하게 나누려고 했는데 문중에서 말렸다는 기록도 보이죠.[82]

어쨌든 상속은 부의 불평등을 낳는 중대한 원인이 됩니다. 조선은 과전법과 직전법으로 토지를 상속할 권리를 제한하려 했으나, 사랑하는 자녀들에게 재산을 물려주고 싶은 부모의 마음을 막을 수는 없었죠. 사람들은 편법을 동원해서라도 재산을 상속하려 했고, 결국 조정은 상속의 실제적 권리를 어느 정도 인정할 수밖에 없었습니다. 그 결과

18세기에는 막대한 재산을 상속할 수 있는 사회적 환경이 만들어졌습니다.

　재산을 증진하는 측면에서 단독 상속이 지닌 메리트는 큽니다. 특히 주 거래 대상이 농토이기 때문에 더 그렇습니다. 영세 지주의 경우 농토를 처분하고 싶어도 한 해 동안 농사지은 생산물이 묶여 있어 매매에 따른 리스크가 큽니다. 반면 대지주는 그만큼 여유 자산이 풍부하므로 공격적인 투자를 통해 시세 차익을 거두기 유리합니다. 특히 대지주의 단독 상속은 가문이 쌓아온 재산을 '지키는' 효과적인 전략이자, 지역 내의 거대한 불평등을 굳히는 '결정적 장면'이었습니다. 대표적으로 해남 윤 씨 가가 있습니다.

　윤선도(尹善道, 1587~1671)는 부와 명예를 모두 갖췄던 해남 윤 씨 가의 대표적인 인물이죠. 학문으로도 명성 높고, 정계에서도 영향력이 컸으며, 무엇보다 막대한 재산을 물려받은 '다이아몬드' 수저였습니다. 그는 아내의 집안으로부터 재산을 받았고, 해남 윤 씨 가의 대를 잇는 양자로 들어가 양부로부터 재산을 받았으며, 당연히 친부로부터도 재산을 받았습니다. 여기에 어머니의 집안, 즉 외가에서도 상속을 받죠.[83] 이렇게 받은 재산으로 공격적인 투자를 펼치는데, 윤선도 대에 사들인 땅이 당대 해남 윤 씨 가가 소유한 토지 중 약 사십 퍼센트에 달합니다.[84] 이처럼 해남 윤 씨 가는 양자 입양과 상속 우대를 통해 전략적으로 문중 재산을 관리해나갔습니다.

　그런데 장자 중심 상속제라고 문제가 없던 건 아닙니다. 장자, 즉 문중의 중심을 제외하면, 다른 자손들은 영세 지주가 될 가능성이 컸습니다. 또 장자에게 상속하더라도 재산이 반드시 지켜지는 것은 아니었죠. 앞서 언급한 칠곡의 감사 댁이 그랬습니다. 약 이천 두락(약 사십만 평)을 가진 슈퍼 지주 이담명은 자녀 네 명에게 재산을 분할상속하는데요, 맏아들 이세침(李世琛)은 약 삼백 두락(약 만 평)과 제사용 토지로 약 사백 두락(약 팔만 평)을 우대 상속받습니다. 여기에 자기가 장만한 땅까지 포함하여 이세침은 약 천삼백 두락(약 26만 평)을 보유하고 있었죠.[85]

이세침의 재산은 장남 이대중(李大中)을 비롯한 자녀들에게 분할 상속되었고, 이대중은 다시 자손들에게 자기 재산을 분할상속합니다. 1762년(영조 38년), 이대중이 자손들에게 나눠준 재산은 제사용 토지 52두락(약 1만 4백 평), 장남 37두락(약 7천 4백 평), 장녀 8두락(약 1천 6백 평), 차남 15두락(약 삼천 평) 정도였습니다. 장남 우대 상속을 실행하였음에도 총재산이 줄어들고 있습니다. 특히 날이 갈수록 장남을 제외한 자손들의 토지는 더욱 줄어들었죠. 이들을 보호하고 지원해야 할 문중, 즉 감사 댁의 토지도 날이 갈수록 줄어들었고, 1787년(정조 11년)에 이르면 99두락(약 이만 평) 정도로 쪼그라듭니다.[86]

이것은 남인의 스피커로 활약하던 이담명 이후의 자손들이 정계에서 멀어졌기 때문으로 보입니다. 장자 중심 상속제가 감사 댁이 오랫동안 대지주의 지위를 누리게끔 도운 건 맞지만, 이들이 누렸던 관료라는 특권적 지위를 상실하면 그 부는 결국 쪼그라들 수밖에 없었던 셈이죠. 과거 시험은 이미 끔찍한 레드오션이었지만, 돈이나 영향력을 활용해서 자그마한 벼슬이라도 취하지 않으면 특권적 지위와 부를 유지할 수 없게 된 것입니다.

사람들은 각자가 처한 사회적 환경과 역사적 맥락에 맞으면서도 자신들에게 유리한 상속제도를 찾아왔습니다. 조선을 예로 들어볼까요? 조선 전기, 남녀균분상속이 뿌리 깊었던 까닭은 무엇일까요? 물론 관습적 영향도 컸겠지만, 아마도 토지의 사유화와 개인의 독점을 최대한 제한하려 했던 조선 사회의 법적 테두리 때문일 것입니다. 또한 원칙적으로 토지는 왕(국가)의 소유이므로, 언제 어느 때라도 빼앗길 수 있다는 우려가 존재했죠. 무엇보다 토지는 곧 과세 대상이므로, 토지를 많이 소유할수록 다양한 종류의 세금을 부담해야만 했습니다.

따라서 조선 사람들은 재산을 최대한 쪼갰습니다. 한 사람이 모은 재산이라도 몇 대만 거치면 쪼개진 땅 하나하나를 추적하기가 몹시 어려웠죠. 이렇게 땅을 쪼개면 재산이 분할되지만, 조선 전기에는 개간 등으로 재산을 불리기가 비교적 용이했습니다. 인구구조상 아직은 소수였기에 양반이라는 신분만으로도 충분히 특권을 누릴 수 있었고, 여전히 포텐셜이 가득한 미개간 '꿀땅'이 도처에 산재했죠. 그래서 조선 전기의 남녀균분상속제에는 성장하는 나라의 활력과 얼마든지 새로운 부를 창출할 수 있다는 기대감이 물씬 느껴집니다.

반대로 조선 후기의 상속제는 '지키기 위한 제도'였습니다. 양반이라는 사회적 지위를 유지하는 데 드는 지출이 늘어난 반면, 개간 등으로 토지를 늘릴 기회는 줄었죠. 게다가 전란이나 기근 등 외부에서 닥쳐오는 위기로 양반 사회는 해체 위협에 사로잡혔습니다. 분할 상속은 조금씩 몰락 양반을 만들어내고 있었고, 정계에서 멀어진 가문은 좀처럼 반등할 기회를 잡기 어려웠죠. 조선 전기에는 공권력이 의지와 명

토지를 시루떡으로 비유하자면,
처음엔 커다랗던 시루떡이

세 아들에게 똑같이 나뉘고

여기서 또다시
손자들에게 똑같이 나뉘고….

〈도판 7〉 장자 중심 상속의 배경
한 사람에게 돌아가는 몫이 점점 작아지는 것이 보이나요?
"어차피 모두 가난해질 거, 한 사람한테 몰아주면 그 사람이라도 넉넉하게 살겠지! 너희도 이따금 덕을 보고!" 하는 발상에서 시작한 것이 바로 장자 중심 상속입니다.

분을 갖추면 제아무리 경제적 권력을 갖춘 사람이라 해도 충분히 규제할 수 있었습니다. 하지만 조선 후기에는 사적 권력이 공적 권력을 압도하는 일들이 종종 벌어지곤 했습니다. 그래서 부를 한곳에 모아 규모를 불리는 일이 중요했던 겁니다. 제사라는 이벤트를 핵심으로 이루어진 장자 중심 상속제는 부와 명예를 지키기 위한 양반들의 수였다고 해석할 수 있습니다.

조선의 상속 관습을 보면 여러 생각이 듭니다. 한국은 삼십억 원을 초과하는 재산의 경우 오십 퍼센트라는 매우 높은 상속세율을 매기는 나라입니다. 물론 실효세율은 이십 퍼센트 중반 정도지만,[87] 백억 이상의 상속재산은 최고세율을 적용받으므로 대기업의 상속 문제가 불거질 때마다 뜨거운 논란이 벌어집니다. '상속세율이 너무 높아서 기업 운영이 어렵다'는 목소리부터 '중산층은 그저 집 한 채 간신히 장만해서 자녀에게 보탬이 되고 싶을 뿐인데 상속세 때문에 의욕이 떨어진다'는 푸념까지, 상속세를 둘러싼 논란은 현재진행형입니다.

물론 상속세라는 개념이 아예 없었던 조선과 한국을 일대일로 비교하는 건 어려울 수 있습니다. 그런데도 비슷한 현상은 벌어집니다. 예컨대 막대한 상속세를 피하고자 기업은 자회사를 만들고, 자녀들을 대표로 앉힙니다. 이후 일감을 몰아주며 자회사를 키워내고, 자회사 인수 합병 등을 통해 상속 및 증여세를 최대한 피하는 형태로 상속하죠. 그 과정에서 합리적인 의사결정은 중요치 않습니다. 최대 목적은 '상속'이니까요. 하지만 그로 인해 개인 투자자나 노동자의 일상은 순식간에 송두리째 흔들리기도 합니다.

우리는 조선의 사례에서 상속세의 의의를 충분히 끌어낼 수 있습니다. 한 사람이 평생 이룬 부를 상속하는 순간이야말로 재분배하기에 적합한 시기입니다. 하지만 조선 전기에는 상속세가 없었기 때문에, 상속을 통해 자산을 형성하고 분배하는 것을 막을 방법이 거의 없었습니다. 양반의 부는 백성과 나라에 기대어 형성된 것임에도, 이들의 재분배는 오직 가족 안에서 진행되었습니다. 다시 말해, 나라로부터 받은 특혜와 백성의 노동을 불공정하게 동원한 대가를 징수하고 이를 나라 전체의 재분배에 투자하는 작업이 없었다는 것입니다.

조선 후기에는 어땠을까요? 장자 중심 상속제는 그 자체로 매우 불공정합니다. 이로 인해 성별에 따른 경제적 차이가 더욱 벌어졌고, 장자를 제외한 나머지 가족 구성원은 경제적 약자로 전락합니다. 이는 곧 나라 전체의 불평등을 심화하죠. 만약 누진 체계가 잘 정비된 상속세가 있었다면, 한 사람에게 많은 재산을 몰아주는 방식은 선택하지 않았을 것입니다.

물론 장자 중심 상속제를 '생존을 위해 불가피한 선택'이라고 볼 수도 있습니다. 조선 후기에 이르면, 그럭저럭 유지해오던 사회안전망조차 심각하게 흔들렸고 조정은 재분배의 역할을 가문에 전가했으니까요. 소득·조세·자산·교육 등 여러 분야에서 이미 엄청나게 벌어진 특권 계급과의 차이를 메꾸면서 재분배하는 역할까지 떠안은 가문으로서는 어쩔 수 없는 선택이었겠죠. 하지만 이 역시 상속세를 비롯한 공정한 조세제도를 통해 정부가 실효성 있는 사회안전망을 확충하고 적절히 재분배해왔다면 발생하지 않았을 수도 있는 문제입니다.

상속세는 오랫동안 이어진 역사 속 불평등을 반성한 끝에 나온 제도입니다. 상속세의 불완전한 점을 찾고 그 대안을 모색하는 건 정상적이고 자연스러운 일입니다. 하지만 혹자는 상속세나 소득세 그 자체에 대해 "내 능력과 노력의 대가를 왜 빼앗아 가는가?"라고 반문합니다.

그러나 어느 시대건 홀로 모든 걸 해낼 수 있는 사람은 없습니다. 조선 특권층에게 최대 업적 중 하나로 여겨졌던 '과거 급제'조차 가능할 수 없을 만큼 불평등한 출발선에서 시작된 것입니다. 조선 사대부들은 이 사실을 이해하지 못했거나 외면했습니다. 그래서 상속세와 같은 세금의 필요성을 진지하게 논의하지 않았습니다. 자신들조차 사회 취약 계층이 되어 누군가의 축재 수단으로 전락할 수 있다는 사실을 간과한 거죠. 그 결과 우리가 잘 아는 것처럼, 조선 후기에는 몰락한 양반들이 사회적으로 심각한 문제가 되는 상황이 펼쳐졌습니다.

만약 노력과 능력만이 공정의 표준이 되고 상속세가 공정성을 훼손하는 부적절한 개입으로 여겨진다면, 끝내는 적자생존에 의한 공멸의 시대가 오고 말 것입니다.

그 많던 땅은 누가 다 먹었을까?

(1) 상위 구 퍼센트가 절반 넘는 땅을 차지한 나라

경우에 따라 다르긴 하지만, 장자 중심 상속제가 재산을 집약할 수 있는 길을 열어놓았다는 것만큼은 확실합니다. 이는 지금까지 살펴온 양반들의 땅 복사 스킬들과 더불어 지주라는 경제적 계급을 강화했죠. 그렇다면 과연 조선 시대의 부동산 불평등은 어느 정도였을까요?

1590년(선조 23년)부터 1900년(광무 4년)까지 조선 후기 여러 가문이 땅을 거래한 문서 등을 분석한 자료에 따르면, 경상도와 전라도의 신분별 토지 매입/매도 규모는 다음 표와 같습니다.

〈표 5〉 경상도와 전라도의 신분별 토지 매입/매도 규모[88]

		양반	중인	상민	노비	기타
경상도	매입	244,400평 (1,222두락)	2,000평 (10두락)	103,200평 (516두락)	25,400평 (127두락)	53,000평 (265두락)
	매도	183,000평 (915두락)	9,200평 (46두락)	183,000평 (915두락)	40,800평 (204두락)	13,600평 (68두락)
전라도	매입	616,400평 (3,082두락)	8,000평 (40두락)	292,800평 (1,464두락)	139,800평 (699두락)	59,800평 (299두락)
	매도	401,800평 (2,009두락)	40,600평 (203두락)	400,800평 (2,004두락)	225,400평 (1,127두락)	46,400평 (232두락)

〈표 5〉에 따르면, 양반층의 경우 매입량이 매도량보다 많았습니다. 기타, 즉 문중·계·서원과 같은 양반 커뮤니티 또한 매입량이 더 많았습니다. 반면 상민층에선 매도량이 매입량보다 많았죠. 대체로 규모 있는 양반가는 지속해서 토지를 집적해나가는 반면, 상민의 토지는 꾸준히 해체되었습니다.

특히 상민이 토지를 집중적으로 파는 시기와 양반이 도지를 집중적으로 사들이는 시기가 겹칩니다. 바로 1651~1700년, 1710~1730년, 1771~1790년의 세 기간인데요, 재밌게도 이 시기 상민의 토지 판매분이 양반의 토지 매입분과 유사합니다. 즉 '모종의 이유'로 상민은 토지를 대거 팔아야 했고, 양반은 그 토지를 몽땅 사들였다는 뜻입니다.[89]

'모종의 이유'가 무엇일까요? 핵심은 물가와 땅값에 있습니다. 물가와 땅값이 상승할 때, 대체로 상민은 생계를 위해 땅을 팔았고, 양반은 투자를 위해 땅을 사들였을 것입니다. 결과적으로 시간이 흐를수록 양반 가문의 토지 규모는 점점 불어나고, 상민의 토지는 점점 쪼그라듭니다.

조선 시대의 토지 소유 구조를 더 자세히 보기 위해, 현재 시흥 지역의 간척지인 석장둔(石場屯)의 상황을 자세히 보겠습니다.[90] 석장둔은 1720년(숙종 46년) 공공기관인 진휼청(賑恤廳) 주도로 매립된 간척지인데요, 진휼청은 흉년이 들면 백성들에게 곡식을 지급하던 복지기관이었습니다. 석장둔 간척은 진휼청의 복지 재원을 확보하기 위한 투자였던 셈이죠. 마치 오늘날 국민연금이 주식에 투자하는 것처럼요.

석장둔의 토지 규모는 원래 있던 농지에 매립으로 확보한 것까지 더하여 약 66만 평 정도였습니다.[91] 진휼청은 이 넓은 땅에 직접 논밭을 일구고 농사짓는 사람들에게 땅의 소유권을 분배해주고 일정한 세금을 받겠다고 공표합니다. 실제로 장막창과 김삼창이라는 평민은 석장둔 토지를 직접 개간하여 진휼청으로부터 소유권을 따내기도 했습니다.[92] 하지만 앞서 살펴본 경향과 같이, 인근 사대부가에서 석장둔 일대의 넓은 토지에 대한 개간권을 따낸 후 실제로 개간하지는 않고 권리만 행사하려는 시도가 계속되었죠. 그리하여 1755년경 석장둔의 토지 소유 분포는 다음 표와 같이 나타납니다.

〈표 6〉 석장둔의 토지 소유 규모 비율 (단위: 퍼센트)[93]

소유 규모(속)	소유자	면적
1~100속(약 400평 이하)	150명(61.0)	13.2
101~200속(약 400~800평)	43명(17.5)	13.6
201~500속(약 800~2,000평)	31명(12.6)	22.5
501~1000속(약 2,000~4,000평)	15명(6.1)	25.1
1001속 이상(약 4,000평 이상)	7명(2.8)	25.6

1755년(영조 31년)에 석장둔 일대의 토지를 소유한 사람은 모두

246명입니다. 이 중 약 사백 평 미만의 토지를 소유한 사람은 백오십 명입니다. 전체 246명 중 약 61퍼센트에 달하는 비중인데요, 이들이 가진 토지를 다 합해도 석장둔 전체 토지의 13.2퍼센트에 불과합니다. 팔백 평 미만을 소유한 사람들까지 합쳐도, 전체 소유자의 팔십 퍼센트가 전체 토지의 27퍼센트 정도를 점유하고 있는 모양새입니다. 반면 이천 평 이상을 소유한 사람은 전체의 구 퍼센트 정도에 불과하니, 석장둔 토지의 절반 이상을 차지하고 있습니다.

그런데 가장 많은 토지를 가진 자들의 이름이 이채롭습니다. 삭불이, 변이, 덕룡이 등 노비의 이름이 많은데요, 노비를 거느린 양반 지주는 항상 노비를 대리인으로 내세워 토지 거래를 했기 때문입니다. 이른바 차명 등록이죠.[94]

이는 아주 오래된 풍습이었는데요, 토지조사사업에서는 가장 큰 걸림돌이 되었습니다. 땅 거래문서에 주인이 노비로 되어 있으니, 문서만으로는 실제 땅 주인을 파악하기 어려웠죠. 땅 주인을 파악하고 그의 신분이나 재산 규모를 알아야 알맞은 과세 형태를 정할 텐데, 모두 노비를 내세우니 과세율을 정하거나 납세자를 특정하기가 매우 까다로웠습니다. 게다가 양반들의 방해까지 잇따라 매번 상당한 행정 비용이 소요됐죠.

결국 노비의 토지까지 양반의 토지로 간주해야, 석장둔의 신분별 토지 소유 구조를 제대로 짐작할 수 있습니다. 양반과 평민의 토지 소유 구조는 7 대 3에서 8 대 2 정도로 드러나는데요,[95] 애초에 평민과 양반은 투입할 수 있는 노동력에서부터 차이가 나기에, 개간하는 땅의 넓이도 다를 수밖에 없습니다. 하지만 구 퍼센트가 전체 토지의 절반을 차지하고, 양반과 평민이 소유한 토지의 비율이 7 대 3인 상황은 어쩔 수 없는 빈부의 격차라고 보기엔 심각합니다.

그런데 더 알고 보면 이 정도는 양반입니다. 시간이 갈수록 빈부 격차는 더욱 커졌습니다. 약 백 년 뒤인 1888~1894년에 이르면, 전체 토지 중 사천 평 이상을 소유한 사람의 토지 비율은 안산에서 삼십 퍼센트, 인천에서 사십 퍼센트로 확대됩니다. 18세기 중반에 비해 약 15퍼센트 이상 늘어났죠. 반면 소유자의 수는 약 육십 명 줄어듭니다. 영세 자영농의 토지가 대토지 소유자에게로 흘러 들어갔다는 뜻입니다.[96]

사실 석장둔의 불평등은 사업 초기부터 조정에서 예의 주시하던 문제입니다. 다음의 사료들을 보시죠.

땅은 넓고 사람은 적어 모든 토지를 개간하기 어려운데, 근처의 사대부들은 일단 땅을 독점하는 데만 몰두하고 있습니다. 개간 허가를 받은 후에도 전혀 농사를 짓지 않는 곳이 정말 많습니다. 그래서 진휼청에서 실제로 개간하는 자에게만 땅의 소유권을 주겠다고 지침을 세웠더니, 백성 가운데 응모한 자가 백여 명에 이르러 효과를 볼 수 있었습니다. 그럼에도 인천의 변황(邊榥)이라는 양반은 개간에 응모한 백성을 쫓아내고 개간지에 들어오지 못하도록 막으면서 땅을 독점하려 하고 있답니다.

서울의 양반이나 사대부들이 석장둔에서 벌이는 횡포가 심각하니다. 그들은 일단 개간권을 따내고 가만히 있다가, 누군가 석장둔에 들어와 개간하고 농사를 잘 짓고 있으면 그제야 소유권을 내세워 병작(垃作)을 강요한다고 합니다. 실제로 관청에서 농민에게 농지를 소개해도, 농민들은 "이 땅은 서울 감사 댁이, 저 땅은 안산 판서 댁이 개간권을 딴 땅입니다." 하면서 뒷걸음질을 칩니다.

– 1740년(영조 16년) 4월 5일, 10월 12일 『승정원일기』

석장둔 사례는 그 이전 세대부터 축적되어온 꼼수의 결정판이었습니다. 오늘날 국민연금이 투자하는 곳에 큰손들이 따라붙는 것과 같은 이치입니다. 진휼청이 투자한 사업이니만큼 서울의 큰손들도 관심을 가졌죠. 이들은 개발정보 및 등록 관련 지침을 일찌감치 파악한 후, 광범위한 땅에 대한 개발권을 따냅니다. 그러고는 개발권을 빌미로 타인에게 땅을 팔았습니다. 심지어 개간도 하지 않으면서, 누군가 그 땅을 개간하기를 기다렸다가 수확물의 절반을 '뺏뜯기'까지 합니다. 4대강이나 행정수도 이전 사업 때 유력 지역마다 미리 땅을 샀다던 '서울 땅 부자'의 모습이나 '떴다방', 핫한 개발 지역의 부동산마다 알을 박아두는 사람들, 혹은 허위로 농지를 취득한 후 쪼개어 판매하는 행위가 떠오르죠?

조정은 이러한 폐해를 바로잡기 위해, '실제로 개간하는 자에 한하여 땅을 분배한다'는 원칙을 실현하려 노력합니다. 그나마 조정에서 관심을 갖고 막으려 노력했기 때문에 구 퍼센트가 절반 이상의 땅을 소유하는 정도로 그쳤다는 것입니다.

불평등은 여기서 끝이 아닙니다. 경상도 지역의 신분별 토지 규모, 석장둔의 토지 규모 통계가 다루는 대상은 어디까지나 토지를 보유한 '자영농'입니다. 그러나 조선 후기 농민의 상당수는 소작농이었죠. 토지 거래문서에 언급되지 않는 소작농은 통계에 잡히지 않습니다. 아마 소작농까지 포함하면 조선의 토지 불평등은 더욱 심각했을 것입니다.

그런데 조금 이상합니다. 통계로 보니 조선 후기의 부동산 불평등이 그리 심각하게 느껴지지 않습니다. 사실 조선의 불평등은 우리에 비하면 별것 아닐지도 모릅니다. 우리는 더욱 심각한 수치들을 보고 살았으니까요. 국토교통부의 자료[97]에 따르면, 2021년 전체 토지 소유 세대 중 상위 십 퍼센트가 소유한 토지의 비율은 77.7퍼센트, 금액으로 환산하면 전체의 57.9퍼센트에 달합니다. 반면 하위 사십 퍼센트가 소유한 토지의 비율은 0.5퍼센트, 전체 금액 중에서는 4.8퍼센트에 불과했습니다. 상위 이십 퍼센트가 전체 토지의 구십 퍼센트를 점유했으며, 이를 금액으로 환산하면 73퍼센트였습니다. 지엄한 신분제 사회였던 조선 후기의 통계보다 현대 한국의 통계가 훨씬 더 불평등한 상황을 우리는 어떻게 받아들여야 할까요?

물론 양반의 토지가 많아졌다고 해서 모두 대지주가 되었다는 뜻은 아닙니다. 집 열 채를 가진 사람과 한 채만 가진 사람의 경제적 차이는 엄청나죠. 같은 양반이라도 대지주와 중소 지주의 차이는 컸을 것입니다. 실제로 18~19세기에 이르면 노비보다 가난한 양반도 등장합니다. 하지만 토지가 해체된 많은 상민이 소작농이 되었던 것만은 분명합니다.

우리는 생각할 수 있습니다. '대체로 땅값은 모두에게 동일하니까, 단기적으로 시세 차익을 거두는 건 양반이나 상민이나 똑같은 거 아냐?' 그런데 과연 그럴까요? 잠시 우리나라의 사례를 생각해보죠. 2018년 이후 부동산 가격이 폭등했을 때, 집을 가진 사람들이 모두 좋아한 건 아닙니다. 내 집값이 오른 만큼 옆집도 올라 구매력이 없으면 그림의 떡이라는 얘기가 많았죠. 게다가 공시지가 상승으로 세금 부담이 커졌습니다. 그래서 실구매자들은 부동산 가격이 상승할수록 불리해졌습니다. 실제로 2017~2020년 사이 보유 부동산 액수는 전체 평균 2.78억 원에서 3.2억 원으로 십오 퍼센트 커졌는데요, 부동산 자산을 많이 보유한 상위 이 퍼센트가 그렇게 발생한 모든 이득의 22퍼센트(평균 25.21~30.76억 원)를 가져갔습니다.[98] 나아가 상위 십 퍼센트가 부동산 가격 상승분의 이익 79퍼센트를 가져갈 때, 30~70퍼센트의 사람들은 고작 이 퍼센트의 이득을 얻는 데 그쳤죠.[99]

그러므로 단순히 땅값뿐 아니라, 물가를 고려한 '실질 지가'까지 생각해야 합니다. 조선에서 땅값을 물가로 나눈 실질 지가는 1723년 정점을 찍고 19세기까지 지속적으로 하락합니다.[100] 물가가 상승하는 속도가 땅값이 오르는 속도보다 빨랐다는 의미입니다. 간단히 생각해볼까요? 쌀값이 오를수록 이득을 더 많이 보는 쪽은 지주입니다. 반대로 소작농들의 경우 소득은 한정되어 있는데 토지를 임대하는 비용과 농사 짓는 종자 비용이 상승하죠. 결론적으로 지주는 이익을 얻어 새롭게 투자하면서 부를 불릴 수 있지만, 소작농은 실질 소득이 감소합니다. 투자할 종잣돈을 마련하기는커녕 하루하루 입에 풀칠하기도 어렵죠. 물가는 대폭 올랐는데 월급은 언제나 제자리걸음인 우리 시대의 서민처럼요.

만약 땅값이 폭락한다면 부의 재분배가 일어날까요? 꼭 그런 것도 아니었습니다. 다음 사료를 보시죠.

> 영의정 홍치중(洪致中)이 말했다.
> "여주는 원래 비옥한 지역이라 전부터 땅값이 비쌌습니다. 농지 1두락(이백 평)의 가격이 수백 냥이었으나 최근에는 땅값이 폭락하여 고작 육칠십 냥 정도입니다. 그러니 땅을 버리고 흩어져 도망하는 사람이 많아지고 있습니다."
>
> – 1731년(영조 7년) 3월 27일 『비변사등록』

조선은 유통망이 체계적이지 않았던 나라입니다. 서울의 물가가 지방에 적용되기까지 보통은 수개월, 길게는 몇 년이 걸리기도 했죠. 땅값도 마찬가지입니다. 한 지역의 땅값이 폭락하거나 급등하면, 그 지역 내에서 해법을 모색하는 게 거의 불가능했습니다. 농민이 땅을 버린다는 건 그 고을 내에서는 도저히 최소한의 생계를 해결할 수 없다는 포기 선언입니다. 땅값 폭락이 주는 타격이 그 정도로 컸다는 것입니다.

(2) 땅값은 누구의 호주머니로 들어갔을까?

그런데 이상한 일입니다. 단순히 생각하면 땅값이 폭락하면 땅을 많이 가진 사람이 가장 큰 피해를 볼 것만 같잖아요? 하지만 정말 중요한 지점은 단순히 '땅값이 내렸다'라는 현상이 아니라, '왜 땅값이 내렸는가'에 있습니다. 즉 원인에 따라서 이득을 보는 자와 피해를 보는 자가 달라집니다.

그렇다면 조선의 땅값은 어떤 원인으로 요동쳤을까요? 첫 번째 원인은 '농사 유불리'에 있었습니다. 농사가 수입의 대부분을 차지했던 시대, 농지의 토질이 변화하면 자연히 땅값도 달라졌습니다. 현대에 상권 또는 입지 조건 변화에 따라 땅값이 요동치는 것처럼요. 지하철역까지 걸어서 삼십 분이 걸리더라도 우격다짐으로 '지하철 오 분 역세권'이라고 광고하는 것도 그래서입니다.

18~19세기 궁중의 부처에서 사고판 땅문서를 정리한 『황해도장토문적(黃海道庄土文績)』을 통해서 살펴보죠.[101] 1746년(영조 22년) 무렵, 손만재라는 사람이 황해도 장연군과 은율군의 땅 11개 필지를 매입합니다. 그런데 이 토지들은 '떡락'한 토지였습니다. 1734년에는 17냥에 거래되던 땅이 1747년에는 1.5냥에, 1734년에 40냥에 거래되던 땅이 1747년에는 5.6냥으로 급락합니다.[102] 거래문서가 남아 있는 15개 토지 모두 1746~1747년에 최저가를 갱신하죠. 앞서 보았던 여주의 상황처럼, 지역 내 땅값이 일제히 폭락한 상황입니다.

왜 그랬을까요? 거래문서의 거래 사유란에는 '임시 농지' '황폐해진 농지' '바닷가 농지' 등이 적혀 있습니다. 즉 자연재해 등으로 땅이 황폐해졌거나, 바닷가라서 농사를 망칠 위험성이 상존했기 때문이라는 거겠죠. 당시 장연군의 상황을 짐작케 하는 사료를 볼까요?

> 지난번 수진궁(壽進宮, 혼인하지 못하고 사망한 왕족의 제사를 지내는 궁 궐 안 부처)에서 사들인 황해도 장연군의 토지는 대부분 바닷가의 황 폐해진 땅입니다. 수진궁에서 논을 복구하기 위해 제방 공사를 하 려 하니 장연군 등 여섯 개 지역에서 노동자를 징발하라는 명령을 받았습니다만, 이들 지역은 모두 재난과 재해로 비참한 상황입니다. 흉년에 백성을 동원하면 백성들이 고향을 버리고 떠날 위험이 있으 니, 풍년에 공사를 진행함이 어떻겠습니까?
>
> – 1747년(영조 23년) 11월 29일 『비변사등록』

1747년의 기록입니다. 수진궁에서 사들인 토지가 바닷가의 황폐해 진 땅이라고 언급하는데요, 토지매매문서의 기록과 일치합니다. 수진 궁에서 '논을 복구하기 위해 제방 공사'를 추진하려다가 흉년을 이유로 연기하는 것 또한 당시 상황을 짐작하게 하는 단서입니다.

상황은 아마도 이랬습니다. 원래 17냥, 50냥씩에 거래되던 땅들 은 수리 시설이 갖춰져 있어 꾸준히 농사짓던 땅이었습니다. 그런데 1746년 전후 어느 시점에 큰 파도가 밀려와 수리 시설이 무너졌고, 바 닷가의 농지 또한 농사를 지을 수 없는 땅이 되어버렸죠. 그 결과 일대 의 땅값이 폭락했습니다. 수진궁은 바로 이러한 토지들을 헐값에 산 후,

공권력으로 수리 시설을 재건하고자 한 것입니다.

수진궁뿐만 아니라, 서울의 고관대작인 '조 참판 댁' '대사헌 댁' '조병조 참판 댁' 등에서 일대의 토지를 헐값에 사들였습니다. 이들 역시 땅을 사들인 후, 공권력을 동원해 수리 시설을 재건하고 논을 복구했습니다. 복구 사업에 열심히 참여한 지역민에게는 땅을 조금 떼어주는 '당근'도 제시했죠.[103]

만약 자연재해가 일부 지역을 넘어 한 도(道)의 농사를 망칠 만큼 심각하다면, 곧 식량난으로 이어졌습니다. 살아남은 이들은 전염병 등으로 목숨을 잃은 사람들의 장례 비용과 일용할 양식을 위한 생계 비용 등을 마련해야만 했고, 가장 만만하게 처분할 수 있는 자산은 땅이었죠. 소를 팔아버리면 내년 농사를 못 지으니까요. 그런데 내놓은 땅들은 자연재해로 농사를 망쳐 올해의 수익을 기대하기 어렵다는 이유로 가격 페널티를 받습니다. 설상가상으로 비슷한 상황에 놓인 많은 농민이 일시에 땅을 내놓습니다. 결국 일대의 땅값은 '떡락'하고, 헐값에 나온 땅들은 평소에 커다란 창고를 짓고 곡식을 비축해둘 수 있었던 대지주의 손으로 들어갑니다.

자연재해나 흉년 등으로 땅값이 인하하는 현상은 금리 인상으로 인한 현대의 땅값 하락 현상과 유사합니다. 자산을 판매할 수밖에 없도록 압력이 들어온다는 면에서요. 그런데 오늘날 금리가 인상되면 가장 먼저 피해를 보는 사람들은 '서민 영끌족'이라고 하는 것처럼, 자연재해로 인한 땅값 폭락으로 가장 먼저 피해를 보는 사람들은 중소 지주였습니다.

한편 헐값에 황해도 연안의 땅을 사들인 후 공권력을 동원하여 농지를 복구한 서울의 힘 있는 사람들은 서서히 이득을 보기 시작했습니다. 단기적으로는 식량난이 해소되면서 땅값이 다시 상승했고, 장기적으로는 농토가 복구되고 점차 확대되었죠. 일례로, 1753년(영조 29년) 7냥이었던 토지가 농지 통합과 시세 상승, 토질 향상 등으로 110냥에서 165냥, 이어 260냥으로 '떡상'합니다.[104]

재밌는 건, 이렇게 땅을 사들인 지주들이 땅에 따라 소작료를 다르게 거뒀다는 점입니다. 일반적으로 소작료는 땅값에 따라 결정됩니다. 땅값에는 토질이 반영되어 있고 생산량은 토질에서 결정되기 때문입니다. 그런데 1862년(철종 13년) 용동궁(龍洞宮, 왕실의 예산을 관리하는 궁궐 내 부처)에서 사들인 땅의 소작료를 책정할 때는 '땅 판매자'라는 다른 변수가 나타납니다.

〈표 7〉 소작인 성격에 따른 소작료[105]

	건수	땅 1속(약 4평) 당 소작료
땅 판매자가 소작인이 되는 경우	64	0.174냥
다른 사람이 소작인이 되는 경우	116	0.193냥

〈표 7〉에서 보듯, 땅을 판매한 사람이 소작인이 되면 약간 저렴한 소작료를 거뒀고, 그 외의 사람이 소작인이 되면 그보다 더 비싼 소작료를 받았습니다. 0.02냥 차이가 작아 보여도, 이 비율을 땅 1속이 아닌

1결에 적용하면 양자 간 소작료 차이는 무려 이십 냥에 이릅니다. 괜찮은 땅 하나를 살 수 있을 만큼의 차이였죠.

지주는 왜 이렇게 다른 계약을 맺은 걸까요? 용동궁은 소작료 계약을 맺을 때 '사람'을 고려한 듯합니다. 정확히 말하면, '지속 가능한 수입을 기대할 수 있는 사람'인지 따졌다는 뜻이죠. 땅 판매자, 즉 땅의 이전 주인이 소작인이 될 경우, 그 땅에 대한 경험을 바탕으로 농사를 더욱 원활하게 경영할 수 있습니다. 따라서 경험 없는 상태에서 '맨땅에 헤딩하는' 사람에게 맡겼을 때보다 안정적으로 소작료를 받을 수 있다는 거죠. 일종의 '경험치 프리미엄'이랄까요? 그러니까 핵심은 사실 '사람'이 아니라, '신용', 달리 말하면 '지속 가능한 수입'에 있었습니다.

현대에도 이런 일은 자주 있죠. 개인 간의 대출에서 지인이라는 이유로 조금 저렴한 이자율에 내주는 것처럼요. 이 분야의 전문가는 역시 은행입니다. 은행은 대출인의 직업이나 소득 수준 등을 꼼꼼히 심사하여 다양한 금리로 대출 계약을 맺습니다. 자격 심사를 하는 이유는 역시 대출인이 안정적으로 장기 대출금의 원금과 이자를 갚아나갈 수 있는지를 파악하기 위해서죠. 그런데 다시 생각해보면 의문스럽습니다. 만약 어떤 사람의 소득이 낮거나 농사에 대한 경험치가 적어 기대되는 수익이 낮다면, 소작료나 대출금리를 낮춰 안정된 생활을 보장해주는 게 유리할 것 같습니다. 그래야 파산하지 않고 안정적으로 소작료나 대출금을 납부할 수 있으니까요. 하지만 현실은 예나 지금이나 반대입니다. 금리는 소득 수준이 높거나 해당 분야의 전문가일수록 낮아지고, 소득이 낮거나 새로운 사업에 뛰어드는 경우일수록 높아집니다.

왜 이런 현상이 벌어진 걸까요? 대출인이 파산해도 주택은 남아 있듯, 소작인이 바뀌어도 땅은 그 자리에 있기 때문입니다. 소작료 납입에 차질이 생기면 지주는 소작인을 바꿉니다. 물론 계약했던 소작료를 모두 받지 못해 손해가 발생할 수는 있지만 소작인을 바꿔서 다시 운영하는 편이 장기적으로는 덜 손해입니다. 만약 이때 소작인이 보다 유리한 경영 노하우를 가졌다면 소작지를 남에게 뺏기지 않을 것입니다. 농사를 잘 지어서 소작료를 꼬박꼬박 낼 테니까요. 따라서 신용에 따라 달라지는 소작료는 소작인을 바꾸게 될 경우에 소요되는 관리 비용이 반영된 결과라고 할 수 있습니다. 언젠가 발생할 수 있는 손해를 최소화하고 이익을 극대화하려는 지주의 의도가 반영된 계약 형태죠. 화폐경제가 발달하고 있던 19세기 조선에서는 자본의 논리에 입각한 다양한 계약 형태가 속속 등장하고 있었습니다.

그런데 생각해볼 문제입니다. 은행이나 지주가 손해를 최소화하고 이익을 극대화하려는 것은 자본의 논리로는 정당한 행위입니다. 그런데 공공선의 관점에서도 정당할까요? 저금리 계약을 맺어 절대다수 서민의 생계를 안정화하는 편이 공공선에 더욱 부합하는 계약 형태 아닐까요? 조선에서 생계 압박에도 결코 땅을 포기할 수 없었던 이들은 오십 퍼센트에 이르는 고리대금업에 손을 내밀었습니다. 한국에서 신용등급에 막혀 대출을 받을 수 없는 이들은 대부업체의 문을 두드리죠. 외환위기 이후 이러한 형태로 굳어진 금융시장을 그대로 놔둬도 되는 건지 심각하게 고민해봐야 하지 않을까요?

땅값이 내리는 원인을 살펴봤다면, 땅값이 천정부지로 뛰는 상황도 살펴봐야겠죠. 조선 후기의 땅값 그래프를 통해 살펴보겠습니다.

〈표 8〉 조선 후기(1691년~1900년) 경상도·전라도 땅값의 변화[106]

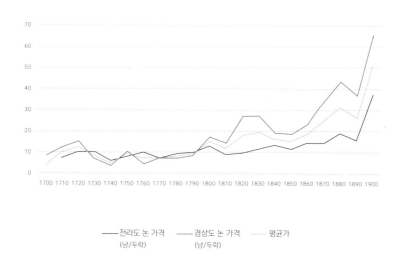

〈표 8〉은 전라도와 경상도의 여덟 개 양반가에서 소장한 토지거래 문서를 토대로 그린 시대별 논 평균 가격 그래프입니다. 땅값은 오를 때도 있고 떨어질 때도 있죠. 조선 후기에는 크게 네 차례 땅값이 상승했는데요, 각각 1690~1725년, 1765~1790년, 1830~1860년, 1890년대 이후입니다.

시기마다 땅값 폭등의 원인도 다릅니다. 예컨대 1690~1725년은 숙종 재위 기간으로, 상평통보가 본격적으로 유통되기 시작하고 동아시아 국제무역이 활발해지던 시기입니다. 새로운 부가 축적되면서 땅값이 상승하죠.[107] 화폐와 유통시장의 성장은 이전과는 다른 형태의 부동산 시장을 만들어냅니다. 특히 유통시장이 생기면서 전국 단위의 물가를 조절하는 '보이지 않는 손'이 생겼습니다. 조선의 물가는 쌀값이 결정하고, 쌀값은 땅값에 결정적인 영향을 주죠. 아직 화폐가 안정적으로 자리 잡지 못한 조선에서는 쌀값을 전국 단위로 움직이는 자들이 오늘날의 한국은행, 혹은 미국의 연방준비제도이사회와 유사한 파워를 가지고 있었을 겁니다.

그래서 18세기 후반에는 이전에 없던 새로운 형태의 '쌀값 리스크 관리'가 생겨났는데요, 바로 한강 일대 상인들에 대한 규제입니다.

> "쌀값이 폭등하여 서울 백성들의 고충이 크다고 들었다. 그동안 비축해놓은 쌀을 풀어 쌀값을 낮추도록 하라. 또한 상인들이 쌀값을 조종하지 못하게 엄중히 단속하라."
>
> — 1787년(정조 11년) 3월 5일 『비변사등록』

> "한강변의 부자들이 쌀을 잔뜩 가지고는 날씨와 작황을 지켜보면서 풀기 때문에, 쌀값의 오르고 내림이 오로지 그들 손아귀에 달려 있습니다. 서울 사람들의 생활이 어려운 것은 모두 이들의 이익 창출 행위 때문입니다. 이들을 전수조사하여 엄히 다스려야만 합니다."
>
> "일리 있는 말씀입니다만, 만약 단속령을 내리면 이들은 몰래 담합하여 쌀을 서울이 아니라 지방에 묶어둘 것이고, 그렇게 되면 서울의 쌀값은 더욱 폭등할 것입니다. 신중해야 합니다."
>
> — 1794년(정조 18년) 10월 6일 『비변사등록』

정조 시기의 사료입니다. 조선은 지역 단위로 쌀을 자급자족하는 것을 이상적으로 여겼지만, 전국에서 사람이 몰려들어 함께 사는 서울에서는 불가능한 이상이었습니다. 서울 사람들은 자연히 지방에서 유통되는 쌀을 사 먹어야만 했죠.

쌀을 유통하는 사람들, 즉 거부들은 전국구급 유통 라인을 만들기 시작했습니다. 과거처럼 물물교환 형식의 거래가 아니라, 화폐를 기준으로 한 대규모 유통이 전국 단위에서 시작되었죠. 특히 전라·충청·경상·황해와 같이 수운으로 쌀을 옮기기 쉬운 지역에서 모인 쌀들은 한강변에 건설된 부자들의 창고로 들어갔고, 부자들은 시장과 '밀당'하며 쌀값을 조절합니다.

그런데 원래 쌀값을 조절하는 것은 조정, 즉 정부의 역할입니다. 하지만 인구가 밀집된 서울의 수요에 대처하기에는 역부족이었죠. 조정에서 모은 쌀은 기본적으로 국방용이나 환곡과 같은 복지 정책에 쓰였기 때문입니다. 유통망이 발달하면서 조정은 서울 사람들의 생활을 위한 쌀의 유통 관리를 점점 민간으로 이양하죠.

이렇듯 땅값은 참 골치 아픕니다. 멀리서 보면 땅값이 오르고 내릴 때의 이익과 손해가 모두에게 똑같이 적용되는 것 같습니다. 하지만 자세히 살펴보면, 오르면 그 이익이 주로 부자에게 가고, 내리면 그 손해가 주로 서민에게 갑니다. 그래서 조선은 물가와 땅값이 요동칠 때마다 큰 피해를 받는 사람들을 폭넓게 보장해주는 사회보장제도, 환곡을 대규모로 운영하죠. 하지만 환곡이 복지제도의 성격을 잃어가면서, 땅값이 요동칠 때 백성을 보호할 수 있는 울타리도 점점 사라졌습니다.

1765~1790년의 땅값 상승은 물가, 즉 쌀값 상승으로부터 비롯되었습니다.[108] 흉작과 풍작이 쌀값을 결정하던 이전과는 달리, 이 시기에는 '한강변의 쌀 장수들'이 새로운 변인으로 등장해 땅값 상승에 큰 영향을 끼치기 시작했습니다.

거부들의 유통시장에 대한 공격적인 투자는 단순히 '쌀'에 그치지 않았습니다. 조선 조정은 초기에는 공납(公納)을 통해 특산품과 필요한 물품을 조달했습니다. 그런데 이 제도의 폐해가 극심해지자, 특산품이나 물품 대신 쌀을 받는 대동법(大同法)을 도입했습니다. 하지만 식재료부터 종이나 붓에 이르기까지 다양한 물품이 필요한 건 여전했죠. 그래서 조정은 유통업자와 독점적 공급 계약을 맺습니다. 조정에서 필요한 종이를 수급하기 위해 업자 김 씨에게 돈을 지불하고, 김 씨는 자신의 유통망을 이용해 종이를 구해 조정에 납품하는 방식입니다. 이렇게 왕실과 조정에 독점적으로 물건을 납품할 수 있는 권리를 공인권(貢人權)이라 합니다. 오늘날 거대한 정부 청사에 매점이 딱 하나밖에 없다고 상상해보세요. 그 이익이 막대하겠죠? 그래서 공인권은 매우 높은 가격에 거래되었고, 설사 돈이 있다 해도 '빽'이 없으면 얻기 힘든 슈퍼 패스였습니다.

유통시장에서의 이익 창출에 눈뜬 부자들은 공인권에 눈독을 들이기 시작합니다. 「규장각 고문서 소유재산목록」에는 이름을 알 수 없는 사람의 총재산이 담겨 있습니다.[109] 편의상 그를 김 씨라고 하죠. 우리는 김 씨의 신분도 본관도 알 수 없지만, 적어도 그의 재산이 상당했다는 것만은 알 수 있습니다. 1762~1786년 사이 김 씨가 축적한 총재산은 32,397냥에 달합니다. 김 씨는 이 시기 호조를 비롯한 각종 관청의 독점적 납품권을 사들입니다. 각각의 공인권은 결코 저렴하지 않았습니다. 일례로 상의원(尙衣院, 왕실의 의상을 만드는 스타일리스트 기관)에 털옷을 납품하는 권리가 삼천 냥이었습니다. 그런데 흥미로운 건, 막대한 그의 자산 중 92퍼센트가 독점적 납품권이었고, 부동산은 칠 퍼센트 정도밖에 되지 않았다는 사실입니다.[110]

그런데 23년 뒤인 1809년, 그의 재산은 84,634냥으로 '뻥튀기'됩니다. 무려 2.6배 돈 복사에 성공한 거죠. 텔레비전에 나오는 투자 전문가도 이루기 힘든 수익률을 23년 장기 투자로 이뤄냈습니다. 이렇게 쌓은 수익을 지키기 위해 그는 새로운 결단을 합니다. 공격적으로 부동산에 투자하기 시작한 것입니다. 막대한 자산 중 독점적 납품권의 비율은 71퍼센트로 감소하고, 부동산의 비율은 29퍼센트로 증가합니다. 특히 자녀에게 물려주는 재산은 거의 부동산이었죠.[111]

김 씨는 왜 이런 선택을 했을까요? 그건 기본적으로 한반도에 만연한 '부동산 불패 왕국의 신화' 때문입니다. 대한민국에서 투자로 벌어들인 소득의 대부분은 '안전 자산'인 부동산으로 전환됩니다. 조선의 워런 버핏도 그랬습니다. 그는 유통시장에 공격적이고 독점적으로 투자하면서 큰돈을 벌었고, 그렇게 얻은 수익을 부동산에 투자하면서 재산을 불렸습니다. 1791년(정조 15년) 시장 상인들의 독점적 권리를 규제하는 신해통공(辛亥通共) 조치가 시작되며 유통시장에도 크고 작은 리스크가 생겼을 테니, 근거 있는 선택이었다 볼 수 있겠습니다.

이렇듯 1830~1860년 사이에 땅값이 폭등한 원인 중 하나는 부자들이 자산을 안전하게 관리하기 위해 대규모 투자를 감행했기 때문입니다.[112] 투자로 얻은 수익을 부동산에 묻어둬야겠다는 건 누구나 할 법한 생각입니다. 누구든 코인이나 로또로 대박 나면 바로 건물부터 사겠다고 다짐하죠. 한 치 앞도 모르는 인생에 대비할 수 있는 가장 안정적인 자산이 부동산이기 때문입니다.

그러나 숫자에 지나지 않는 돈에도 역사가 있습니다. 우리는 김 씨의 성공 신화를 찬양해야 할까요? 그의 재산은 독과점으로 형성되었고, 당연히 그 뒤에는 김 씨로 인해 피해를 입은 사람들이 많았을 것입니다. 그러한 불공정은 교정되기는커녕 오히려 부동산으로 굳어져버렸죠.

물론 모든 축재가 부정한 것은 아닙니다. 그렇지만 부정한 축재로 쌓은 부동산 자산에 아무런 제재도 가하지 않는다면, 더 많은 사람이 김 씨와 같은 길을 걸어갈 것입니다. 만약 그것도 '능력'이라고 한다면, 극소수의 사람들만이 누릴 수 있는 독과점의 혜택을 얻기 위해 우리는 얼마나 피 터지는 경쟁을 해야 할까요? 최소한의 살 권리를 지키기 위한 허들은 점점 더 높아질 것이고, 결국 미래에는 사람은 없고 지나치게 과열된 경쟁만이 남을 것입니다.

불안정한 미래를 걱정하는 것은 인지상정이기에, 부동산에 축재하여 미래를 대비하겠다는 것을 막을 수는 없습니다. 하지만 그 축재가 공동체의 안위를 위협하는 정도라면, 우리와 미래 세대를 위해서라도 교정되어야 합니다. 정부가 끊임없이 시장의 실패를 관찰하고, 부동산으로 얻은 이익을 재분배하는 데 힘써야 하는 까닭이 여기에 있습니다.

공인권(貢人權), 나라에서 허락한 유일한 납품권

〈도판 8〉 한종효공인문기(韓宗孝貢人文記) (ⓒ서울대학교 규장각한국학연구원)

『허생전(許生傳)』에는 매점매석으로 떼돈을 버는 이야기가 나옵니다. 조선에
서는 이런 모습을 흔하게 찾아볼 수 있었습니다. 시장이 자유롭게 경쟁하고 성
장하도록 제도적으로 뒷받침되지 않았기 때문에 많은 물품이 독과점으로 공급
되었거든요. 공인권이 대표적입니다. 왕실에서 필요한 물품을 독점적으로 납품
할 수 있는 권리는 상인에게 두 가지 큰 기회를 제공했습니다. 물품 생산지에서
가격을 '후려쳐서' 사 올 수 있었고, 또 물품을 공급하는 왕실과 정부에 가격을
'올려쳐서' 팔 수 있었죠. 조정에서 공인에게 제공한 세 가지 특혜(독점 공급·후
한 가격으로 구매·금융 지원)만 보더라도, 조금이라도 계산기를 두드릴 수 있는
사람은 공인권을 탐냈습니다.

〈도판 8〉은 1754년(영조 30년)부터 1777년(정조 원년)까지 총 네 차례 거래
된 공인권 문서입니다. 이 문서에서 거래되는 권리는 내의원(內醫院)에 우황(牛
黃, 한약재)을 독점적으로 공급할 수 있는 권리입니다. 당시로서도 매우 비싼
가격인 백사십 냥에 거래되다가, 1775년에는 이백 냥으로 뛰었습니다. 우황
공급권이 이 정도인데 종이나 음식에 대한 독점 공급권은 얼마나 비쌌을까요?
19세기 중반까지 공인권 가격은 천정부지로 치솟았습니다만, 그 이익은 독점
에 의해 자신도 모르게 손해를 입었던 수많은 백성의 피와 땀, 그리고 조정의
재정 악화로 빚어진 것이었습니다.[113]

19세기, '서울 불패' 신화가 시작되다

한국에서 서울을 빼놓고 땅값이나 집값을 논할 수는 없습니다. 대한민국이 '관습 헌법'에 의해 규정된 '서울 공화국'이라면, 조선 또한 '한성 왕국'이라 할 수 있었죠. 과연 조선 시대 서울 땅값의 역사는 어땠을까요?

앞서 〈표 8〉에서 우리는 18세기 땅값이 등락을 반복하며 평균값이 완만하게 상승하는 것을 보았습니다. 실제 서울 땅 거래문서에서도 그러한 현상이 나타납니다. 한성 두모포, 즉 지금의 성동구 옥수동 인근의 토지거래문서를 통해 살펴보겠습니다.

두모포 일대는 논밭보다 야채나 목화 등 특수작물을 기르는 곳이 많았습니다. 이 지역은 과거 한명회가 대농장을 만들었던 곳이기도 하죠. 그 영향인지, 18세기 두모포 일대의 땅 거래를 주도하는 사람들도 중견급 관료가 많았습니다.

가령 조 교리(校理, 지금의 대통령 연설비서관 업무 등을 하던 직책) 댁은 1755~1756년(영조 31~32년) 사이 많은 토지를 사들입니다.[114] 그중 1755년에 55냥을 주고 산 땅이 있습니다. 〈도판 9〉는 그 땅의 거래문서입니다. 이 땅은 1707년(숙종 33년)에는 구십 냥으로 거래되었으나, 조 교리 댁이 구매할 때는 거의 반값으로 떨어져 있었지요. 가격이 등락을 반복하던 18세기 전반 부동산 시장의 모습을 잘 드러내는 사례입니다.

한편 앞서 〈표 8〉에서 우리는 1860년대 이후로 집값이 유례없이 폭발적으로 '떡상'하는 현상을 발견할 수 있었습니다. 특히 그 어느 지역

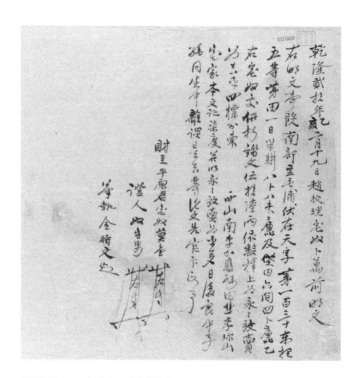

〈도판 9〉 조 교리 댁의 토지매매문기(平原君宅奴莫金土地賣買文記)
(ⓒ서울대학교 규장각한국학연구원)

보다도 서울의 땅값 상승이 압도적이었는데요, 당시 경기도 광주, 지금의 하남시와 서울시 송파구 일대의 토지거래문서를 통해 살펴보도록 하겠습니다.[115]

1831년(순조 31년), 박 생원 댁의 노비 한금은 김성록(金聖祿)이라는 사람으로부터 구백 냥을 지불하고 논을 사들입니다. 그런데 약 육십 년 후인 1890년, 한금은 이를 장심여(張甚女)라는 사람에게 삼천 냥을 받고 팝니다. 무려 세 배가 넘는 잭팟을 터뜨린 거죠. 물론 그 돈은 노비 한금이 아니라 박 생원이 다 가졌을 테지만요.[116]

그런데 이 땅을 사 간 장심여라는 사람이 흥미롭습니다. 이 사람은 1868년, 1880년, 1890년 세 차례에 걸쳐서 하남 지역의 땅을 큰돈 주고 싹쓸이합니다. 하지만 1897년 조선에 디플레이션이 불어닥치며 땅값이 폭락하자, 노비 한금에게 삼천 냥 주고 산 땅을 2천 2백 냥에 팝니다. 그나마도 원래 2천 6백 냥에 팔려다가 흥정에 실패해 2천 2백 냥에 내놓게 되었죠. 장심여라는 사람의 정체를 알 수 없지만, 이 사람은 땅값이 폭등하던 시기에 하남시 일대에 투자를 시작해, 땅값이 최고점이던 시기에 가장 스케일 큰 투자를 결행했고, 얼마 지나지 않아 땅값 폭락으로 큰 손해를 보고 말았습니다. 장심여에게 1897년 그 겨울의 한강 바람은 정말 추웠을 겁니다.[117]

다른 사례도 있습니다. 1834년(순조 34년), 이원회(李元會)는 조막춘(趙漠春)에게 75냥 주고 밭을 삽니다. 이 밭은 1855년 같은 값에 다른 사람에게 팔리는데, 1860년에는 다섯 냥이 떨어진 칠십 냥에 거래됩니다. 그런데 이 땅에 딸린 밭 일부가 1894년 2천 4백냥에 거래됩니다.[118] 34년 전에 75냥이었던 땅의 가치가 약 오십 배 이상 폭등한 겁니다. 마치 삼십 년 전 강남과 지금의 강남처럼요. 그러니까 이원회는 '떡상'하기 바로 직전에 땅을 판매한 셈입니다. 이밖에도 19세기 후반에 땅값이 폭등하는 사례들을 찾아볼 수 있습니다.[119]

한편 자주 등장하는 이름들이 있습니다. 장심여, 이문회, 석경석, 병마절도사 댁 노비 백중, 윤 장군 댁 노비 분이 등은 수십 년간 여러 차례에 걸쳐 땅을 사고팔았습니다. 이 과정에서 한 사람이 열 배 이상의 시세 차익을 거두는 일도 있었죠. 조선 초기부터 시세 차익을 노리고

땅을 사고파는 일은 늘 있었으나, 이렇게나 압도적인 이익을 내는 시대
는 19세기 말이 처음이자 마지막이었습니다.

집값이 상승한 원인은 무엇이었을까요? 바로 우리가 한 번쯤은 들
어봤을 '당백전(當百錢)' 발행입니다. 1866년(고종 3년), 흥선대원군은 경
복궁 중건에 막대한 예산을 투입합니다. 좌의정 김병학(金炳學, 1821년
~1879년)은 빈털터리가 되어가는 나라 재정을 두고 고민하다가 당백전
발행을 조심스레 건의합니다.[120] 인플레이션이나 위조 화폐에 대한 우려
가 없었던 것은 아니었는지, 흥선대원군은 조정의 대소신료 오십 명에
게 의견을 구합니다. 하지만 그렇게 모인 의견은 하나같이 무책임했습
니다.

"저는 화폐 정책은 잘 모르니 여러 사람의 의견을 구해 결정하소
서."
"옛날 중국에서도 종종 당백전을 임시 발행했습니다. 필요하다면 써
야 할 것입니다."[121]

당백전 통용이 시장에 어떤 영향을 끼칠지 예측할 수 있는 사람이
단 한 명도 없었고, 다만 아주 옛날 기록에서 도입의 근거를 찾을 뿐이
었죠.

결과는 끔찍했습니다. 물가와 땅값은 조선 역사상 그 어느 때보
다 폭발적으로 치솟습니다. 그런데 조정은 여기서 그치지 않았습니다.
1883년(고종 20년) 명목 가치의 다섯 배였던 당오전(當五錢)을 발행하고

1892년(고종 29년)에 백동화(白銅貨)를 도입하는 등 통화정책 무리수를 반세기 동안이나 이어나갔습니다. 종국에는 망국이라는 최악의 대가를 치르고 말았죠.

조정이 계속해서 무리수를 뒀던 가장 큰 이유는 재정 압박입니다. 만성적인 재정 문제를 해결하기 위해선 수백 년간 누적된 토지 불균형을 바로잡아야 했지만, 정권을 잡았던 그 누구도 이를 공정하게 해소하려 하지 않았습니다. 누군가가 부정하게 재산을 쌓았다고 고발당하더라도, 그 재산은 다른 귀족에게 돌아갔을 뿐이죠. 이전 시대에서도 늘 그래왔던 것처럼요.

그러니까 당백전은 단순한 생각으로 던진 무리수가 아니라, 서울의 관료, 관료와 이어진 거부(巨富), 거부와 이어진 수많은 상인, 그들과 서로 얽히고설킨 지방의 관료들 등이 기존에 누려온 특권적인 정치·경제적 권력을 인정하면서 재정 압박도 해결할 수 있는 묘수였습니다. 하지만 모든 일이 생각대로 술술 풀리기만 하는 건 아니죠. 마치 누구나 코인으로 떼부자가 될 수 있을 것 같지만, 실상 절대다수는 밑천만 까먹고 있는 것처럼요.

실제로 관료는 서울 부동산 시장을 움직이는 무거운 한 축이었습니다. 예컨대 19세기 두모포의 목화밭과 채소밭을 잔뜩 사들인 한 장군 댁은 1833년(순조 33년) 5일경(약 사만여 평)에 달하는 땅을 매각하는데,[122] 이때 팔았던 토지 여섯 개는 이삼 년 전에 사들인 땅입니다. 아쉽게도 판매 가격은 거래문서에 남아 있지 않지만, 거래 사유는 적혀 있습니다. 바로 '이윤을 내기 위해'였지요.

조선 시대에 자주 쓰였던 재미있는 투자 방식이 있습니다. 이른바 환퇴(還退)인데요, 환퇴란, 땅을 팔더라도 일정 기간 내에 같은 금액으로 되살 수 있는 계약 형태를 이릅니다. 원래는 적은 땅을 가진 농민이 생활고로 잠깐 땅을 팔더라도 나중에 농사가 회복되었을 때 되찾을 수 있도록 법적으로 보장하기 위한 제도였습니다. 그런데 조선 사람들이 환퇴 제도를 자주 이용하면서, '매매계약+재매매계약(환퇴)+임대차계약(소작)'이라는 복잡한 형태의 소유권 구조가 자주 형성됐습니다.

한 장군 댁은 땅을 팔 때 '차후의 환퇴를 서로 약속한다'는 특약을 걸었습니다. 매우 넓은 토지를 소유한 사람이었는데도 굳이 환퇴 조항을 걸고 땅을 팔았던 이유는 간단합니다. 더 좋은 땅을 사기 위해 투자금을 마련하려는 의도였죠. 그러니까 한 장군의 환퇴 매매는 땅을 정말 팔고자 하는 것이 아니라, 땅을 담보로 융자금을 마련해 더 좋은 부동산에 투자하기 위함이었습니다. 그래서 그는 땅값 변동에 기민하게 반응했고, 시세 차익을 내기 위해 활발하게 거래했습니다.

이처럼 18~19세기 서울 사람들은 부동산 투자뿐만 아니라, 유통권이나 '환치기' 등 다양한 영역에서 부의 증대를 꿈꾸던 '코인러'였습니다. 이미 부동산 투자에 통달한 '투자의 신'에서부터 이제 갓 투자의 맛을 보던 '주식 초보'까지 성별과 신분을 막론하고 투자의 세계에 뛰어들었고, 직업이 일정치 않은 사람들은 사실상 'N잡러'가 되어 각종 중개 시장을 주름잡았죠. 화폐와 실물경제가 발달하면서 이전 시대와는 확연히 달라진 서울 사람들은 이미 이백여 년 전부터 '강남 불패 신화'를 만들어가고 있었던 것입니다.

한편 서울의 땅값이 폭등하면서 서울에서 밀려나는 사람들도 생겼습니다. 과거 노론 명문가의 후손으로 서울에서 떵떵거리며 살았던 조병덕(趙秉悳, 1800~1870) 집안은 서울의 치솟는 물가와 땅값을 감당하지 못해 1832년(순조 32년) 서울 생활을 접고 충남 보령으로 낙향합니다. 조병덕의 편지는 그의 속사정을 드러내고 있습니다.

장인어른께
저와 가족들의 낙향을 만류하시는 마음은 잘 이해하고 있습니다만, 저희의 지금 형편으로 서울에서 함께 사는 건 불가능합니다. 아내와 식구들을 데려오기 위해 노비와 노잣돈을 보내니, 부디 만류하지 마시고 편히 보내주시기를 진심으로 부탁드립니다.
1832년 9월 23일 조병덕 올림[123]

한때 조병덕 가문은 서울에서 제일 잘나가던 가문 중 하나였습니다. 조병덕의 아버지 조최순 대(1788년 무렵)에는 가족 구성원이 거의 백 명에 이르는 부자 집안이었죠.[124] 그러나 이후 자손들이 관직 진출에 실패하고 서울의 변화에 제대로 대응하지 못하면서 순식간에 '몰락 양반'이 되었습니다.

이번에 흥록이에게 밭 서너 마지기를 팔아 오라고 한 지가 벌써 수십 일인데, 지금까지 당최 사겠다고 나서는 사람이 단 한 명도 없구나. 원래 그 동네는 밭이 적어서, 누가 땅을 내놓으면 잽싸게 사 갔거든. 그런데 지금은 다들 눈치만 보고 있네. 아마도 세갑이나 업동이 같은 놈들이 돈 있는 티를 내지 않으려고 엄살 부리는 것 같아. 양반들이 돈 빌려달라고 할까 봐 겁이 나겠지.

하지만 모두 땅을 사지 않아 내 땅도 안 팔리니 답답하네. 어쩔 수 없이 소라도 팔려는데, 하필 소 값도 개 값이라 생활비를 충당하기에는 턱없이 부족해. 이 일을 어쩌면 좋니?[125]

고갯짓으로 노비를 부리던 시절의 위세는 이제 돈 앞에 추풍낙엽이 되었습니다. 조병덕 가문은 직접 호미를 쥐어야 했을 뿐 아니라, 사회적 주도권을 완전히 상실했죠. 편지에서 말하는 세갑, 업동은 뛰어난 재테크로 부를 이룬 하위 계급 사람들입니다. 그들이 조병덕의 땅을 사지 않은 까닭은 가격을 떨구기 위함이었습니다. 그들이 땅을 사주지 않으면 '쫄리는' 쪽은 목구멍이 포도청인 사람들이었으니까요. 이제 세갑이나 업동이 같은 자들이 주도하는 새로운 부동산 시장 질서에 대응하지 못하면, 지체 높았던 양반 가문일지라도 속수무책이었습니다.

사실 앞서 보았던 19세기 후반의 집값 폭등기에 땅을 팔아 열 배 이상의 시세 차익을 거뒀다 해도 막상 편히 웃지 못했을 수도 있습니다. 물가도 폭등했기 때문에 액수로는 이익이라도 실제로는 손해였을 여지가 충분하죠. 특히 조병덕의 사례에서 봤던 것처럼 이제 부동산을 손에 넣으려면 '신분'이 아니라 '부'가 필요했습니다. 즉 신분이 아니라 재산이 현실적 권력을 결정하는 핵심 요소로 자리 잡은 것입니다. 하지만 '어제까지는 평범한 노비였던 내가 오늘 갑자기 만석꾼이 되는' 드라마틱한 부의 재분배는 일어나지 않았습니다. 새로운 계산법에 따른 새로운 예속 관계와 불평등이 만들어졌을 뿐이죠. 땅을 가지려는 자와 땅을 지키려는 자의 숨 막히는 눈치 싸움은 조선 초기나 후기나 다르지 않았습니다. 다음 장에서는 그 치열한 생존 투쟁기를 풀어보겠습니다.

조선의 레버리지형 투자, 환퇴 매매

'도로 물린다'는 뜻의 환퇴는 처음에는 힘없는 백성을 위해 만든 법적 보호장치였습니다. 농사꾼이 농지를 팔아버리면 유랑민으로 살아갈 수밖에 없습니다. 그래서 생계난으로 토지를 팔더라도 십 년 이내에 원래 가격으로 다시 살 수 있게 하는 규정이 1539년(중종 34년)에 만들어집니다. 주택도 환퇴 대상에 포함되었죠.

그런데 얼마 못 가 환퇴에 대한 온갖 단서 조항이 만들어지는데요. '구매자가 집을 수리하거나 토지를 잘 관리했는데 슬그머니 환퇴 소장을 제출하고 법을 이용해 환퇴를 받아내는 건 백 일 이내에 신청하였다 해도 매우 옳지 못하다 (『사송유취(詞訟類聚)』『백헌총요(百憲摠要)』).' '토지나 주택을 판매하였다가 가격이 두 배로 뛰어오른 뒤에 환퇴를 신청하여 이익을 도모하는 자는 원래 가격이 아닌 현재 가격을 지불해야만 돌려주도록 한다(『전율통보(典律通補)』).'와 같은 조문이죠. 생계난으로 인해 어쩔 수 없이 토지를 판 사람도 있었지만, 그 와중에 욕심에 눈이 멀어 법을 악용하는 사람이 있었던 것 같습니다.

4장. 다시금 떠오르는 토지 개혁의 깃발

부동산 왕국의 민낯: 평생 몸부림만 치는 삶

16세기, 점차 양반에게 예속되어가던 다양한 계급의 농민들은 나름대로 대응 방법을 찾아나갔습니다. 어떤 면에서 부동산은 '치열한 계급투쟁의 전장(戰場)'이라고도 할 수 있을 것 같습니다. 땅에 살고 땅에 웃던 그들의 생존기는 때로는 목숨을 건 도전이었으니까요.

혹자는 부동산 소득은 '불로소득'이 아니라고 합니다. 좋은 부동산을 소유하기 위해서는 각고의 노력과 냉철한 판단이 필요하고, 소유한 후에도 24시간 끊임없이 관리해야 한다면서요. 사실 여부는 차치하더라도, 적어도 부동산 대부분이 농장이었던 양반 지주들이 환영할 만한 말이라는 것은 분명해 보입니다. 양반은 자신이 속한 시대와 사회적 환경에 따라 최적의 경영 방법을 찾기 위해 노력했고, 농민 또한 양반이 주도하는 변화 속에서 최적의 대응 방법을 찾기 위해 노력했습니다.

다시 16세기 이전으로 되돌아가보죠. 이때는 아직 미개간지가 많아 새로운 땅을 늘릴 기회가 많았고, 삼 년 이상 농사짓지 않은 땅은 다시 경작하는 사람이 소유할 수 있었던 시대입니다. 당시 양반들은 노비를 거느리고 직접 농장을 일구며 땅을 불려나갔습니다. 이러한 형태를 가작(家作)이라고 하는데요, 오늘날 본사에서 직접 직원을 고용하여 운영하는 직영점에 비유할 수 있습니다. 노동력을 전적으로 노비에 의존했기에, 노비종모법을 이용해 평민 남성과 노비 여성의 혼인을 적극 장려하며 그 자녀들을 자신의 노비로 삼았습니다.

그런데 멀리 있는 농장이나 소유권이 애매한 땅은 직접 농사짓기가 어려웠습니다. 그래서 양반은 노비들과 작개(作介)와 사경(私耕)이라는 계약을 맺습니다. 작개는 노비들이 양반의 토지에서 농사짓고 일정한 수익을 납부하는 형태의 계약입니다. 작개에 대한 대가로 노비에게 제공하여 생계를 보장하는 땅을 사경지라 합니다. 더 간단히 말하면, '작개=노비의 의무' '사경=의무 이행에 따른 인센티브'라고 할 수 있습니다. 양반과 노비가 맺은 계약을 자세히 알아보기 위해 1554년(명종 9년) 안사신 가문의 작개·사경 규모를 살펴보겠습니다.[126]

안사신 가문은 306두락(약 육만 평)에 이르는 농지를 작개와 사경으로 나누어 노비들에게 지급합니다. 그런데 작개(155.5두락)와 사경(150.8두락)의 규모가 엇비슷합니다. 아마 의무와 비슷한 규모의 인센티브를 제공하려 했던 듯합니다.[127] 작개·사경의 계약 관계를 현대 프랜차이즈 사업에 비유하면 이러한 형태일 것 같습니다. 본사가 먼 지역의 가맹점주에게 직영점과 가맹점을 함께 운영하게 한 뒤, 직영점 수익은 본사로 보내고 가맹점 수익은 점주가 갖도록 한 거죠.

〈표 9〉 안사신 가문의 작개·사경 규모 (단위: 두락)[128]

		귀산	복개	눌질금	오시	사월	막지	주거미	광이	억손	억지	합계
성별		남성	여성	남성	남성	여성	여성	여성	남성	남성	여성	
작개	논	7	11	20	20	10		20	20	20		128
	밭	5.5					22					27.5
	합계	12.5	11	20	20	10	22	20	20	20		155.5
사경	논	5.7	4	6	9	9	6	5		5	5	54.7
	밭	3.4	4.4	18.3	18.1	18.3	18.3	5.5	3.3	6.5		96.1
	합계	9.1	8.4	24.3	27.1	27.3	24.3	10.5	3.3	11.5	5	150.8
합계		21.6	19.4	44.3	47.1	37.3	46.3	30.5	23.3	31.5	5	306.3

그런데 여기 트릭이 있습니다. 알짜배기 논은 주로 작개로, 그보다 생산량이 떨어지는 밭은 사경으로 준 것입니다. 작개가 생산물의 거의 전량을 받아 가는 형태였음을 고려하면, 노비는 주인 땅과 자기 땅을 각각 비슷한 규모로 농사지으면서도 한참 적은 수입을 가져간 셈이죠.

그런데 노비마다 작개와 사경으로 받은 땅의 규모가 조금씩 다릅니다. 이는 환경 차이도 있지만, 노비의 가족 구성원 수의 차이에 기인한 것입니다. 노동력을 제공할 수 있는 가족이 많을수록 더 양질이거나 큰 토지를 작개로 주고, 인센티브인 사경지도 걸맞게 제공했습니다.

작개와 사경으로 지급하는 토지는 직접 관리하기 어려울 만큼 멀리 있거나 소유권을 확실하게 굳히지 못한 땅이었습니다. 즉 관리하기

까다로운 토지였죠. 관리하기 어려웠다니, 무슨 말일까요? 양반이 직접
농사를 감독하는 가작 현장을 살펴보면 알 수 있습니다.

> 일꾼 여덟 명을 고용해 노비들과 함께 밭의 잡초를 뽑도록 했다. 밥
> 을 먹고 덕노와 함께 노비들이 김매는 곳을 찾아갔다. 노비들은 오
> 전에 벌써 김매기를 마쳤고, 남은 곳은 얼마 되지 않았다. 그런데 이
> 망할 놈들이 모두 냇가 나무 그늘 아래에 퍼질러 자고 있는 것이 아
> 닌가! 이 괘씸한 놈들이 분명 "풀이 너무 무성해서 시간이 오래 걸
> 릴 것 같습니다."라고 하여 일꾼까지 고용해줬다. 그런데 내가 직접
> 올 줄은 모르고 게을러 빠져 있다가 이번에 딱 걸렸다. 어제까지 다
> 끝낼 수 있었음에도 농땡이를 피워온 것이다. 화가 머리끝까지 치솟
> 아 곧바로 두 여종의 머리채를 잡아 채찍으로 정강이를 사십여 대
> 씩 때렸다. 일꾼 29명을 투입했고 먹인 식량이 7두(약 126킬로그램)인
> 데, 맨날 우리 집이 가난하여 먹을 것이 없다고 불평하면서 일은 안
> 하고 놀 생각만 하니 열이 뻗치고 미워 죽겠다.[129]

> － 1598년 7월 13일 『쇄미록(瑣尾錄)』

임진왜란 직후 농토 복구에 주력하던 오희문(吳希文, 1539~1613)의
일기입니다. 오희문은 일꾼 여덟 명을 고용해 잡초 제거를 맡깁니다. 이
밭은 원래 오희문 가의 노비들이 잡초를 뽑던 곳인데, 노비들은 그동안
잡초가 너무 많다는 핑계로 일을 차일피일 미루고 있었죠. 그러다가 오
희문에게 딱 걸려 매를 맞게 됩니다.

양반이 주도하는 가작 운영은 여차하면 아무도 호미를 들지 않는 '조별과제'가 되어버렸습니다. 아무리 땀 흘려봐야 성과를 얻지 못하는데, 열심히 일할 동기를 찾기 힘들죠. F 학점을 각오하고 조별과제에서 잠수 타는 학생을 말릴 수 없듯, 매 맞을 작정으로 농땡이 피우는 노비를 막는 것도 한계가 있습니다. 오희문은 노비들이 불평만 많고 일은 안 한다고 하지만, 사실 노비들이 열심히 일할 동기가 부족했다고 해야 적절하죠. 매 맞은 노비들의 심정을 알 수 없어 안타까울 따름입니다.

어쨌든 양반이 직접 관리하는 토지도 이럴진대, 멀리 있는 토지는 더했겠죠. 그래서 토지를 노비와 묶어 명확한 프로젝트를 부과한 뒤 그에 따른 인센티브를 제공하는 시스템이 바로 작개와 사경이었습니다.

양반은 자신이 가진 토지를 정확히 절반씩 상납용과 노비 생계 보장용으로 나눴으니 작개는 평등한 계약이며 자신은 충분히 '아량'을 베풀었다고 생각했을 겁니다. 하지만 똑같은 프랜차이즈 점포라도 상권에 따라 순수익이 크게 차이 나는데, 직영점과 가맹점 모두를 운영하면서 노른자위 직영점 수익은 하나도 갖지 못한다면, 동기부여가 잘되지 않겠죠? 영업이익을 대박 내도 월급은 그대로인 직장인의 마음처럼요. 그러니까 작개는 사실 생산물의 가치에서부터 현저히 차이 나는 '기울어진 운동장'이었던 셈이죠.

그래서 가작에 저항한 노비는 작개에 대해서도 저항합니다. 가족 전체가 작개지에서 나오는 수확량을 일부러 낮추거나, 심지어는 작개 수익을 낮게 보고하고 차액을 횡령하기도 했죠. 아예 탈주하고 잠수 타는 조원처럼 도망 노비가 되는 일도 부지기수였습니다.

양반과 노비가 가작 또는 작개라는 계약을 맺었다면, 양반 지주와 가난한 농민은 생산량을 '반띵'하는 병작제라는 계약을 맺었습니다. 앞에서 보셨듯, 조선 초기의 주된 토지 개혁 대상은 사전(私田), 즉 사적 토지였습니다. 사적 토지는 불로소득뿐 아니라, 이들이 소작농들에게 멋대로 과한 소작료를 부담시킨다는 점에서도 문제가 있었죠. 그런데 병작제는 사실 사전을 소작 줄 때보다도 폐해가 크다는 지적이 초기부터 나왔습니다.

"지역의 유력자들이 토지를 독점하면서 땅을 잃고 떠도는 자들을 불러 모아 병작 계약을 맺는데, 그 폐해가 사전보다 심합니다. 예컨대 사전에서는 1결당 쌀 2석을 거두는데, 병작 계약에서는 최대 10여 석까지 거둬 갑니다. 따라서 자경 능력이 없는 사람이 아니면 병작 계약을 맺을 수 없도록 엄히 금해야 합니다."

– 1406년(태종 6년) 11월 23일 『태종실록』

사전이 병작제보다 나을 수도 있다고 말하는 것은, 좋은 지주를 만나면 꽤 괜찮은 조건으로 농사를 지을 수 있었기 때문입니다. 그런데 병작제는 모든 소작인이 공평하게 불리했습니다. 이러니저러니 해도 '반띵'이니까요. 당연히 농사짓는 사람들이 가장 기피하는 형태였지만, 그럼에도 병작제가 관행으로 자리 잡습니다. 모두가 기피하는 형태의 계약이 표준으로 자리 잡는다면, 그 계약을 선택할 수밖에 없게 한 사회적 압력이 있었다는 의미이기도 합니다. 사료에서는 지주와 병작 계약을 맺은 소작농을 일컬어 '궁민(窮民)', 즉 가난한 백성들이라고 칭합니다.[130] 조선 초기 '전 국민의 자영농화'를 꿈꾸며 사전 폐지와 토지 국유화를 실행한 것이 무색하게도, 입에 풀칠이라도 하기 위해 생산물을 오십 퍼센트나 떼 가는 계약에 동의할 수밖에 없었던 사람들이 생겨났다는 것입니다.

18세기에 이르면 극심히 불평등해 보이는 계약이 일반적이고 흔한 형태로 자리 잡습니다. 어떻게 이런 변화가 발생한 걸까요? 한국의 기업을 예로 들어보겠습니다. 기업은 성장을 위해 일감을 최대한 많이 따내는데, 직접 고용한 정직원만으로는 이 많은 일감을 다 처리할 수 없습니다. 그래서 특정 분야를 다루는 자회사를 설립하고, 협력업체를 통해 일감을 처리하죠. 노동시장의 구조상 정규직을 고용하는 것보다 협력업체와 계약을 맺는 편이 인건비를 더 절감할 수 있습니다. 따라서 우리는 협력업체를 통해 일감을 처리하는 것이 더 '효율적'이라고 생각합니다. 그러다 보면 어느새 대기업은 자회사와 협력업체를 타고 골목 깊은 곳까지 들어와 상권을 지배하게 되죠.

병작제로의 변화도 이와 비슷했습니다. 대지주는 노비를 최대한 많이 확보하여 직접 농장을 운영했고, 피치 못할 때만 병작 계약을 맺었습니다. 하지만 사적 토지 소유를 제한하려던 과전법이 무색해지면서 도리어 사유재산권이 강화되었고, 세금과 자연재해 등으로 자영농의 수는 급감합니다. 이러한 가운데 개간과 간척까지 땅을 늘릴 기회가 무수히 많이 찾아왔죠.

이제 지주는 고민합니다. 아무리 노비를 많이 둬도 직접 경영할 수 없을 만큼 땅이 많아졌거든요. 그래서 대안으로 땅이 없는 농민과의 협력 계약, 즉 병작을 선택하게 되었습니다. 어느새 병작은 '국룰'로 자리 잡습니다.

초기의 병작제는 그나마 나았습니다. 지주가 소작인에게 임대한 땅을 언제든지 회수할 수 있었지만, 땅을 회수하더라도 땅 위의 농작물에 대한 권리는 소작인에게 귀속됐습니다. 일종의 권리금이죠. 농사에 들어가는 종자나 세금까지도 똑같이 나누었습니다. 하지만 가난한 백성만 응하던 나쁜 계약이 표준으로 자리 잡자, 병작을 따내는 것도 경쟁이 치열해집니다. 원래도 갑이었던 지주의 권력이 '슈퍼갑'으로 진화합니다. 자연히 다양한 형태의 갑질이 펼쳐졌죠.

오늘날 건물주의 갑질은 느닷없는 임대료 인상 요구, 건물 수리비 등을 임차인에게 전가하는 행위 등으로 대표되는데요, 특히 직접 장사 하겠다면서 재계약을 거부한 뒤 권리금을 주지 않는 이른바 '권리금 약탈'이 자주 일어납니다. 이 과정에서 임차인과 갈등이 생기면 화장실이나 주차장 등을 못 쓰게 하고, 심하면 매장 앞에 다른 물건을 놔서 영업을 방해하기도 합니다. 임대차보호법의 허점을 이용해 소송에서 승소 하는 건물주도 적지 않죠.

조선에도 그와 같은 상황이 늘 연출되었습니다. 지주와 소작인의 관계를 알아보기 위해, 16세기 성주 지역의 슈퍼 셀럽이었던 이문건의 『묵재일기』 속 소작인과 관련된 기록을 유형별로 정리해보았습니다.

『묵재일기』 속에 나타난 소작인에 대한 지주의 권력은 마치 임금의 그것 같았습니다. 유형 A에서 보는 것처럼, 『묵재일기』에는 무수히 많

〈표 10〉『묵재일기』속 지주와 소작인 관계의 기록

유형 A	병작을 요청하는 소작인	1553년 3월 18일
		노장곡의 피손이가 민물 생선을 바치면서 소작할 땅을 내달라고 요청했다.
유형 B	종자 투자와 분배	1557년 9월 14일
		사을마마을의 밭을 병작하는 검동이 보리 종자를 받으러 왔다.
		1556년 5월 20일
		귀손이가 보리 타작을 감독한 후 다음과 같이 보고했다. "보리를 타작하여 나눈 것이 5섬이며, 그중 보리 종자는 30말입니다."
유형 C	타작 감독	1562년 5월 19일
		병작인이 타작을 완료한 보리 6섬을 실어 와 바쳤다. 타작 감독은 권예손이라고 한다.
유형 D	수리 시설 투자	1559년 3월 4일
		논 막는 데 쓸 가마니와 목재 등을 노장곡의 병작인들에게 보냈다.
		1554년 10월 30일
		인손이 "다정마을의 소작인들도 제방 공사를 추진해달라는 민원을 넣으려 하니, 어르신께서도 힘을 합쳐주십시오."라고 요청했다. 나는 그들이 민원 넣는 것을 허락했다.
유형 E	소작인 징계	1555년 11월 1일
		노장곡의 병작인 명손이 벼를 베고 숨겨서 나에게 바치지 않은 일을 판관에게 고하면서 매를 쳐달라고 요청했다. 판관은 매 열 대를 때린 후에 징계하겠다고 전했다.
		1555년 1월 22일
		판관에게 편지를 써서 노장곡의 병작인 조섬과 개똥이 등을 잡아들여 무단점유죄로 처벌해달라고 요청했다.
		1551년 3월 11일
		노장곡의 근금이가 "이전부터 경작해온 사람들은 소작 증명서를 갖고 있지 않습니다."라고 말했다. 판관에게 요청해 모두 잡아들이게 했다.

		1556년 1월 8일
유형 F	소작인을 바꾸는 지주	노장곡의 명근이란 자가 둔전(屯田, 나라에서 재정 확충을 위해 조성한 토지)의 논을 경작하고 싶다고 청하기에, 우억손과 개똥이가 농사짓던 곳을 내주면서 증명서를 써주었다.
		1556년 1월 13일
		노장곡의 축지가 논을 병작하고 싶다기에, 장명은이 농사짓던 곳을 내주면서 증명서를 써주었다.

은 소작인이 이문건에게 소작을 달라며 뇌물을 바치는 장면이 나옵니다. 이미 계약 이전 단계부터 갑과 을이 나뉜 셈이죠.

이렇게 시작된 갑을 관계는 씨를 뿌리는 순간부터 추수하는 순간까지 계속됐습니다. 유형 B의 기술은 초기 병작제에서는 종자를 지주가 부담했다는 사실을 보여주는데요, 그조차 '부담'이 아니라 '투자'였음이 드러납니다. 이문건의 노비 귀손이가 보리 재배하는 소작인의 추수를 감독한 후 보리 종자를 따로 보고한 것은 이문건의 종자 투자 배당금을 계산한 것이었습니다.

한편 지주는 안정적으로 농사짓기 위해 수리 시설 투자에도 관심을 기울였습니다. 우리는 유형 D에서 실제 노동은 모두 소작인들이 맡되, 공사 허가를 따내고 물품을 지원하는 건 이문건의 역할이었음을 볼 수 있습니다. 그런데 그 물품들은 사실 모두 이문건이 인맥을 동원해 관아에서 무상으로 받아 온 것이었습니다. 그러니까 이문건은 한 푼도 들이지 않고 안정적으로 소작료를 받을 수 있는 환경을 만든 셈이죠. 이런 식의 투자는 개발업자와 정권이 결탁했던 한국 개발사(史)의 상식이자 성공 공식이었습니다. '엘시티 게이트'처럼 요즘에도 종종 터지는 흑역사이기도 하죠. 게다가 이문건은 지방관의 아량으로 나라의 토지인 둔전을 자신의 토지처럼 이용했습니다.

한편 유형 E와 F에서는 지주에게 '불성실한' 소작인을 마음대로 바꿀 수 있는 권리가 있었음이 드러납니다. 사료들이 쓰인 시기는 주로 겨울, 즉 추수가 끝난 농한기인데요. 소작인은 매년 근무 태도 평가에서 좋은 성적을 받아야 내년에도 소작을 이어갈 수 있었습니다. 마치 일 년 계약직처럼요. 이문건은 한술 더 떠서 공권력까지 이용합니다. 소작인에게서 법적으로 불리한 허점을 찾아내고 지방관에게 처벌을 맡김으로써, 소작인이 감히 저항하지 못하도록 하는 '꼼꼼한 일 처리'를 뽐냈죠.

물론 농민도 가만히 당하고만 있던 건 아닙니다. 권력을 가진 쪽이 그러지 못한 쪽을 과하게 찍어 누르면, 반드시 투쟁이 일어나기 마련이죠. 지주에게 예속된 양민이나 노비가 할 수 있는 대표적인 저항 방법은 '소작료 거부 투쟁'이었습니다. 다음의 편지 두 통을 보시죠.

백천에 사는 노비 기축이 놈아!

네놈이 막무가내로 내 땅에서 농사지으면서도, 임대료 넉 섬조차 한 번을 제대로 내지 않느냐! 이 천하에 나쁜 놈아. 너 그따위로 하다간 내가 가만히 안 둘 것이다.

작년에는 네놈이 임대료 두 섬을 배 째란 듯이 안 내서 내가 그 땅을 배 씨에게 빌려줬지. 네놈이 멀리 산다고 나를 만만히 보나 본데,

너 그러다 나중에 진짜 큰코다칠 것이다.

작년에 네가 횡령한 임대료에 올해 몫까지 여섯 섬, 똑바로 내라. 또한 번 그런 짓을 한다면, 나도 한두 번 참은 게 아닌지라 곧 본때를 보여줄 것이야!

1692년, 송규렴(宋奎濂)이 노비 기축이에게

며느리에게

내가 요즘 득뇌 놈을 엄청 재촉하고는 있는데, 이놈 자식이 목화 아홉 근 딸랑 낸 후에는 깜깜무소식이라 괘씸하지만, 올해 목화 작황이 영 시원치 않아서 제대로 받아내기는 그른 것 같다. 그래도 어떻게든 받아서 팔아볼 테니 그리 알렴.

백천 땅 임대료 받는 일은, 내가 아무리 재촉하고 겁줘도 영 시원치가 않네.

1708년, 송규렴(宋奎濂)이 며느리에게

– 은진 송 씨 송규렴 가 한글 편지 『선찰』

송규렴(宋奎濂, 1630~1709)은 전국 사람이 다 아는 당대의 '메가 인플루언서'면서 부와 권력을 모두 가진 명문가의 가장이었습니다. 그가 살던 때는 수확량을 '반띵하는' 병작제와 더불어 계약 당시 일정한 임대료를 정하여 받는 도조(賭租) 또한 성행했습니다. 송규렴은 기축이나 득뇌 같은 사람들과 도조 계약을 맺었으나, 그들은 좀처럼 계약을 성실히 이행하지 않았습니다. 병작제에서도 생산량을 적게 보고하여 소작료를 횡령하는 일이 잦았죠. 조선의 지주들은 매년 숱하게 벌어지는 '소작료 거부 투쟁'을 관리하느라 골머리를 썩었습니다.

여기서 생각해볼 문제가 있습니다. 첫 번째는, 이문건은 자신이 원하는 바대로 소작인을 통제했는데 왜 송규렴은 그러지 못했냐는 점입니다. 더욱이 이문건은 성주로 유배 간 '죄인'이었고, 송규렴은 당시 집권 여당이었던 서인을 이끄는 사람이었습니다. 권력은 오히려 송규렴이 더 컸죠. 두 번째는, '지주의 권력이 압도적인데도 불구하고 이러한 역전 현상이 벌어지는 까닭은 무엇인가?'입니다.

첫 번째 문제부터 살펴보죠. 이문건이 거리낌 없이 지방의 정치권력을 이용할 수 있었던 건, 그가 죄인이면서 자유인이었기 때문입니다. 이문건은 한때 잘나가는 관료였으나 을사사화 때문에 유배를 가게 되었고, 세간은 그를 정쟁에 희생되어 날개가 완전히 꺾여버렸다고 여겼습니다. 이문건 본인도 다시는 관료로 돌아갈 수 없음을 체감했을 테고, 그래서 더욱 재산을 불리는 데 열중했을 겁니다. 일종의 보상심리죠. 한마디로, 더는 잃을 게 없으면서 실력도 출중하고 인맥도 화려한 재야의 은둔 고수 같은 느낌이랄까요?

반면 송규렴이 살던 때는 자고 일어나면 집권 여당이 뒤바뀌는 환국(換局)과 치열한 정쟁으로 날이 서 있던 때입니다. 모두의 주목을 받는 송규렴이 자그마한 부정이라도 저지른다면, 그 파장은 그의 가족뿐 아니라 수많은 사람에게 미칠 것입니다. 인플루언서가 뒷광고를 받았을 때 심각한 사회적 이슈로 비화하는 것처럼, 주목받는 지위에 있는 사람일수록 더 높은 도덕적 잣대가 요구됩니다. 두 사람의 차이는 결국 '서 있는 자리'의 차이였던 것이죠.

더 큰 문제는 이문건 같은 이들이 지방에서 벌이는 일상적이고 조직적인 착취를 국가가 적극적으로 제지할 방법이 그다지 없었다는 점입니다. 위에서는 늘 '농민을 보호해야 한다'고 말하지만, 막상 지방 유력자들의 꼼수를 뿌리 뽑지는 못했습니다. 그 유력자기 권력을 가지면 곧 '위'가 되고, 위에서 탈락하면 '유력자'가 되었기 때문입니다.

두 번째로, 소작료 거부 투쟁은 지주의 위치를 다시금 생각해보게 합니다. 혹자는 지주와 소작인의 관계를 단순히 '착취와 수탈'이라는 프레임으로 설명하는 건 적절하지 않다고 말합니다. 마을 안에서 농민과 함께 살아가는 지주의 경우, 마을에서 영향력을 갖추기 위해 농민과 호혜적인 관계를 유지하려 노력했다는 평가도 있죠. 한 발 더 나아가, 때로는 소작인의 '을질'이 지주의 정당한 이익을 심각하게 훼손한다는 논의도 일어났습니다. 정약용(丁若鏞, 1762~1836) 또한 "백성을 사랑한다는 수령들은 강자를 억누르고 약자만을 우대한다. 그래서 귀족은 예우하지 않고 오로지 서민만 감싸고 드는데, 이는 풍속을 퇴폐하는 행위니 정말 옳지 못하다."라고 비판한 바 있습니다.[131]

실제로 이문건과 송규렴의 사례에는 소작인이 계약 의무를 성실히 이행하지 않은 지점이 있습니다. 명손, 득뇌, 기축이는 소작료나 임대료를 제대로 내지 않았고, 조섬과 개똥이는 지주가 방을 빼라고 했음에도 계속 무단으로 농사를 지었으며, 노장곡 사람들은 분명 농사를 짓고 있음에도 소작 계약 증명서, 즉 임차인 신고를 제대로 하지 않아 벌을 받았습니다. 성실히 의무를 이행하지 않는 소작인에게 배타적 소유권을 행사하는 건 갑질이 아니라 정당한 재산권 행사라고 볼 수도 있겠죠. 우리 사회에도 임대차보호법이 제정되고 '임차인의 을질 논란'이 일어난 바 있습니다. 또한 코로나19 팬데믹 당시 벌어졌던 '착한 임대인 운동' 때도 임차인이 건물주에게 '착한 임대료'를 요구한다는 논란이 있었죠.

　이러한 현상을 조선 농민의 관점에서 이해해볼까요? 조선은 자영농 중심 국가를 꿈꿨으나, 그 계획은 무너졌습니다. 자영농은 무거운 세금과 자연재해로 인한 물가 상승에 토지를 팔고 소작농 또는 노비가 되었습니다. 그들의 생활 수준에 대해 박문수(朴文秀, 1691~1756)는 이렇게 증언합니다.

> 논밭이 모두 사대부와 유력자의 소유입니다. 그래서 농사짓는 사람은 대부분 병작 계약을 맺는데, 아무리 농사지어도 10두락(약 이천 평)을 못 넘습니다. 이천 평 농사를 짓기 위해 세 차례 잡초를 제거하고 각각 한 차례씩 벼를 베고 타작하는 데 소요되는 노동력은 오십 명 정도입니다. 이들에 대한 인건비를 제외하면 생산물은 20석인데, 그마저도 절반은 지주에게 돌아가고 단지 10석만을 가집니다.
>
> － 1727년(영조 3년) 10월 22일 『비변사등록』

　지주와 계약으로 묶인 농민은 아무리 농사를 많이 지으려 해도 한계가 있었습니다. 동원할 수 있는 노동력도 부족하고, 소작 계약을 맺은 땅에 소홀해지면 계약을 파기당할 우려도 있었기 때문입니다. 이렇게 하여 남은 수익으로 그들은 의식주와 관혼상제비, 종자비, 세금 등을 모두 해결해야 했습니다.

그런데 10석이라는 소득이 많은 건지 적은 건지 감이 잘 안 옵니다. 박지원(朴趾源, 1737~1805)은 농민의 생계 수준을 조금 더 피부에 와닿게 설명합니다.

> 농부 한 사람이 파종 후 소출을 얻은 데서 재산세와 종자를 빼면 33석 정도가 남습니다. 이것으로 5인 가족이 일 년 동안 식량을 해결하고, 소금을 사야 하며, 여름옷과 겨울옷을 해 입고, 관혼상제 비용을 지출하고, 국방세도 납부해야 합니다. 그런데 이미 소득세로 10분의 1을 내고 소작료로 절반을 내니, 전체 수확량의 10분의 6을 잃어버리게 됩니다. 결국 곡식 33석이 한 톨도 안 남습니다. 그래서 농민들의 속담에는 '죽도록 농사지어도 소금값도 안 남는다'는 말이 있습니다.
>
> ―『과농소초(課農小抄)』「한민명전의(限民名田議)」

박지원의 증언은 조금 더 현실적입니다. 이것저것 떼고 나면 전체 수확량 중 사십 퍼센트만 남는데, 이걸로 생계를 꾸리면 금세 다 동난다고 하죠. 결국 부족한 비용은 다시 빚을 내거나 그나마 있던 토지를 팔아서 메우는 악순환이 연속됩니다.

여기서 끝이 아니었습니다. 농민들은 적은 소득을 어떻게든 불려보려고 더욱 열심히 일했습니다. 가진 땅이 적은 집에서는 생산성을 높이기 위해 어린아이부터 할아버지까지 온 가족이 호미와 곡괭이를 들고 논밭으로 나갔죠. 하지만 소득보다 가족 구성원의 생계비용 및 부채가 늘어나는 속도가 훨씬 빨랐고, 결과적으로 생산 이윤이 지속적으로 하락했습니다.[132] 열심히 일해서 소작지는 늘어나는데 빚의 멍에 또한 계속 늘어나는 이상한 사이클, 어디서 많이 본 풍경 아닌가요?

자영농이라 해도 이럴진대, 소작농의 상황은 당연히 더 안 좋았습니다. 조선 후기 농민들의 일상적인 가난은 기본적으로 고정지출이 노동으로 얻는 소득에 비해 압도적으로 높았던 까닭이라고 할 수 있습니다. 이를 지주와 소작농의 관계에 대입하면, 아무리 일해도 부를 축적할 수 없을 만큼 무거운 소작료가 지주와 소작인 사이에 끊임없는 갈등을 낳은 원인이라 할 수 있죠.

오늘날에도 건물을 가진 분들은 말합니다. "지금 임대료로는 먹고살기도 힘들다.""건물 가진 게 죄냐? 왜 우리를 죄인으로 모냐?""세금 낼 거 다 내고 정당하게 취득한 재산권을 행사하는 것뿐이다." 그 말들도 정당합니다. 모든 사람이 엄청나게 많은 부동산을 소유한 것도 아니고, 집 한 채만 가지고 있어도 전세를 내주는 일이 적지 않죠. 이어지는 박지원의 논의도 비슷합니다.

물론 토지를 독점하는 부자도 가난한 자들의 땅을 강입적으로 빼앗는 건 아닙니다. 자신은 가만히 앉아 있는데 생계가 어려워진 사람들이 땅문서를 들고 오고, 오히려 그들의 땅을 시세보다 후하게 쳐

주기 때문에 사람들의 발길은 더욱 잦아집니다. 심지어 팔아버린 땅에서 농사를 지어 절반이라도 가질 수 있는 걸 은덕이라고 여깁니다. 어느새 땅값이 높아지면 모든 땅이 부자들에게 돌아갑니다. 하지만 부자라고 해서 진심으로 가난한 자를 못살게 굴고 나라의 정치를 망치기 위해서 이리하겠습니까? 부자들을 책망할 것이 아니라, 법과 제도가 제대로 서 있지 않음을 걱정해야 할 것입니다.

- 『과농소초』「한민명전의」

박지원의 말은 결국 '아무리 부자를 욕하고 있어봐야 상황은 달라지지 않는다'는 뜻으로 읽힙니다. 땅을 가진 사람이나 없는 사람이나 똑같이 고정지출이 많은데 정부 재정은 갈수록 메말라가는 상황은 '부동산 대책' 정도로 해결할 수 없음을 깨달은 거죠. 다시금 지식인들 사이에서 대대적인 부동산 개혁이 절실하다는 주장이 나오기 시작합니다.

조선은 농민들을 보호하기 위해 다양한 법적 울타리를 만들었지만, 법을 넘나드는 특권층 앞에서 그것들은 모두 무력해졌습니다. 특히 왕실의 예산을 위해 토지를 직접 경영하던 궁궐은 농민에게 있어 양반 지주들보다도 더 버거운 상대였습니다. 하의삼도(荷衣三島), 지금의 신안군 하의면 일대 섬에 살던 주민들의 소송 기록은 그들의 힘겨웠던 삶을 민낯 그대로 보여줍니다.[133]

하의삼도 일대는 선조의 딸 정명공주의 생계를 위해 '정명공주방'의 토지로 편입됩니다. 국가에서 정한 세율대로 세금을 납부하지만, 그 세금이 지방 재정이 아니라 궁궐의 예산으로 편성되는 토지를 절수지

(折受地)라 합니다. 섬사람들은 어처구니가 없었겠지만, 나랏님이 그렇게 결정했다는데 어쩔 도리가 없었겠죠. 그래도 처음에는 나름대로 적당한 세금을 내면서 농사를 지어왔는데, 정명공주 사망(1685년) 이후 약 사십 년 만에 분쟁이 터집니다.

> 저희 궁방의 절수지가 하의삼도에 있습니다. 그런데 간악한 섬 주민들이 세금을 깎으려 합니다. 특히 상태도 주민들은 불평을 늘어놓으면서 세금 징수하는 관리를 핍박하고 있습니다. 이를 바로잡아주십시오.
>
> – 1720년(경종 1년) 4월 25일 『판적사신축등록(版籍司辛丑謄錄)』

1720년, 분쟁은 정명공주방의 고소로 시작되었습니다. 하의삼도 주민들이 정당한 세금 징수를 방해하고 있으니 바로잡아달라는 얘기였죠. 원고는 정명공주 사후 토지를 분배받은 공주의 외손들이었는데요, 소송이 시작되자 하의삼도 주민들 또한 왕실을 상대로 맞고소를 진행합니다. 그야말로 다윗과 골리앗의 싸움이었고, 섬 주민들은 1차 소송에서 패소하고 맙니다.

그런데 사건이 한성부에서 사헌부로 이관되자, 사헌부는 사건을 재검토하면서 이러한 글을 왕에게 올립니다.

전라도 하의삼도의 주민들은 소장을 내면서, "정명공주방의 면세전 20결(약 팔만 평)이 섬 일대에 흩어져 있는데, 공주의 외손들에게 계승되었습니다. 그런데 공주의 외손들은 섬 전체를 선조 임금께 절수 받았다 주장하며, 섬 주민들의 토지 160결(약 64만 평)에 대해서도 세금을 거두고 있습니다. 원통하기 그지없습니다."라고 주장하였으나, 1심에서 패소하였습니다. 그런데 사건 기록을 다시 검토해보니, 섬 주민들이 가지고 있던 땅문서에 관리의 도장이 찍혀 있지 않다는 이유로 피고 패소 판결을 내린 것입니다. 일반적으로 민간에서는 노비 매매를 빼면 관리의 도장을 받지 않고, 특히 전답 거래에서는 더욱 그렇습니다. 따라서 이는 불합리한 판결입니다. 더구나 궁궐에서 일하는 자들이 공식적으로 파견된 관리를 사칭하면서 세금을 징수하고 다녔으니, 백성들이 천릿길 바다를 건너와서 호소하지 않았다면 그 원통한 사정을 알 수 없었을 것입니다.

－ 1730년(영조 6년) 6월 12일 『영조실록(英祖實錄)』

사헌부에서는 판결이 잘못됐다고 말합니다. 먹고살기 바쁜 백성들이 법을 잘 몰라서 느슨한 공증 과정을 거쳤다는 이유로 법리 대결에서 매우 불리한 판결을 받았다면서요. 양측의 핵심 쟁점은, '정명공주가 받은 땅은 하의삼도의 일부인가, 아니면 전체인가'였습니다. 전자는 섬 주민들의 주장이고, 후자는 궁방의 주장이었죠. 만약 주민들의 주장이 맞다면, 궁방은 그동안 부당하게 과세하고 있었다는 얘기입니다.

사헌부는 판결 과정의 부당함을 밝혀내어 재수사를 요청하고, 영조 또한 그대로 따릅니다. 그런데 이상하게도 사건은 영 지지부진하다가 결국 흐지부지됩니다. 아마도 왕실의 입김이 거세게 들어갔겠죠.

그로부터 48년 뒤인 1768년, 영의정 김치인은 다시금 하의도 문제를 수면 위로 꺼내 들면서 섬 주민들의 억울함을 알립니다.

원래 정명공주방이 받은 토지는 20결에 불과했습니다. 그 후 주민들이 사비를 털어 논을 만들었는데, 궁방은 이러한 토지에도 두 가지 세목을 만들어 납부를 요구했습니다. 땅은 하나인데 두 가지 세금이 납부되었으니, 정말 원통할 만합니다. 나아가 절수지와 농민의 사유지를 구분하지도 않고 세금을 매겨왔으니, 조속히 조치해야 합니다.

– 1768년(영조 44년) 10월 7일 『비변사등록』

영의정이 왕에게 이렇게 언급하기까지 물밑에서 얼마나 고된 노력이 있었을까요? 영의정에게 탄원을 넣기 위해 섬사람들은 없는 돈을 모아 여기저기 줄을 댔을 겁니다. 물론 그조차도 왕실의 힘에 밀렸겠지만, 워낙 사안이 명백했기 때문에 영의정의 지지를 얻을 수 있었겠죠. 영조는 보고를 받고 이와 유사한 다른 섬의 사례를 찾아서, 세금을 적법하게 징수하도록 바로잡으라고 명합니다.

그러나 왕의 명령이 제대로 이행되었는지 확인할 방법은 없습니다. 1892년에도 여전히 하의도의 백성들이 무거운 세금에 고통받고 있다는 기록이 있는데요,[134] 아마도 궁궐은 적당히 타협하면서 계속 세금을 받았던 것 같습니다.

하의도 사람들의 고통은 일제강점기까지 이어졌습니다. 정명공주의 후손인 홍 씨 가문은 하의도의 땅을 차지하기 위해 소송을 걸었고,

1908~1911년에 다시금 삼 년간의 소송전이 펼쳐집니다. 그런데 판결에서 패색이 짙어지자 홍 씨 가는 땅을 팔아버립니다. 이 땅은 일본인 지주에게 넘어갑니다. 하의삼도 사람들은 몽둥이를 들고 저항하고 법정 싸움도 벌였지만, 해방을 맞이할 때까지 정당한 권리를 되찾지 못했습니다. 미군정하에서도 부당한 소작료 징수가 이어졌죠. 하의도 사람들이 자신들의 권리를 되찾은 건, 첫 소송으로부터 이백 년도 넘게 지난 1956년 6월이었습니다. 법과 제도에 밝지 못해 이백 년 동안이나 노동의 정당한 대가를 받지 못했던 하의삼도 사람들. 조선의 보통 사람들은 늘 이러한 시스템적 한계를 맞닥뜨려야만 했습니다.

개혁='토지 국유화'라는 초심 찾기

결국 18~19세기 조선의 부동산 상황은 근본적인 제도 개혁이 아니면 결코 정상화할 수 없다는 공통된 인식을 불러일으킵니다. 그래서 당대의 자각 있는 지식인이라면 누구나 토지 개혁안을 구상했는데요, 그들이 제안했던 다양한 아이디어를 거칠게 정리해보았습니다.

토지 관리 혁신론

"공정하고 정밀한 토지 측량 방식을 통해 모두가 신뢰할 만한 데이터베이스를 구축하고, 이를 기반으로 정책을 집행하자."

–정약용(丁若鏞), 이익(李瀷), 유집일(俞集一)

규제 강화론

1) 토지 소유권 제한론

"사대부 계급은 상한 10결, 서민 계급은 상한 5결로 제한하여 다수의 중소 지주를 육성하자."-한원진(韓元震)

"신분과 직책에 관계없이 모두 1가구당 토지 3결로 제한하고, 세금과 소작료 또한 제한하자."-정제두(鄭齊斗)

"사유재산권을 제한하고 1가구당 법적으로 보호받는 토지를 분배하되, 장기간 동안 점진적인 재분배를 실현해가자."-이익(李瀷)

"노동자마다 토지를 분배하고, 그 외의 토지는 절대로 구매하지 못하게 막자."-안정복(安鼎福)

2) 토지 경영권 분배론

"소유보다 한 사람이 넓은 토지를 경영하는 게 문제다. 소유권은 인정하되, 경작권을 골고루 분배하자."-정상기(鄭尙驥), 이규경(李圭景)

"사유지를 점진적으로 몰수해나가면서, 국유지에 마을 단위 집단 농장을 설치하여 재분배를 이루자."-정약용(丁若鏞)

전방위적 개혁론

"토지의 사유재산권을 제한하고, 모든 토지를 국유화하며, 토지 세습을 폐지하고, 직분에 따라 토지를 분배하자."-유형원(柳馨遠)[135]

각각의 토지 개혁론에는 주장한 사람의 사상이나 입장이 반영되어 있습니다. 예컨대 한원진의 개혁론은 대지주와 서민 지주에게 불리하지만, 중소 지주에게는 유리합니다. 요즘으로 치면 '중산층 우대론'과 같은 제도 개혁이겠죠. 반면 정재두나 안정복의 개혁론은 매우 급진적이면서 노동자 계급과 서민 계급에 유리합니다. 이들의 개혁론보다는 더 점진적인 이익·정상기·이규경·정약용의 아이디어는 현 체제 위에서의 개혁을 주장합니다. 전월세 상한제나 토지초과이득세와 같이, 소유가 곧 이득을 보장해주지 못하는 경영 체제를 만들어나감으로써, '소득의 재분배'를 이루자는 주장에 가깝죠. 반면 너무 매워서 온몸이 붉어질 것 같은 유형원의 개혁안은 그동안의 토지 개혁 시도를 '모두 까기'하면서, 예외 없는 토지 국유화와 상속 금지 및 공평한 토지 분배만이 당시 조선이 처한 총체적 난국을 해결할 수 있다고 주장했습니다.

이러한 토지 개혁론들은 지주제 위에서의 '소극적 개혁론', 지주제를 완전히 타파하는 '적극적 개혁론', 지주제라는 현실 위에서 타협하는 '절충론'으로 각각 분류할 수 있습니다. 세 가지 이론 모두 하나의 절대적인 이념을 공유합니다. 조선 초기 토지 개혁론자들이 제기했던 '왕토사상에 의한 모든 토지의 국유화'가 바로 그것이죠. 세부적인 개혁의 모습은 다르지만, 모두 '국유화'라는 원칙을 가지고 입법 원리를 도출하고 있습니다. 정전제의 유령이 무려 오백 년 동안이나 조선 사회를 떠돌고 있던 겁니다.

다시금 상황을 되돌아보죠. 조선 후기, 농지가 없는 사람들은 높은 소작료에, 애매한 자산을 지닌 지주는 세금과 높은 생계 지출에 시달렸습니다. 자그마한 재산이라도 있다면 마땅히 친척·지인·공동체를 위해 베풀어야 한다는 것은 조선 사회에서 아주 엄격한 도덕적 의무였습니다. 따라서 중소 지주는 매달 다양한 분담금과 부조금의 압박에 시달렸죠. 이렇듯 조선 후기의 부동산 문제는 수많은 사람의 삶을 뒤흔드는 총체적 난국으로 수렴하고 있었습니다.

그렇다고 부를 독점한 대지주만 탓하기도 어렵습니다. 대기업 중심의 투자가 국가 경제를 견인하고 소득 수준을 끌어올리는 효과가 있는 것처럼, 조선의 실물경제는 대지주들의 유통망 투자·SOC 건설·문화예술 후원 등으로 조금씩 그 규모를 키우고 있었거든요. 18세기 이후 쌀 유통을 민간이 맡기 시작했다는 점에서, 조선의 시장은 국가가 통제할 수 없는 수준으로 성장하고 있었습니다. 즉 '축재'나 '독점'을 원천적으로 막자는 개혁은 그 실현 가능성이 의심스러울 정도였습니다.

그렇다면 축재 과정의 불법성을 집중적으로 다루는 '조금 덜 적극적인 개혁'은 어떨까요? 보셨던 바와 같이, 조선의 지주들은 총천연색 방법으로 재테크를 해왔습니다. 당연히 탈법적인 시도도 수백 년에 걸쳐 밥 먹듯이 했죠. 하지만 때로는 체제를 지탱하는 전제가 합법과 탈법, 도덕과 비도덕의 경계를 구분 짓기 어렵게 합니다.

현대의 갭투자를 생각해볼까요? 전세 끼고 아파트를 매입하는 갭투자는 리스크가 크지만, 적은 자산으로도 재산을 축적할 수 있다는 점에서 서민과 중산층에게 주목받습니다. 재산을 보유하고 그에 대한 배타적 권리를 행사하는 건 헌법이 보장한 권리입니다. 또한 갭투자는 자산이 적은 사람들이 가격이 매우 높은 부동산 시장에서 상류층으로 올라갈 수 있는 계층 사다리이기도 하죠.

그런데 갭투자는 전세 세입자를 못 구하거나, 집값이 하락해버리면 그대로 '폭망'합니다. 문제는 갭투자를 주로 하는 사람들은 주택을 수 채에서 수십 채까지도 소유하고 있어, 이들이 파산해버리면 수십 가구가 전세금을 못 받고 길바닥에 쫓겨나는 '전세 사기'로 이어진다는 점입니다. 충분히 문제적이지만, 그렇다고 불법으로 규정하기도 어렵습니다. 그렇게 개별적으로 봤을 때 '합리적'이라 여겨지는 갭투자가 하나하나 쌓이면서, 어느덧 나라 전체의 폭탄 덩어리가 되고 말았습니다.

이문건과 같은 사대부들이 행한 개간 과정에서의 독점, 환곡 등 국가 재정과 공권력을 활용한 축재 등은 분명 하나하나가 충분히 처벌받을 만한 사건이었습니다. 그런데 조선이라는 나라를 세운 전제가 그러한 행위를 가능하게 했습니다. 조선이 사대부와 왕의 나라로서 유지되기 위해선 사대부와 왕실의 권력이 살아 있어야 하고, 그러려면 권력을 뒷받침할 수 있는 부를 갖춰야 합니다. 그래서 과전법으로 토지 개혁을 도모할 때도 사대부와 왕실에는 특권적 토지가 허용되었습니다. 이때 보장했던 특권들이 시간이 지나며 훗날 수많은 보통 사람의 토지를 빨아들이는 블랙홀로 바뀐 것이죠. 몇몇은 고발당해 처벌받기도 했지만, 이문건과 같은 수많은 양반 지주는 아무런 문제 없이 재산을 쌓아나갔습니다. 사대부와 왕이라는 '계급'의 존재가 독점의 당위를 제공한 것입니다.

이는 곧 조선 사람들이 내놓았던 개혁 방안을 원점에서 검토하지 않을 수 없다는 증거입니다. 조선이 오백 년 동안 꿈꿨던 이상적인 부동산 시장의 모습은 모든 토지의 소유권은 국가가 갖되, 운영권을 고르게 분배하는 형태였습니다. 즉 그들이 생각한 이상사회는 소득 수준이 비교적 평등한 사회였던 거죠. 물론 부동산 점유율의 차이가 발생할 수 있으나, 그것 역시 성실하게 일한 바에 따라, 적정 수준 내여야만 했습니다.

그러나 부동산 불평등은 마침내 고려에서 그러했듯, 조선을 망하게 했습니다. 상황을 단순히 보면, 땅을 소유한 자가 땅이 없는 수많은 노동자를 고용하면서 그들에게 적절한 대가를 치르지 않고, 국가에 내야 할 세금을 요리조리 피하면서 국가 경쟁력이 하락했다고 볼 수 있습니다. 하지만 실제는 조금 더 복잡합니다. 사대부·지주 계급의 땅 독점은 나라 전체적인 관점에서 '망국병'의 원인이었으나, 작은 공동체 단위에서는 공동체의 생계를 유지해나가는 원리로 작용했습니다. 이른바 조선의 도덕 경제[moral economy]입니다.

조선 사회의 지주가 소작인을 착취하기만 했던 것은 아닙니다. 특히 위기의 순간에 대가 없이 헌신하는 것은 지주의 미덕이자 의무였죠. 만석꾼 집안이 어려울 때마다 곡식을 베풀었다는 일화가 전국 방방곡곡에 많이 남아 있습니다. 실제로 백성들을 동원해 간척사업을 한 윤이후는 전라도 일대에 심각한 흉년과 기근이 들자, 사재를 아낌없이 털었습니다.[136] 이처럼 부자와 가난한 자의 기대가 충족되면, 경제적 불평등 구조가 도덕적으로 인정받게 됩니다. "그래도 대감님 덕분에 우리 같은 사람들이 입에 풀칠이라도 하고 사는 것 아닌가!" 하고요. 이러한 경제를 도덕 경제라고 합니다.[137]

그러나 만석꾼 일화를 단순히 '훈훈한 이야기' 정도로 여길 수는 없습니다. 그들의 선의와 연대 의식은 의심의 여지가 없다 해도, 수백 년간 허용되었던 약간의 틈이 강력한 축재 수단이 되었고, 그로 인해 수많은 백성이 만석꾼에게 의지하지 않으면 위기를 극복할 수 없는 경제적 예속 상태에 놓였기 때문입니다. 마을 단위 공동체를 묶었던 향약과 같은 윤리적 잣대와 땅을 중심으로 한 부동산 권력 구조가 수백 년간 지속된 결과, 노동자들은 본인들 덕분에 지주도 먹고산다는 생각은 꿈도 못 꾼 채, 지주의 은덕으로 자신들이 임노동이라도 해서 밥 먹고 사는 것이라는 인식이 뿌리내리죠.

조선 후기, 서울을 중심으로 한 경제 규모 성장은 상황을 더욱 심화했습니다. 서울의 명문가 집단, 이른바 경화사족은 그들만의 양반 문화를 만들어냅니다. 이전의 사대부 문화에서는 볼 수 없던 높은 수준의 생활입니다. K-드라마의 재벌집 같은 느낌이랄까요? 모든 양반이 그러한 수준에 이르고 싶어 했습니다. 그에 따라 축재가 정치적 문제가 됐던 이전 세대와는 달리 축재를 정당화하는 인식이 뚜렷해지죠. '진짜 양반'과 '한량'을 구분하는 것처럼, 이들은 전국의 양반들로부터 비난과 선망을 동시에 받습니다. 완벽한 구별 짓기가 이뤄진 것입니다.

이들 또한 선의를 가진 사람들이었으나, 이들이 만들어낸 부동산 중심 권력 구조는 모든 사람이 부동산을 움켜쥐지 않고선 살아남을 수 없는 무한 경쟁의 시대를 열었습니다. 대지주는 엄청난 땅을 독점하면서 국가 경제를 주름잡고, 중소 지주는 대지주가 주도하는 부동산 시장에 편승하면서 신분 상승을 꿈꿨습니다. 땅이 없거나 아주 적은 땅을 가진 사람들은 날이 갈수록 하락하는 노동생산성에 의존해 간신히 생계를 해결합니다.

이러한 문제를 해소하려는 시도가 여러 차례 있었습니다만, 개혁 과정에서의 타협과 비정상의 관습화는 마침내 조선이 설계했던 '땅의 고른 분배를 통한 노동 중심 경제 구조'를 '부동산 중심 경제 구조'로 변형시킵니다. 소득의 상당분에 감당하지 못할 빚까지 내어 땅에 부었고, 그럴 여유도 없는 사람은 가혹한 노동에 시달리며 간신히 의식주나 해결하는 삶을 살게 되었습니다. 이것이 19세기 조선의 단면입니다. 수백 년간 부동산 불평등이 누적된 결과였죠. 슬프게도, 오늘날 한국 사회의 모습과 그리 다르지 않은 것 같습니다.

한눈에 보는 조선 땅의 역사

이십 년간 쌀과 물건을 유통하며
모은 돈. 토지에 ALL IN

공신이라면
자손 대대로 땅을
물려줄 수 있어야지.

즈언하!
불로소득은 아니 되옵니다!

땅의 소유는 막을 수 없으니
조세로 불균형을 고치겠다.
가장 공정한 조세제도를 위해
전 국민 여론조사를 시행하라

— 세종 12년

위에서는 토지조사 하라고,
아래서는 토지조사 안 한다고,
아 몰라! 나 안 해!

파업

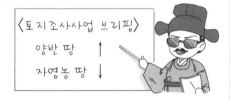

〈토지조사사업 브리핑〉
양반 땅 ↑
자영농 땅 ↓

소작농 김 씨의 1년 수입

14석
관혼상제
피복비
식료품비
세금
66석
소작료

농사하면 뭐 하나… 남는 게 없는데.

2부

조선의 집 이야기

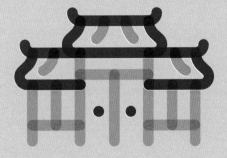

1장. 조선 전기: 야, 너두 '내 집 마련'할 수 있어! 조선과 함께라면

우리에게 집은 무슨 의미일까요? 주택 문제는 이 질문에서 시작해야 합니다. 우리는 생계를 유지할 수 있는 최소 조건으로 '내 집'을 꼽습니다. 주거 불안은 단순히 정서적 문제에 그치지 않고, 결혼·교육·육아·직장·노후 등 삶 전체를 뒤흔듭니다. 주거 불안이야말로 현대인에게 '타노스급 빌런'이라 해도 과언이 아닐 겁니다. 동시에 내 집 마련을 향한 욕구는 우리가 고된 출퇴근길과 상사의 막말에도 사직서를 내지 않고 버티게 해주는 최후의 보루가 되기도 하죠.

우리가 그리는 안정된 삶이란, 치안과 교육 환경이 좋고 양질의 오락 및 문화예술 체험 기회가 보장되면서 직장과 그리 멀지 않은 지역에서, 방이 충분하고 반려동물과 아이들이 마음껏 뛰놀 수 있는 마당 딸린 집을 마련해 사는 것일지 모릅니다. 은행에 빼앗길 걱정 안 해도 되는 '내 집' 말입니다. 마치 넷플릭스에서 흔히 볼 수 있는 미국 중산층의 모습처럼요.

영화 〈기생충〉에 나오는 '박 사장'의 집이 딱 그런 모습입니다. 박 사장의 삶은 '안정된' 정도가 아니라, 한국 상류층의 삶이라고 할 수 있죠. 여기서부터 문제가 발생합니다. '안정된 삶'의 허들이 너무나 높아져버린 겁니다. 늘 주거를 위한 집을 꿈꿔왔지만, 현실은 상품으로서의 집을 더욱 신경 씁니다. 집의 상품 가치에 촉각을 기울이지 않으면 주거를 위한 집을 마련하지 못하거나 지킬 수 없기 때문입니다. 우리가 바라는 '주거 불안이 해소되어 안정된 삶'은 사실상 치열한 경쟁과 성공적인 투자 끝에 얻어지는 보상이 되었습니다. 집은 그렇게 우리의 자산일 뿐 아니라, 생계와 삶의 질까지 결정하는 상품으로 자리 잡았습니다.

조선 후기에도 이런 문제가 발생했습니다. '사람은 서울로, 말은 제주로' '서울 사대문 안 양반이 진짜 양반'이란 말도 있습니다. 18~19세기 서울 사대문 안에 산다는 건 조선이 쌓아 올린 사회적 자산을 고스란히 누릴 기회를 보장받는다는 뜻이었습니다. 조선에서 가장 큰 시장이 근처에 있었고, 조선의 가장 뛰어난 예술가들과 조선을 움직이는 정치인과 경제인이 모였으며, 가장 탁월한 교육 기회가 제공되었죠. 서울 외에는 그 어느 곳도 이러한 문화적 특수를 제공하지 못했습니다. 단지 인구가 많아 덜 쾌적한 게 흠이었는데, 상류층은 서울 교외에 별장을 지어 이를 극복하고 서울의 모든 특수를 '쾌적하게' 누렸죠.

그러자 집의 의미도 변화했습니다. '서울 사대문 안 양반'의 삶, 나아가 '서울 교외에 별장을 둔 양반'의 삶은 새로운 계급을 만들어냅니다. 그들은 양반을 포함한 모든 사람의 워너비가 되죠. '부동산 특권 계급'이 탄생한 겁니다. 이제 서울 안의 집은 단순히 '삶을 영위하는 공간'이라는 의미에 머물지 않았습니다.

2부는 이러한 변화를 추적해나가는 데 집중합니다. 특히 서울을 중심으로 이야기를 풀어갈 것입니다. 조선 사람들이 남긴 땅에 관한 자료에 비하면, 주택에 관한 자료는 턱없이 부족합니다. 그만큼 조선 사람들은 땅 문제보다 주택 문제에 덜 예민한 편이었죠. 하지만 주택 문제가 가장 예민하고 치열하게 전개됐던 곳이 서울입니다. 대한민국이 '서울 공화국'이라면, 조선은 '서울 왕국'이랄까요?

집에 웃고 집에 울었던 조선 사람들의 이야기를 듣기 위해 다시 조선 건국의 시간으로 돌아가봅니다.

조선의 약속, '실거주자에게 집터를'

(1) 수도 한양의 야심작, '무상 집터'

새로운 나라 조선은 개성에서 한양으로의 천도를 결정합니다. 그에 맞게 '서울 신도시 프로젝트'가 가동되는데요, 서울 신도시는 풍수지리학과 성리학 등 철학적 개념이 투영된 당대의 계획도시였습니다. 공간이 의식을 지배한다는 말을 그들은 너무나 잘 알고 있었던 거죠. 그렇게 약 오백여 결(약 이백만 평) 면적에 세워진 서울 신도시에 종묘·사직·궁궐·시장터를 비롯한 많은 건축물이 건설됩니다.

한편 새로운 수도가 도시로서 기능을 발휘하고 국정 동력을 뒷받침하기 위해선 무엇보다 인구가 중요했습니다. 조정은 신도시에 백성과 관료를 위한 주거 구역을 마련하고, 이를 분배하는 작업에 심혈을 기울였습니다.[138] 조선왕조의 토지 분배 원칙이 경자유전(耕者有田), 즉 '농사 짓는 이가 땅을 가진다'였다면, 집터 분배의 원칙은 거자유대(居者有垈), 즉 '실거주자가 집 지을 땅을 받는다'였습니다. 물론 여선히 신분 질서

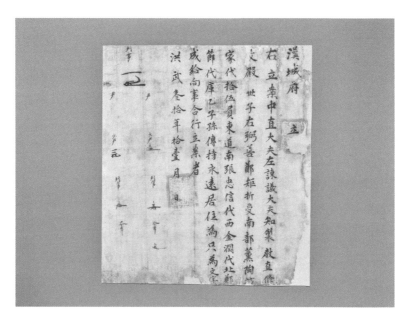

<도판 10> 조선시대 가장 오래된 집문서, 한성부 가대절수입안(家垈折受立案)(©서울역사박물관)
1397년(태조 6년) 11월, 한성부에서 정구(鄭矩, 1350~1418)에게 15부(負)의 집터를 분배한 입안입니다. 현재 남아 있는 고문서 중 가장 오래된 조선시대 입안인데요, 정구의 품계와 관직명, 지급받은 토지의 소재지와 면적, 이웃집 등의 정보가 기록되어 있습니다. 특히 마지막 부분에 '해당 집터를 자손들에게 상속하여 영원히 거주할 수 있다(子孫傳持 永遠居住爲只爲)'고 명시되어 있습니다. 실제로 개경에서 한양으로 이주해 온 정구는 18세기까지 대대로 서울에서 살며 '회동 정 씨(會洞鄭氏)'라 불렸습니다.

는 엄연해서, 집터를 부여받는 우선순위는 왕족 → 관료 → 백성 순이었으며 집 크기도 신분에 따라 결정되었습니다.

그런데 문제가 발생합니다. 사실 문제가 안 생기는 게 이상하죠. 만약 동탄 신도시 아파트 분양권을 무료로 분배한다면 얼마나 큰 사회적 갈등이 빚어졌을까요? 당시 조선은 소유권 개념이 명확하지 않았으나, 그래도 소유권을 두고 크고 작은 갈등이 벌어지는 건 당연한 일이었을 겁니다. 당시 상황을 자세히 알기 위해 사료 속으로 들어가보겠습니다.

한성부(漢城府)에서 보고했다.

"백성들이 서울 안의 빈 땅을 정해 신청하면 관청에서 심사 및 측량한 뒤 점령할 수 있도록 하였습니다만, 그동안 거짓으로 신청한 자들이 많아서 소송이 끊이질 않았습니다. 이제부터는 문서로 증빙할 수 있는 빈 땅은 분배하지 않는 것이 좋을 듯합니다."

– 1433년(세종 15년) 9월 16일 『세종실록』

한성부는 사람들의 신청을 받아, 서울 안의 주택 부지를 분배한다. 이때 기준은 빈 땅이나 이 년 넘도록 집을 짓지 않은 땅이다.

– 『경국대전(經國大典)』 「호전(戶典)」

『세종실록』과 『경국대전』은 조선 초기 땅을 분배하는 절차에 대해 언급합니다. 두 기록에 따르면, 땅의 분배는 ①땅을 원하는 사람이 빈 땅을 골라 신청하면 ②한성부(서울 시청)에서 그 땅을 측량하고 심사하여 분배하는 절차로 진행됐죠. 그런데 두 사료 모두 조선 초기 집터를 두고 분쟁이 일어났음을 시사합니다.

『세종실록』의 기사는 '거짓으로 신청한 자들'을 언급하는데요. 그 대안으로 '문서로 증빙할 수 있는 빈 땅'을 지급하지 말자고 건의합니다. 즉 이미 집을 지었거나 소유권을 확정받은 땅을 빈 땅이라고 신청하여 사유지를 침탈하는 일이 빈번했다는 의미입니다. 이런 사건처럼요.

> 전 개성 유후 신호(申浩)는 이웃집의 빈 땅을 침탈하여 자기 집터를 넓혔는데, 한성 판관 권탁은 규정에 따라 신호가 넓힌 담과 건물을 헐어버렸다. 신호는 분노를 참지 못해 권탁의 불공정함을 고발하였으나, 사실관계를 조사한 후 신호가 무고죄로 벌을 받았다.
>
> – 1410년(태종 10년) 1월 5일 『태종실록』

전 개성 유후(개성 시장) 신호가 이웃집의 빈 땅을 침탈한 사건입니다. 여기서 '이웃집의 빈 땅'이란, 아직 건물이 올라가지는 않았지만 이미 이웃집이 관청으로부터 분배받은 땅을 의미하죠. 신호는 법의 빈틈을 이용해 이를 자신의 땅으로 삼아 건물을 올렸고, 한성 판관(서울 시장)은 절차에 따라 건물을 허물었죠. 태종 시기 개성 유후는 이전 수도를 특별히 대우하고 관리하기 위해 설치된 벼슬로서 고위직이라 할 수 있었습니다. 고위직이 살던 집의 이웃이었으니 아마 그 또한 관리였을 테죠. 똑같이 나랏밥을 먹는 관리들끼리도 더 넓고 쾌적한 집에서 살기 위해 치열하게 다퉜던 것입니다.

한편『경국대전』의 '이 년 이상 빈 땅'에 관한 기록도 흥미롭습니다. 무수히 많은 '알박기', 즉 일단 빈 땅을 최대한 신청한 후 '존버'하는 사례가 있었음을 암시하죠. 빈 땅을 선점하여 막대한 이득을 얻을 수 있다면, 게다가 주식처럼 갑자기 고꾸라질 우려도 적다면, 누구나 최대한 많이 신청해서 입안(立案)을 얻고 소유권을 증명받으려 했을 겁니다. 조선왕조가 조금씩 체제를 굳혀갈수록 한양 땅의 가치는 더욱 올라갈 수밖에 없었죠.

그렇다면 서울 사람들이 받았던 땅의 크기는 어느 정도였을까요? 원래 1395년(태조 4년)에 1급부터 4급 공무원에게 나눠주던 땅의 크기는 25부(약 천 평)에서 35부(약 천사백 평) 사이였습니다. 집터가 천사백 평이라니, 너무 넓다는 생각이 드는데요. 사실 이마저도 원래 정한 면적이 너무 과하다는 지적 때문에 줄어든 것이었습니다.

전하께서 전·현직 관리에서부터 서민에 이르기까지 집터를 나눠주라고 명하셨지만, 저희는 타당하지 않다고 생각합니다. 지금 새 수도의 면적은 오백여 결 정도밖에 안 됩니다. 만약 기존에 정한 대로 정1품에게 육십 부(약 2천 4백 평)를 주는 기준을 적용한다면, 현직 관리들에게도 땅을 골고루 줄 수 없으며, 하위직 관료와 서민에게 줄 땅은 아예 없을 것입니다. 따라서 최고 삼사십 부를 넘지 않도록 조정해야 모두가 살 땅을 얻을 수 있을 것입니다.

　　　　　　　　　　　- 1395년(태조 4년) 1월 14일『태조실록(太祖實錄)』

야심 차게 계획한 신도시였지만, 시작부터 땅은 적고 사람은 많았습니다. 왕조를 안정시키기 위해 관리들에게 땅을 낭낭하게 지급하려 했던 태조의 계획은 시작부터 어그러졌죠. 그런데 여기에 왕족의 수까지 점차 늘어나면서, 이미 부족했던 관리들의 땅은 더욱 줄어들었습니다. 결국『경국대전』은 신분에 따른 땅 지급 기준을 다음과 같이 정합니다.

〈표 11〉 신분에 따른 집터 분배 기준[139]

대군·공주	왕자·옹주	1~2품	3~4품	5~6품	7~9품	서민
30부 (1,400평)	25부 (1,000평)	15부 (600평)	10부 (400평)	8부 (320평)	4부 (160평)	2부 (80평)

원래 고위 관료가 받기로 했던 넓이는 왕족에게 돌아가고, 서민은 팔십 평 남짓을 받게 되었습니다. 후술하겠지만, 한양 안의 주택 문제가 심각해질 때마다 왕족은 관료와 백성의 공격을 받을 수밖에 없었습니다.

그런데 팔십 평이라 해도 지금에 비하면 꽤 넓다는 생각이 들죠? 이는 조선시대 건물과 토지의 관계가 지금과는 달랐기 때문입니다. 토지와 토지 이외의 부산물, 즉 건물을 별개의 가치로 파악하는 건 1906년 〈토지가옥증명규칙〉의 시행 이후 서서히 퍼져 나간 관습입니다. 조선 사람들은 집과 집터를 하나의 계약서로 묶어서 매매했죠. 다시 말해, '집'이라 일컫는 건물의 땅, 마당, 텃밭까지를 묶어서 '집터'로 생각했습니다. 집의 가치가 현저히 높아진 조선 후기 서울을 제외하곤,

대체로 건물보다 집터가 계약의 중심이 되었습니다.[140] 이는 조선 사람들이 생각한 이상적인 주거 환경은 '건물+마당+텃밭'이었음을 시사합니다. 지금도 시골 할머니 댁에 가면 볼 수 있는 모습이기도 하죠.

한편 집터로 분배받을 수 있는 '빈 땅'의 기준은 어땠을까요? 이를 알기 위해서는 당시 한양의 분위기를 생각해봐야 합니다. 한양은 오래도록 한반도에서 중요한 위치를 점하는 역사적 도시였지만, 그렇다고 한양의 모든 토지가 개발된 것은 아니었습니다. 지금 서울은 그 동네에 원래 야트막한 산이 있었는지 어쨌는지 알 수 없을 정도로 건물이 빽빽하죠. 하지만 조선이 신도시를 짓던 무렵 서울은 초목이 뒤덮인 야산과 동산이 동네마다 펼쳐져 있었습니다. 물론 주인이 있는 토지도 있었지만, 주인 없는 땅 또한 무척 많았을 겁니다.

그런데 원칙적으로 하늘 아래 주인 없는 땅은 없습니다. 왜냐하면 나라의 모든 토지는 왕의 것이기 때문이죠. 그렇다고 모든 땅이 왕의 이익을 위해 사용되어선 안 됩니다. 유교의 경전 중 하나이자 고려 말 중요하게 여겨졌던 『주례(周禮)』에는 '산이나 물과 같은 농경지 외의 토지는 모두 백성과 공유한다(山林川澤 與民共之)'는 말이 있습니다. 이 개념이 바로 집터를 내주는 '빈 땅'의 기준이 됩니다.[141] 다시 말해, 원래 계획된 신도시 내 주거 단지 외에도 백성들이 얼마든지 집터를 늘릴 수 있게 하는 단초를 제공했죠. 한양에서 새 삶을 시작하는 사람들은 살 집을 찾기 위해 인디아나 존스처럼 적절한 땅을 찾아다니기 시작합니다.

(2) 땅 좀 주세요, 현기증 난단 말이에요

왕족이 많아지고 궁궐을 비롯한 공적 건물이 늘어날수록, 서울 내 주거 구역은 줄어들 수밖에 없었습니다. 관료들도 집 지을 땅이 없는데, 일반 백성이야 오죽할까요? 특히 조선이 나날이 발전해갔던 세종 재위기에는 본격적인 주거난이 벌어졌죠. 이에 한성부는 새로운 주거 단지 개발 프로젝트를 가동합니다.

> 한성부에서 보고했다.
> "도성 안에 사람은 많고 땅은 좁아서 문제가 많습니다. 특히 다른 사람이 먼저 받은 땅을 빈터라 속여서 허가를 받아내는 등 갖가지 일로 소송이 끊이질 않습니다. 동대문 밖에서 집 짓기 좋은 적당한 땅을 찾았습니다. 동대문 밖 개천 북쪽의 땅을 숭신방(崇信坊)·창인방(昌仁坊)으로 편입하고, 개천 남부의 땅을 예성방(禮成坊)·성신방(誠信坊)으로 편입하여 규정에 따라 무주택자에게 분배하는 게 좋겠습니다."
> － 1424년(세종 6년) 4월 18일, 11월 14일 『세종실록』

사대문 안 주거 단지가 포화 상태에 이르렀고 동대문 바깥에서 적당한 지역을 찾았으니, 새로운 행정구역을 편성하고 백성들에게 집터를 나눠주자는 기록입니다. 그런데 이상한 일입니다. 새로운 집터를 조성해서 무주택자에게 나눠준다는데, 그러면 그동안 무주택자는 어디에 살고 있었던 걸까요?

지금은 서울 시민들의 산책로가 되었지만, 청계천은 본래 경제적 약자의 집단 거주 지역이었죠. 도시에서 나고 자라 도시를 기반으로 살아갔던 가난한 사람들은 이른바 '무허가 판잣집'과 같은 불법건축물에서 살아갔습니다. 당시 한양에서도 그랬습니다. 무주택자는 도로 위, 혹은 궁궐 근처, 심지어 산 위까지 건물을 올렸습니다. 이러한 현상은 조선 후기까지도 지속되었고, 근현대 서울까지 이어지는 유구한 맥락으로 자리 잡습니다.

불법건축물 문제는 더욱 심각해져서, 1481년(성종 12년)엔 경복궁 주변 산지에만 천 명 넘는 사람들이 199채에 달하는 불법 가옥을 짓고 살았다는 기록이 등장합니다. 게다가 조사 범위를 남산 일대까지 확장하면, 불법건축물은 세기도 어려웠죠. 심지어 고위 공직자가 산에 불법 가옥을 짓고 살았다는 기록도 있죠.[142] 집터를 받을 수 있는 권리가 법적으로 보장된 관료마저 집이 없을 지경이니, 서민의 사정은 더욱 심각했을 겁니다.

그런데 도성 밖에 새로운 주거 단지를 만드는 일은 반대에 직면합니다. 첫 번째 이유는 치안이 불안하다는 것이었습니다. 왕십리에서는 소를 끌고 가던 사람이 살해당하고 소를 빼앗기는 사건이 발생했고, 수구문 밖은 도둑들이 소굴로 삼아 밤에는 사람이 다니지 못하는 곳이었죠.[143] 오늘날에도 주거지 선택에 있어 치안은 매우 중요한 요소인데, 법적 보호가 옅었던 조선의 서민들은 치안이 불안정한 지역으로 이주하는 일에 더욱 거부감을 느꼈을 겁니다.

두 번째 문제는 세금 차별이었습니다. 조선왕조에서 향촌민과 도성민은 그 지위가 달랐습니다. 향촌민에게는 국방세·토지세·특산품·노동 의무 등이 부과되었는데요, 도성민에게는 노동 의무만 부과되어 부담을 크게 덜 수 있었습니다. 대신 별도로 가옥에 대한 세금이 부과되었죠.

그런데 도성민이면서 향촌민에 속하는 사람들이 있었습니다. 조선시대 서울 사람들은 크게 사대문 안 주민과 성 밖 성저십리의 주민들로 구성되었는데요, 사대문 안의 주민은 방(坊)이라는 행정구역으로, 성저십리의 주민들은 면과 리라는 행정구역으로 편입되었습니다. 그런데 성저십리의 주민들은 한성부에 소속되면서, 동시에 고양군과 양주군에 소속되었죠. 즉 도성민이 짊어져야 하는 의무와 향촌민이 짊어져야 하는 의무가 '모두 묻고 더블로 부과된' 사람들이었습니다. 물론 앞서 본 것처럼 새로 개발된 주거 단지는 방으로 편입되어 성저십리의 주민들처럼 차별을 받지는 않았지만, 사정이 좋지 않아 더 멀리 밀려나는 사람들은 속절없이 과도한 의무에 시달려야 했죠.[144]

하늘 아래 백성은 모두 다 똑같은데, 조정은 왜 서울 사람들만 우대했을까요? 서울 사람 대부분은 도성 및 궁궐을 수비하거나 다양한 행정 기구에서 일하는 조선의 핵심 관계자들, 즉 '조핵관'이었습니다. 만약 이들이 불만을 품고 칼을 궁궐 방향으로 돌린다면, 나라가 무너질 것은 자명했죠. 결국 통치에 유리하고 편하다는 이유로 도성민에 대한 우대 정책을 펼친 셈입니다.

"이건 특급 세금이야"
서울의 가대세(家代稅)

한양 주민은 여러 세제 혜택을 받았지만, 집터에 대한 세금을 내야 했습니다. 오직 한양에서만 시행되었던 이러한 세금을 가대세(家代稅), 혹은 가기세(家基稅)라고 합니다. 1412년(태종 12년) 집터의 크기에 따라 차등을 두어 세금을 거둔 데서 시작되었고, 세금을 거두는 주무 부처는 한성부였죠.

가대세가 얼마 정도였는지, 세금을 내는 기간은 언제였는지 현재로서는 정확히 알 수 없습니다만, 매우 이른 시기에 가대세 징수가 집행되었다는 것은 그만큼 한양의 주거난이 빠르게 닥쳐왔다는 뜻이기도 합니다. 즉 가대세는 한양 주민이라는 특권에 대한 대가이기도 했죠.

한편 집터가 아니라 건물에 세금을 매기는 법안은 1909년(순종 2년)에야 제정됩니다. 아주 오랫동안 조선은 집보다는 땅을 기준으로 재산 가치를 평가했기 때문입니다.

다만 상가에 대해서는 일찍부터 건물에 대한 세금을 받았습니다. 1484년(성종 15년)에 제정된 행랑세(行廊稅)와 좌고세(坐賈稅)가 그것입니다. 이 역시 세금이긴 하지만, 실제로는 점포 건물에 대한 임대료의 성격이 더 강했습니다. '소득이 있는 곳에 세금이 있다'는 조세의 기본 법칙을 생각했을 때, 도시 한양이 머금은 부의 가능성은 다른 지역과는 다른 빛깔로 강렬히 반짝거렸다고 말할 수 있습니다.[145]

결과적으로 이는 조선 전기부터 '서울 프리미엄'이 굳어지는 계기가 되었습니다. 우리에게는 '탈서울 공포증'이 있습니다. 종종 '인서울'이 아닌 대학은 비하당하고, 지방에서의 삶은 아무런 즐거움 없이 무미건조한 모습으로 묘사되곤 합니다. 어쩌면 조선왕조 때부터 국가적으로 실행된 '서울 우대 정책'에서부터 비롯된 것이 아닐까요?

조선 사람들도 '탈한양 공포증'을 느꼈습니다. 한양이라는 도시가 제공하는 프리미엄은 삶의 전방위에 적용되었고, 한양 밖으로 나간다는 건 곧 '삶의 질 저하'를 의미했습니다. 재상을 비롯한 고위 공직자조차 산에 불법 가옥을 지으면서라도 꾸역꾸역 서울에 살았던 까닭은 도성 밖은 위험하다는 생각 때문이었습니다. 누리던 특수를 박탈당한다는 공포와 불안정한 치안에 대한 공포였죠. 그 결과, 중종 재위기에 이르면 이러한 논의가 나타납니다.

중종: 도성의 산 밑을 파고 불법으로 집을 짓는 자가 있는데, 평소에 단속하지 않다가 집을 다 지은 뒤에 강제로 철거하면 반대가 심하다. 한성부는 미리미리 단속하고 조치하라.

한성부: 이미 지어진 집들도 철거 조치해야 할 듯한데, 아무래도 사안이 엄중한지라 임금님의 결재가 없으면 시행하기 어렵습니다. 의견을 여쭙습니다.

중종: 불법으로 집 지은 자들을 조사하고 벌을 주는 것은 괜찮지만, 철거는 가벼운 일이 아니다. 조정에서 더욱 논의토록 하라.

유순정(柳順汀): 불법 가옥은 당연히 철거해야 하지만, 이미 지은 집까지 모두 없애는 건 다소 지나치지 않나 싶습니다. 또 집을 지으려면 반드시 집터를 승인받도록 되어 있으니, 이를 승인해준 관리 또한 처벌해야 마땅합니다.

성희안(成希顔): 수도가 만들어진 지 백 년이 지나, 거주하는 사람도 매우 많고 다들 조밀하게 모여 삽니다. 이러니 성안 땅 한 치가 금값과 같을 지경입니다. 또한 한양에는 세를 주는 풍속이 없으므로 사람들도 살 곳이 없어 하는 수 없이 산밑 좁은 땅에 집을 짓는 것입니다. 그러한 경우 한성부에서는 신청서를 받고 현지를 조사한 뒤, 여러 규제에 걸리지 않는다는 것이 확인되면 허가를 발급해줍니다. 이러한 허가증조차 없이 제멋대로 지은 사람들은 중범죄를 저지른 것이니, 처벌하고 집도 철거해야 마땅합니다.

- 1512년(중종 7년) 윤5월 19일『중종실록』

서울 안 땅 한 치가 금값과 같다는 성희안(成希顔, 1461~1513)의 말은 조선시대부터 지금까지 이어져온 서울의 역사를 꿰뚫습니다. 도성 안에 제대로 된 공터가 거의 없으니, 사람들은 산에 집을 지었습니다. 그 과정에서 누군가는 정당하게 허가를 받았고, 누군가는 빽을 썼지만, 아무 힘도 없는 사람들은 불법건축물을 올려 살았습니다. 세 경우 모두 서울의 주택 공급 문제에서 비롯되었지만, 가장 큰 처벌을 받은 이는 돈도 없고 빽도 없는 사람들이었습니다.

한편 성희안은 더욱 중요한 말을 합니다. '세를 주는 풍속이 없어 사람들이 살 곳이 없다.' 이 말은 즉 월세나 전세와 같은 주택임대제도가 없어 주거난이 더욱 심각하다는 의미입니다. 공급 부족은 집값 상승의 주된 원인 중 하나입니다. 조선 전기 서울의 집값을 추측할 수 있는 자료가 매우 적지만, 15세기 중반에는 중간 정도 수준의 집값이 면포 약 355~603필 정도였는데, 16세기 중반경에는 최소 수천 필에서 최대 1만 5천 필까지 이르렀다고 기록되었습니다.[146] 물론 면포의 가격이나 물가 등을 고려해야겠으나, 백 년 만에 열 배 이상 뛰어오른 것입니다. 이러한 폭등의 배경에는 절대적인 공급 부족이 있었습니다.

아직 '내 집 마련'할 수 있어, 규제와 집값만 돌파하면

(1) 조선 부동산 규제 3종 세트: 그린벨트, 1가구 1주택, 사치 금지

그런데 조선에 이렇다 할 공급 정책이 없었던 것도 이해 못할 일은 아닙니다. 지금의 주택 공급이란, 공공 또는 민간 주도로 택지를 개발하고 주택을 건설한 후 분양하는 일련의 과정을 통칭하죠. 그런데 조선에서 건축은 어디까지나 거주자의 몫이었습니다. 정부는 택지를 조성하는 정도에 그쳤고, 그것도 대규모 토목 공사를 진행하는 것이 아니라 대체로 사람들이 살 만한 땅을 골라 행정구역에 편입하는 정도에 그쳤습니다. 다량의 주택을 건설하여 필요한 사람들에게 공정하게 분배하자는 아이디어를 상상조차 하기 어려운 시대였죠. 집터를 분배하는 정도가 가장 적극적인 공급 조치였습니다.

반면 주택을 규제하는 정책은 다양하고 꽤 섬세했습니다. 먼저 그린벨트 설정이 있습니다. 조선에서 풍수지리학은 지금의 공학이나 과학처럼 정책 설계를 지탱하는 기초 학문이었습니다. 한양 개발과 궁궐 신축 등이 모두 풍수지리학에 근거해 추진되었습니다. 공공 부문뿐 아니라 민간 부문에서도 풍수지리학은 사회 행동의 기반 학문으로서 탐구되었죠. 이에 따라 한양 주변 산지에 개발제한구역, 즉 그린벨트가 설정되었습니다. 『경국대전』을 보시죠.

도성 인근 산에 푯말을 세운 후 나무를 베거나 돌을 캐는 행위를 금지한다. 또한 경복궁과 창덕궁 인근 산등성이와 산기슭에서 경작하는 것을 금한다.

− 『경국대전』「공전(工典)」 '재식(栽植)'

'조선판 그린벨트'가 설정된 이유는 백성들이 산의 나무를 베거나 경작지를 조성하고 집을 지으면 풍수지리적으로 기가 쇠하고, 결과적으로 궁궐을 압박하게 된다는 우려 때문이었습니다. 이렇게 시작된 그린벨트는 궁궐이 신축됨에 따라 그 범위를 넓혀가기도 했는데요, 생각해보면 '도시의 무절제한 팽창을 막고 녹지 환경을 보전'한다는 오늘날 그린벨트의 목적과 유사합니다. 한양 주변 네 개 산을 중심으로 한 그린벨트 정책을 사산금표(四山禁標)라 하고, 이를 그림으로 만들어 백성들에게 유포했습니다.

그러나 여전히 주택이 부족했기 때문에 백성들은 계속해서 산에 집을 지을 수밖에 없었습니다. 심지어 때로는 궁궐 매우 가까운 곳에도 불법주택을 건축했죠. 서민뿐 아니라 중앙 관리나 왕실 종친 또한 그랬습니다.[147] 조정에서는 주기적으로 청소기를 돌리듯 이 지역의 주택을 철거하려고 했는데요, 사안에 대한 왕과 대신의 입장이 서로 달랐던 탓에 열띤 토론이 펼쳐집니다.

신경(申經): 풍수지리학 때문에 이백 채가 넘는 집을 하루아침에 철거한다면, 다음 조정에서도 전례를 믿고 백성들의 집을 거침없이 철거할까 봐 우려됩니다. 그래도 풍수지리적으로 문제가 된다면, 관리들의 집만 철거하고 백성들의 집은 헐지 않는 것은 앞뒤가 맞지 않습니다.

성종: 내 그리 말할 줄 알았다. 백성들은 정책을 잘 몰라 나랏일하는 사람들을 원망하기 때문에 집을 헐지 않았다. 사리 밝은 관리들은 왜 규제하는지 잘 알 테니, 집을 철거해도 원망하지 않아야 하는 것 아닌가?

이창신(李昌臣): 아무리 돌아가는 사정을 아는 관리라 해도 살 곳이 없으면 원망이 생기기 마련입니다. 누구 집은 헐고 누구 집은 헐지 않는 것은 정당하지 않습니다. 만약 풍수지리적으로 문제가 된다면, 도성 내 모든 불법주택에 조치하는 것이 맞습니다. 산에 대해서만 규제하는 것도 이상한 일입니다. 저는 불법주택을 지은 집주인들을 비호하려는 것이 아니라, 뒤를 이을 임금이 풍수지리학만 믿고 폭정을 행하는 선례가 될까 봐 두렵습니다.

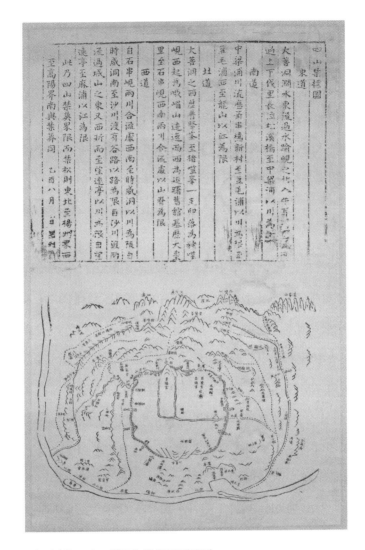

〈도판 11〉 사산금표도(四山禁標圖) (ⓒ서울역사박물관)

1765년에 제작된 이 지도는 한양과 성저십리, 즉 한성부 관할권 내에서 벌목을 금하고 무덤
을 만들지 못하게 하기 위한 표석(標石, 알림판)의 정보를 담은 지도입니다. 조정은 꾸준히 사산
금표도를 제작하고 민간에 유포하여 불법건축물 설치와 무분별한 별채를 막으려 했죠. 하지만
이러한 노력에도 불구하고, 남아 있는 조선 후기 한양의 사진에는 벌거벗은 민둥산이 뚜렷하게
드러납니다. 벌목은 수많은 노동자의 생계 수단이었기 때문입니다.

성종: 지난번에 궁궐을 수리할 때는 길일(吉日)을 잘못 골랐다며 담당자를 처벌하자고 했던 사람들이 왜 지금은 풍수지리학이 허무맹랑한 학설인 것처럼 이야기하는가?

정괄(鄭佸): 풍수지리학을 모두 폐기하자는 말씀이 아닙니다. 그렇다고 모든 것을 전적으로 믿으면 폐단이 있기 마련입니다. 수도 안에 백성들이 조밀하게 산다고 국가에 어떤 해로움이 있겠습니까?

- 1481년(성종 12년) 2월 8일 『성종실록』

대신들은 '풍수지리학에 의존하는 것은 위험하다' '철거해야 한다면 공정하게 집행해야 한다'는 논리로 주택 철거를 반대합니다. 풍수지리학의 학문적 타당성이 논쟁의 중심 주제처럼 보이지만, 사실 핵심은 '주택 부족' 문제입니다. 관료들은 자신들 또한 살 집이 없어 죽겠는데, 관료들의 집만 철거하는 것은 정당하지 않다며 '공정성 문제'를 제기합니다. 이에 성종은 '백성들의 집을 철거하면 원망이 커진다', 즉 '민심이 흉흉해진다'는 논리로 대응합니다. 좀 더 생각해보면, 이것은 성종 나름의 '공정한 해결법'이었습니다. 고위 관료는 집을 철거당해도 다른 곳으로 옮겨 지을 수 있는 여력이 있지만 백성들 처지는 그렇지 못했기 때문이죠. 양자의 공정이 충돌하고 있는 국무회의장의 모습입니다.

그런데 주목할 만한 발언이 나옵니다. 정괄은 '수도 안에 사람들이 조밀하게 살아도 국가에 아무 해가 없다'고 주장하는데요, 이 발언은 오늘날 그린벨트 문제에도 통용됩니다. 어떤 이는 서울의 공급 부족이 집값 상승과 주택난을 낳는다며 그린벨트를 해제해서 택지를 공급해야 한다고 주장합니다. 하지만 또 다른 이는 난개발이 서울 시민의 삶의 질을 떨어뜨린다며 그린벨트를 보존해야 한다고 주장하죠. 어느 쪽이 옳다고 결론을 내리기가 어렵습니다. 정괄의 말 또한 그렇습니다. 주택을 아예 없애는 것보다 난개발 상태의 주거 단지를 인정하는 편이 국가적으로 더 낫다고 주장하죠. 당장 문제가 된 지역을 철거하더라도 다른 지역에 새로운 쪽방촌이 생겨날 것이 자명했으니까요.

재밌는 건 '후세의 임금이 폭정을 저지르는 전례가 될 수 있다'는 신하들의 우려가 그리 멀지 않은 훗날 바로 실현됐다는 사실입니다. 성종의 뒤를 이어 즉위한 연산군이 그 어느 때보다 많은 가옥을 철거했거든요. 연산군 또한 풍수지리적인 이유를 동원했지만, 실상은 자신을 위한 '테마파크'를 만들려고 철거한 사례가 적지 않습니다. 연산군 대에 철거당한 한양의 가옥은 실록에 기록된 것만 약 육백여 호[148]인데, 호수를 기록하지 않은 기사는 그보다 훨씬 많습니다. 즉 불법 주택을 짓고 살았던 많은 이가 왕의 판단에 의해 쫓겨나야만 했다는 것이죠.

만성적인 공급 부족이 이어지자 왕은 고위 공직자에 대하여 1가구 1주택 규제를 시행합니다. 성종 시대의 기록을 보시죠.

들건대 소격서(昭格署) 앞에 정효상(鄭孝常)의 집이 두 채나 있는데, 이처럼 고위 공직자가 서울 안에 앞다투어 두 채씩 집을 짓기 때문에 서민들은 서울 안에 발붙이고 살아갈 곳이 없다고 한다. 정말 심각한 일이다. 앞으로 고위 공직자들은 서울 안에 집을 한 채씩만 짓고 살다가 적장자에게 물려주도록 하라. 적장자 이외의 아들은 장가든 뒤 직접 집을 짓게 해야 한다.

−1481년(성종 12년) 1월 27일 『성종실록』

성종은 가옥 철거 과정에서 일관되게 관료는 압박하고 서민에게는 관용을 베푸는 스탠스를 유지했습니다. 여러 신하가 입을 모아 비판했지만, 성종은 대신들과 토론을 이어가면서 날 선 빌언을 쏟아내는 것도 서슴지 않았죠. 이 과정에서 튀어나온 정책이 고위 공직자의 1가구 1주택 규제입니다.

소격서는 조선시대에 하늘과 별에 제사를 지내던 관청입니다. 지금의 종로구 소격동, 경복궁 바로 옆 동네에 있었죠. 성종 대의 정궁(正宮)이 경복궁이었으니, 지금으로 치면 정효상은 정부 청사 바로 건너편에 집 두 채를 짓고 살았다고 봐도 되겠네요. '오 분 궁세권'이라는 압도적인 프리미엄은 모든 공직자가 탐낼 만큼 달콤했을 겁니다.

정효상은 성종 대에 탄탄대로를 걸으며 계림군(鷄林君)이라는 작위를 받고 공신에 봉해진 인물입니다. 그런 그가 주택난이 심해지던 성종 재위기에 굳이 집을 두 채씩이나 지은 까닭은 다 사랑하는 자식들을 위해서였던 것 같습니다. 내 성공이 자식들에게까지 이어져 편히 먹고 살길 바라는 마음은 인지상정이라, 제아무리 공신이라도 참을 수 없었던 거죠. 성종도 이 점을 알고 다주택 규제의 목표가 상속 제한에 있음을 명시합니다.

그러나 1가구 1주택이 규제만으로 이뤄질 수 있는 정책이라면 우리 시대에 비슷한 논란이 벌어지진 않았을 것입니다. 지금 전해져 내려

오는 분재기, 즉 재산 상속 서류는 서울의 다주택 금지 정책이 큰 효과를 내지 못했음을 드러내고 있습니다. 1552년(명종 7년) 작성된 정공징 (鄭公徵) 집안의 분재기를 보시죠.

〈표 12〉 정공징 7남매의 주택 상속[149]

상속자	서울	김천
첫째 아들	서울 남부 낙선방 소재 기와집 1채 및 토지	김천 집터 및 밭
첫째 딸	서울 남부 낙선방 소재 기와집 1채	김천 농사용 집 및 집터
둘째 아들		김천 집터 값
둘째 딸	서울집 임대료	김천 기와집 1좌 및 집터
셋째 아들	서울 남부 낙선방 기와집 1채	김천 기와집터 값
넷째 아들	서울 홍성방 소재 기와집터(토지)	김천 기와집 값
다섯째 아들	서울 홍성방 소재 기와집터(임대료)	김천 기와집 1좌

정공징의 부친 정이교(鄭以僑)는 경상도 김천의 처가로부터 받은 재산과 서울에서 벼슬살이하며 얻은 재산을 7남매에게 분배하는데요, 〈표 12〉에서 보시다시피 그는 서울 여러 곳에 가옥을 소유하고 있었습니다. 뿐만 아니라, 16세기에 이르면 소유권이 상세하게 나뉘어 집, 집터, 집과 토지의 임대료까지 상속하게 되었다는 것을 알 수 있죠. 1가구 1주택 규제 정책이 사대부들에겐 씨알도 먹히지 않았고, 오히려 더

정교하게 상속되며 다주택자로 성장해나간 사례가 적지 않았습니다. 결국 공직자의 다주택 문제는 조선 후기에 다시 첨예한 논쟁 주제로 떠오릅니다.

사치 금지 또한 대표적인 부동산 규제 정책이었습니다. 세종 시기부터 한양의 부잣집들을 대상으로 사치 규제 정책이 도입되었죠.

> 집에 대한 적절한 제도가 없어, 참람하게도 서민들의 가옥은 고위 공직자의 집과 버금가고, 고위 공직자의 집은 궁궐과도 같다. 이처럼 다들 사치를 숭상하여 위아래가 없으니 온당하지 않다. 이제부터 신분에 따라 집의 크기를 정하며, 주춧돌을 제외하고는 다듬은 돌을 쓰지 말 것이다. 또한 되도록 단청을 쓰지 말고 검소하게 집을 짓게 하라.
>
> — 1431년(세종 13년) 1월 12일 『세종실록』

세종은 신분에 따라 집의 크기를 정하고 인테리어도 검소하게 하라고 명합니다. 집이라는 것은 단순히 사는 곳을 넘어, 그 사람의 가치를 드러내 보이는 효과도 가지고 있죠. 사람들이 큰 집을 소유하고 예쁘게 가꾸려는 것은 자신의 가치를 증명해 보이고자 하는 욕망에 자연스럽게 이끌린 결과입니다. 그런데 욕망을 절제함으로써 사회적 공존을 추구하는 유학적 사고방식에 따르면, 누군가 멋진 집을 지으면 다른 이들도 따라 하고 싶어지고 결과적으로 욕망이 무한 발현되며 대결 구조의 사회로 치닫게 됩니다. 가옥에 대한 사치를 금하는 규제는 이러한 우려에서 도입된 정책입니다. 과연 '전 국민의 성인군자화'를 꿈꿨던 나라라 할 만하죠? 물론 한양의 땅 부족 사태도 사치 규제를 도입한 명분 중 하나였지만요.

한양의 주거 복지 정책, 기와 보급

계획도시 한양의 가장 큰 위협은 다름 아닌 화마(火魔)였습니다. 초기엔 초가집이 월등히 많았기 때문에, 약간의 불씨만 있어도 대규모 화재로 번졌죠. 이를 막기 위해, 대대적인 기와 보급 정책이 시행됩니다.

1406년(태종 6년) 기와를 생산하는 관청 별와요(別瓦窯)를 설치한 후, 관청과 민간에 기와를 보급하는 정책은 차근차근 집행되었습니다. 그런데 기와 보급에 박차를 가하게 되는 터닝 포인트가 생깁니다. 바로 1426년(세종 8년)에 발생한 '한양 대화재' 사건이었습니다. 도성 안에 수많은 이재민이 발생했고, 수백여 채의 민가와 여러 관공서가 불탔죠. 이에 세종은 기와 공장을 여럿 설치하면서 대대적인 기와 보급을 추진합니다. 특히 경제적 여력에 따라 기와값을 다르게 받았는데요. 전수조사를 통해 재력이 부족한 집(3,676호), 빈궁한 집(116호), 재력이 있는 집(1,956호)으로 구분한 뒤, 재력이 부족한 집에는 반값에, 빈궁한 집에는 무상으로, 재력이 있는 집에는 표준 가격대로 기와를 공급했습니다.

그런데 나랏돈은 언제나 눈먼 돈이었을까요? 1440년(세종 22년), 기와 생산을 담당하던 승려들이 부잣집에만 기와를 팔고 가난한 자에게는 기와를 주지 않는다는 보고가 올라옵니다. 반강제로 동원된 승려들 입장에서는 약간의 보상을 챙기는 것뿐이라고 생각했을 수도 있지만, 승려들조차 시장 논리에 지배되는 장면은 서글프기만 합니다.[150]

(2) 철거와 재개발, 그리고 집값 상승

그린벨트, 다주택 규제, 사치 금지, 궁궐 및 공적 공간 재건축 등으로 민가를 철거하는 작업은 조선 전기 내내 지속되었습니다. 태종~명종 대에 이르기까지의 주요 철거 사례를 정리해봤습니다.

〈표 13〉 태종~중종 대 주요 민가 철거 실태[151]

시기	철거 지역	철거 사유	가옥 수
1411년(태종 11년)		시전 행랑 공사 (광화문 앞 시장 공사)	1,486칸 인가
1427년(세종 9년)	도로 주변 인가	도로 침범	10,000여 호
1451년(문종 1년)	계동·가회동	경혜공주 집 건축	40호
1462년(세조 8년)	간경도감 주변	화재 위험	23호
1463년(세조 9년)	창덕궁 주변	궁궐 확장	58호
1464년(세조 10년)	원각사 주변	원각사 창건	200여 호
1476년(성종 7년)	경복궁 주변	그린벨트	400여 호
1503년(연산군 9년)	궁성 주변	성 재건축	159호
1516년(중종 11년)	서울 안	무허가 건물	360여 호

한때 우리나라도 서울 안의 판자촌과 재개발을 둘러싼 불행한 역사를 관통했습니다. 2009년 발생한 '용산참사'는 재개발과 관련된 비극이 압축된 사건이었죠. 투자자·시공사·정부 부서·거주자·분양권자 등 다양한 사람들의 생계와 이익이 걸린 재건축은 지금도 논란의 대상입니다.

'살 권리'라는 관점에서 보면, 재건축에서 가장 큰 문제는 기존에 살고 있던 사람들에 대한 보상입니다. 상식적으로 기존에 살던 사람들에게 적절히 보상해야 한다는 데는 모두가 공감합니다. 그런데 실상은 불법건축물이라서 보상받지 못하거나, 소유권을 가지고 있더라도 우선 분양권을 활용할 만한 능력이 없는지라 실질적인 보상이 되지 않는 경우가 많죠. 다시 말해, 최대의 이익을 내기 위해 '살 권리'가 무참히 짓밟힌 예가 적지 않았다는 것입니다. 또 재건축이 서울 집값 거품을 만들기도 했죠.

조선의 철거 사례에서도 보상 문제는 뜨거운 감자였습니다. 조선은 '실거주자 우선'을 원칙으로 땅을 분배했습니다. 민가를 철거한다면, 그들이 살 수 있는 다른 공간을 지급해야 합당할 것입니다. 하지만 서울의 땅은 이미 부족한 상태였고, 대신들도 살 땅이 없는데 힘없는 백성들에게 줄 땅을 그리 열심히 찾아보진 않았겠죠. 언젠가부터 철거 보상은 금전으로 바뀌었습니다. 예컨대 연산군 대에는 집값을 다섯 개로 구분하여 무명 10~50필을 차등 지급하는 정책을 폈는데요.[152] 이 정도면 당시 서울의 집을 구매할 수 있었습니다. 이때도 서울의 집은 비쌌지만, 지금처럼 수십 년 동안 월급을 모아도 살 수 없을 정도는 아니었거든요.

그런데 이 과정에서 굉장히 어려운 문제가 대두됩니다. 원각사(圓覺寺) 창건을 위한 보상 문제를 두고 논의하는 모습을 살펴보죠.

임금이 신숙주(申叔舟)와 논의하였다.

"원각사(圓覺寺)를 창건하기 위해 민가 이백여 호가 철거되었다. 집이 없어진 사람들에게 원래 보상 기준가의 세 배 값을 지급하고자 하는데, 그대의 생각은 어떤가?"

신숙주가 의논하였다.

"원각사 땅은 지금 한양 사람들이 아침저녁으로 이권을 노리는 땅입니다. 당연히 보상가의 세 배를 지급해야 뒤탈이 없을 것입니다."

— 1464년(세조 10년) 6월 15일 『세조실록』

원각사는 지금의 종로구 탑골공원에 있던 절입니다. 그야말로 서울의 노른자위죠. 지금으로 치면 강남 테헤란로 역세권이랄까요? 당연히 이권을 두고 불꽃 튀는 눈치 싸움이 벌어지던 곳입니다. 세조는 원각사 창건을 추진하면서 이 땅에 살거나 알을 박고 있던 사람들을 몰아내고, 그 대가로 공시지가보다 세 배나 높은 보상금을 지급하죠. 정부에 대한 불만이 터져 나오는 것을 막기 위해서였습니다.

정부가 공공사업을 위해 거주민에게 보상금을 두둑히 지급하는 건 합리적입니다. 좋은 위치에 살던 사람들이 그만한 새 보금자리를 찾기도 어려웠을 테니까요. 그런데 하나하나의 선의가 꼭 좋은 결과로 연결되지는 않는 것 같습니다. 이런 기사도 보입니다.

사헌부가 보고했다.

"돈의문(敦義門) 안에 새로 지은 옹주의 집터가 이미 상당히 넓습니다만, 집터 밖에서 살던 평민 사냥손 외 여섯 명의 집을 억지로 사들

219

여 철거하는 바람에 원통하다고 난리입니다. 왕자와 옹주의 집터는 이미 법으로 정해져 있습니다만, 지금 여러 왕자가 법을 무시하면서 경쟁하듯 집을 넓히고 있으니, 백성들이 떠돌이가 되고 있습니다."

왕이 답했다.

"그 건에 대해서는 사헌부가 제대로 조사하지 않은 듯하다. 그들은 원래 스스로 집을 팔기를 원했고 절차대로 처리되었다. 그런데 지금은 억울하다고 난리를 피우니, 이해할 수가 없다. 아마도 두둑한 보상가를 기대했으나, 판정 결과 시가보다 적게 집행되어 억울해하는 것 같다. 게다가 집이 여섯 채라고 하지만, 실제 넓이는 한 채 정도다. 다 절차를 밟아서 한 것이며 억지로 사들인 것도 아니다."

- 1535년(중종 30년) 6월 7일 『중종실록』

이 사료는 사헌부와 중종의 논리가 대립하고 있어 흥미롭습니다. 사헌부가 왕자와 옹주가 법을 무시하면서 남의 집을 사들이는 게 문제라고 지적하자 중종은 절차에 따라 보상금을 지급했는데, 보상금이 적다고 떼쓰는 거라고 반박하죠. 그런데 의아합니다. 엄연히 법에 정해져 있는데, 어째서 왕족들은 집을 계속해서 넓힐 수 있었을까요? 또 어떻게 억지로 사들일 수 있었던 걸까요? 사헌부와 중종의 대화를 기록한 사관(史官)은 재밌는 코멘트를 붙여놨습니다.

이 시기, 왕자를 비롯한 여러 왕족이 앞다투어 가옥을 마치 궁궐처럼 꾸몄다. 처음 집을 지을 때는 법에 맞게 지었지만, 점점 넓혀가더

220

니 근처의 집들을 침탈했다. 결국 백성들도 어찌할 수가 없어 먼저 나라에 팔기를 청하게 되었다. 즉 자원했다고 하지만 사실은 억지로 사들인 것이다. 백성들은 차마 나라를 원망하지는 못하고 처음 집을 팔기 시작한 사람들을 탓하게 되었다. 크고 넓은 집에 살던 힘 있는 자들이 나라에 집을 팔 때, 시중가의 두 배 이상을 받았다. 이것을 보고 무식한 자들이 앞다투어 집을 팔겠다고 나선 것이다. 이 때문에 서울의 집값이 뛰어올랐다.

사관이 기록한 사건의 맥락은 이렇습니다. 왕족들이 처음에는 법대로 집을 지었지만, 리모델링과 인테리어에 전념한 끝에 조금씩 선을 넘게 되어 이러한 사태가 일어났다고 지적하죠. 강제로 사들였다는 사헌부의 근거는 한마디로 다음과 같습니다. '이 사람 저 사람 다 파는데 누가 안 팔고 버틸 수 있겠나? 다 어쩔 수 없이 파는 거다.' 내 집이 고속도로 건설 예정지에 포함된다면, 아무리 싫어도 안 팔 수는 없습니다. 물론 왕족의 집을 리모델링할 때 백성이 의무적으로 재산을 내놓아야 한다는 강제는 없었으나, 보이지 않는 힘의 관계가 분명 있었겠죠. 근처의 백성들은 왕족의 집에서 일거리를 얻어서 살았을 테니까요.

백성들이 어쩔 수 없이 집을 팔면서 원망하는 사람은 따로 있었습니다. 이른바 서울의 부자들이었는데요, 이들은 좋은 입지에 집을 여러 채 가지고서 나라에 시중가보다 훨씬 비싼 값에 팔았습니다. 어쩌면 훗날의 보상을 바라며 왕족이나 궁궐 옆집을 매입하기도 했을 겁니다. 즉 '기획 부동산'이자 '부동산 큰손'이었던 거죠. 이들이 거둔 성공을 따라

하는 자들도 생겨났는데, 중종은 사냥손 외 여섯 명도 그런 부류였을 거라고 의심하고 있는 것입니다.

더 심각한 점은, 이러한 현상이 이어지자 서울 집값에 거품이 끼기 시작했다는 겁니다. 이렇게 되면 돈 없고 재산 없는 '1가구 1주택 실거주자'가 가장 큰 피해를 봅니다. 사냥손 외 여섯 명이 시중가보다 낮은 보상금을 받았던 것도 이미 거품이 진뜩 긴 시중 가격과 공시지가의 차이가 상당히 컸기 때문으로 보이는데요, 이런 현상이 이어지면 힘없는 백성들이 계속 밀려날 수밖에 없습니다.

이 사료는 많은 생각을 불러일으킵니다. 정부가 선의로 두둑하게 지급한 철거 보상금이 집값 상승이라는 결과를 불러옵니다. 즉 하나의 보상 사례가 주변 지역, 나아가 서울 전체의 집값 폭등을 유도한 것입니다.[153] 그렇다고 처음부터 보상금을 깎아서 줬다면, 어마어마한 사회적 갈등이 일어났을 겁니다.

따라서 사헌부가 지적한 바대로, 왕족들이 법에 정한 바를 어기고 선을 넘기 시작한 것부터 따져야 합니다. 만약 공공사업을 위해 평민의 집을 매입했다면 이야기가 다르겠지만, 왕족의 리모델링이 공공선에 기여할 리는 만무하니까요. 물론 약간의 일거리 창출이나 소비 활성화는 되겠지만요. 왕족의 선을 넘는 리모델링은 법에 저촉될 뿐 아니라, 조정에서 강조한 1가구 1주택 정책과도 반했습니다. '1가구 1주택 원칙만 지킨다면, 대궐 같은 집을 지어도 괜찮다는 건가?'라는 의문이 생기는 사례를 계속해서 남겼기 때문입니다.

'내 집 마련'의 약속, 부도수표로 드러나다

조선 전기, 조정은 백성들에게 '내 집 마련'할 수 있게 해주겠다고 약속하며 '실거주자에게 살 땅을 준다'는 원칙을 세웠습니다. 하지만 조선의 부동산 정책은 약속을 실현하기에는 미흡했습니다. 원칙과 철학을 구현할 만한 장기적인 플랜이 부족했기 때문이죠. 조선 전기의 부동산 정책을 정리해보면 이렇습니다.

먼저 서울 신도시 개발 후 실거주자에게 택지를 지급하는 정책이 있는데요, 이는 조선왕조의 기틀을 세운 중요한 정책이었다 말할 수 있습니다. 고려가 망하고 조선이 들어선 뒤에도 여전히 개성의 영향력은 막강했거든요. 한때는 수도를 다시 개성으로 옮기기도 했을 정도였죠. 따라서 조선은 서울로 사람을 끌어모으기 위해 여러 인센티브를 두었는데, 택지 지급 정책이 대표적입니다.

이는 서울의 인구가 급속히 늘어나는 데 기여한 것으로 보입니다. 세종 때 한양의 인구는 총 18,794호, 개성의 인구는 4,819호를 기록합니다.[154] 태종이 개경에서 한양으로 다시 수도를 옮긴 지 이십 년 만에 두 도시의 인구가 네 배 차이를 기록한 거죠. 물론 조선은 '택지', 즉 땅을 주었을 뿐 집을 지어 공급하지는 않았습니다만, 신도시 개발과 택지 지급 정책 덕분에 실거주자들은 비교적 여유 있게 집을 구할 수 있었죠. 이렇게 불어난 인구 덕분에 다양한 산업 기반이 갖춰집니다. 그동안 황무지였던 서울 주변의 땅들도 꾸준히 개간되죠. 비로소 '수도 서울'이 완성됩니다. 조선왕조 오백 년간 서울이 차지했던 막중한 비중을 고려하면, 택지 지급 정책은 매우 효과적이었다고 평가할 수 있습니다.

그런데 곧 문제가 생겼습니다. 인구를 끌어들여 새 나라의 기틀을 세우는 것까지는 성공했는데, 곧 주택 공급이 인구 유입을 따라잡지 못하는 현상이 발생합니다. 앞서 보았던 것처럼, 이미 세종 시대부터 집터 발급을 두고 신경전 및 소송전이 끊임없었죠. 성종 시대에 이르면 고위 관료마저도 산 위에 불법건축물을 짓고 사는 예가 등장합니다. 이는 서울 신도시 개발 이후 이렇다 할 대규모 택지 개발 및 주택 공급이 없었기 때문입니다. 서울이 수도로서 충분히 기능을 다하자, 조정의 관심사는 서울을 먹여 살릴 산업 기반과 유통망 확보로 옮겨갑니다. 서울 인근의 넓은 땅들을 택지로 개발할 생각은 하지 않았죠.

조선 전기의 왕과 조정은 심각한 주거난을 분명히 인지하고 있었습니다. 그런데 왜 공급에 관심을 기울이지 않았던 걸까요? 그 이유를 정확히 알기는 어렵습니다만, 아마도 왕도(王都)가 지나치게 커지는 것을 우려한 까닭도 있었을 것 같습니다. 조선이 꿈꾼 사회는 서울과 지방이 각자 생산 기반을 가지고 자립하는 형태였습니다. 그런데 수도에 유입되는 인구를 모두 수용하기 위해 계속해서 택지를 개발한다면, 지방 공동체는 점점 자립하기 어려워졌을 테니까요. 실제로 지방에서 전염병 및 흉년으로 식량난이 심해지면, 사람들은 복지 정책이 잘 집행되는 서울로 향했습니다. 하지만 앞서 말한 이유 탓에 서울에서는 이들을 잠시 보호하더라도 반드시 지방으로 돌려보내고자 애썼죠.[155]

또한 '서울 프리미엄'이 떨어지는 것도 달갑지 않았을 것입니다. 조선 시대 서울이라는 공간은 한양 도성(사대문 안)과 성 밖 십 리(성저십리)로 구성됩니다. 서울의 인구를 적절히 부양하기 위해선 공간을 넓혀야만 했죠. 즉 도성의 설계와 나아가 도성 안에 맞춰진 행정 시스템·SOC·유통망·교육 시설 등을 모두 바꿔야만 합니다. 서울 사람들에게 부여된 각종 세제 혜택과 의무 변제도 재검토해야 하죠. 이는 곧 누군가는 이익을 포기하거나 타인과 나눠야 한다는 뜻이었습니다. 이러한 일련의 문제들이 조선이 택지 공급을 통해 서울 확장을 시도하지 않은 이유로 추측됩니다.

따라서 대부분의 부동산 정책은 규제에 집중됩니다. 사치 금지, 신분에 따른 주택 규모 제한, 고위 공직자의 1가구 1주택 규제, 풍수지리에 의거한 개발 금지 및 불법건축물 철거, 서울 안 주택의 상속 제한 등이 그것이죠. 이를 용적률 제한, 1가구 1주택, 상속세, 그린벨트 등으로 치환하면, 오늘날의 부동산 규제 정책과 그리 다르지 않아 보입니다.

이러한 규제 정책이 주는 신호는 분명했습니다. '서울은 더 커질 수 없으며, 인구도 제한되어야 한다. 만약 능력이 되지 않는다면 서울에 살면서 불편을 겪더라도 어쩔 수 없다.' 어떠신가요? "모두가 강남에서 살 필요는 없다."라는 말이 떠오르죠?

조선에서는 이 말이 타당했습니다. 조선 전기에도 서울과 지방의 인프라에는 큰 차이가 있었지만, 적어도 먹고사는 문제에 있어서는 비슷했거든요. 조선은 백성 대다수가 농업에 종사했던 나라입니다. 즉 농사만 지어도 남들만큼 먹고살 수 있었다는 거죠. 따라서 백성들이 지방에서 사는 편이 나라가 균등하게 성장하는 데 더욱 유리했습니다.

15~16세기 조선의 여러 임금은 부동산 부양책보다는 규제책에 심

혈을 기울이는데요, 문제가 있었습니다. 규제에 균열이 발생한 겁니다. 왕족을 비롯한 권력 있는 이들의 리모델링·다주택·땅 투기·이권 알박기 등으로 집값은 계속 상승합니다. 집값 압박이 강해지자 평민들은 불법건축물을 짓고, 조정은 철거하고, 또 다른 곳에 다시 판자촌이 생기는 악순환이 벌어지죠. 특히 풍수지리라는 무기로 불법건축물을 불도저처럼 밀어버리던 연산군 시절, 한 관료는 시를 지어 철거 정책을 집행해야 하는 스스로에 대한 자괴감을 표현합니다.

> 번화한 거리에는 사람이 가득하고(闤闠縱橫人似海)
>
> 도로가 교차하여 땅값이 금값이네(街衢交錯土如金)
>
> 너도나도 빈 땅 찾아 집을 짓는데(爭尋隙壤開軒宇)
>
> 깊은 산길을 지나 숲 옆까지 이르렀네(分占幽蹊傍樹林)
>
> 대궐을 내려다보고 싶었던 게 아니라(不是有心臨魏闕)
>
> 땅이 없어 어쩌다 산을 끊게 된 것인데(偶因無地斸層岑)
>
> 그 누가 풍수지리를 제대로 알겠는가(誰人能解靑烏術)
>
> 부질없이 흰머리를 슬퍼함이 부끄럽네(愧我空悲白髮簪)

— 『허백당집(虛白堂集)』「공조 및 한성부와 함께 성안의 철거해야 할 민가를 자세히 조사하다(工曹京兆府看審城中可撤家舍)」

조선 전기의 관료 성현(成俔, 1439~1504). 그의 시는 당시 서울의 모습을 잘 드러냅니다. 땅값에 밀려나 산 위에 판잣집을 지을 수밖에 없는 사람들이 풍수지리학을 알 리가 만무하건만, 연산군은 그저 불도저처럼 철거를 밀어붙였죠. 성현은 주택 철거 조사를 위해 산에 올랐다가, 이 정책에 반대하면서도 실행할 수밖에 없는 무력감을 토로합니다. 아마 당대 관료들 사이에는 철거가 만병통치약은 아니라는 공감대가 무르익고 있었던 것 같습니다.

그런데 공급에도 한계가 있습니다. 서울을 넓힐 수 없었고, 온돌 문제와 사치 규제로 인해 다층 건축물도 지을 수 없었죠. 이제 공직자들은 대규모 공급 없이도 주거난을 해소할 수 있는 발상이 필요했습니다. 앞서 본 1512년『중종실록』기사에서 성희안이 '서울에는 세를 주는 풍속이 없어 사람들이 불법건축물을 짓고 살아간다'고 했던 말을 기억하시나요? 사실 그보다 앞선 연산군 대에는 이러한 논의가 있습니다.

임금이 명했다.

"철거당한 백성들이 거주할 방안을 조사하여 보고하라."

이에 한성부 판윤 박숭질(朴崇質) 등이 보고했다.

"서울 안의 경저(京邸)나 빈집을 원하는 대로 임대하여 살게 하되, 만일 빌리려고 하지 않으면 관공서에서 독려하면 어떻겠습니까?"

– 1503년(연산군 9년) 11월 6일『연산군일기(燕山君日記)』

1503년 11월에만 대궐이 내려다보이는 곳과 대궐 담, 창덕궁 후원, 여러 궁전 근처에 지은 인가의 철거를 논의하는 사료들이 즐비합니다. 그렇습니다. 누구보다 철거에 열중했던 '인간 불도저' 연산군의 광기가 제대로 터진 달이었죠. 그래도 일말의 이성은 남아 있었는지, 철거민에게 보상금을 주고 주거 안정책도 마련하라고 지시합니다.

이에 한성부 판윤, 즉 서울 시장은 '임대'를 대안으로 제시합니다. 사료에서 말하는 경저(京邸)란, 지방의 아전이나 서민들이 서울에 올라올 때 머물며 일을 처리하는 집이었습니다. 누군가에게는 비즈니스 호텔이었고, 누군가에게는 '달방'이었죠. 지방에서 서울로 올라오는 사람이 있으면, 반대로 서울에서 지방으로 내려가는 사람도 있었습니다. 그렇게 빈집이 생겼죠. 이러한 집들을 활용해 임대제도를 정착시키자는 것이 당시 관료 사회의 해법이었습니다. 십여 년 뒤 성희안에 의해서도 다시 언급되는 만큼, 임대주택의 도입과 정착은 16세기 지식인들 사이에서 중요한 아이디어로 논의되었던 것 같습니다.

그러나 임대주택 제도 도입은 어떤 의미에서는 약속의 후퇴였습니다. 이제 실거주자는 '자가'를 받아 사는 것이 아니라 집을 '임대'해야 했고, 그것도 나라에서 주관하는 것이 아니라 민간 시장에 맡기는 형태로 제안되었죠. 실거주자에게 살 곳을 줘야 한다는 원칙이 서울은 더 이상 확장될 수 없다는 전제 아래 갇힌 가운데, 주거난을 해결해야 한다는 압박이 심화된 결과였습니다.

17세기 이후 조선에는 임대제도가 점차 활성화됩니다. 그럴수록 내 집 마련의 꿈은 더욱 요원해졌죠. 조선 전기의 부동산 정책은 이렇게 막을 내렸습니다. 약속은 무산됐고, 서울 인구는 늘어났으며, 집값은 계속 우상향합니다. 그렇다면 과연 조선 후기에는 어떠한 부동산사(史)가 펼쳐졌을까요?

2장. 조선 후기: 이 넓은 서울 땅에
내 한 몸 누울 자리가 없네

소유권 대결의 심화: "아 글쎄, 여기는 조상 대대로 내 집이었다고"

서울 안 집을 두고 벌이는 소유권 논쟁은 조선 전기부터 뜨거웠습니다. 이미 세종 시기부터 '소송이 끊이질 않았다'는 기록이 있었죠. 하도 소송이 많다 보니 성종 시대에는 이러한 논의도 등장합니다.

한성부에서 보고했다.

"집을 소송할 때는 기한이 없습니다. 그래서 간사한 자들이 부당한 이익을 보는 예가 많습니다. 예컨대 팔았던 집의 시세가 오르면, 다른 사람에게 그 집을 다시 허위로 판매한 후 "원래 그 집은 상속받았어야 할 제 집입니다."라고 거짓말하며 소송하는 예도 있습니다. 이러한 소송은 진실을 파악하기 정말 어렵습니다. 따라서 지금부터는 비록 정말로 집을 남에게 빼앗긴 자라 해도 십 년 이내에 고소하여 다투지 않으면 소송을 제기할 수 없도록 하는 게 어떻겠습니까?

– 1471년(성종 2년) 9월 3일 『성종실록』

땅이 없어서 고관대작도 산에 집을 짓는 시대, 당연히 소송전도 뜨거웠습니다. 그런데 소송을 제기할 수 있는 기간, 즉 제소 기한이 없다 보니, 이를 악용하는 사례도 부지기수였습니다. 행정력이 낭비될 뿐 아니라, 정확한 판결을 내려야 하는 관료들의 부담도 커졌죠. 억울함을 풀어줘야 하는 소송에서 오히려 억울함이 증폭되는 부작용도 적지 않았고요. 위 사료의 논의를 거쳐 『경국대전』에서는 토지와 집에 관한 소송의 제소 기한을 오 년으로 제한하게 되죠.[156]

이것이 평화롭던 15세기 후반의 일입니다. 그 후 조선은 임진왜란과 병자호란이라는 치명타를 입죠. 서울은 여러 차례 약탈당했고 수많은 집이 불탔습니다. 서울 안에 살던 사람들, 혹은 서울의 집을 상속받은 사람들도 유명을 달리했죠. 그리고 소유권 증명을 위한 혼돈의 도가니가 펼쳐집니다.

17세기의 시대상을 읽기 위해 두 건의 소송전을 살펴보고자 합니다. 먼저 1638년(인조 11년)에 벌어진 소송은 원고 이무(李茂)가 피고 최립(崔立)을 고소함으로써 시작했는데요, 소송의 양상은 이랬습니다.[157]

원고 이무(李茂): 재판장님! 저는 역관으로 근무하고 있는 이무입니다. 저는 작년(1637년) 4월 의원(醫員) 임대경으로부터 돈의동에 있는 주택을 샀습니다. 저는 집을 사자마자 거주하며 출퇴근했는데, 올해 저희 집 남쪽 담장을 다시 쌓으려고 하니 남쪽의 이웃 최립이 "담장을 쌓지 마시오. 그곳의 땅 십여 칸은 원래 우리 집 땅이오." 하며 막아서는 것이 아닙니까? 이는 도둑질이나 다름없으니, 최립을 벌하시고 경계를 바로잡아주십시오.

피고 최립(崔立): 재판장님! 저는 이곳에서 삼십 년 동안이나 평화롭게 살고 있었는데, 하루아침에 도둑놈이 되어버리다니요! 원통합니다. 문제가 되는 그 땅은 제 땅이 맞습니다. 진실을 밝혀주십시오.

재판장 윤휘(尹暉, 한성부 판윤): 증인을 소환하라.

증인 1 임대경(林大慶): 제가 작년에 이무에게 집과 땅을 판 것은 맞습니다. 그런데 그것이… 저도 그 집을 상속받은 게 아닙니다. 예전에 유인남이라는 자에게 구매한 재산이지요. 하여 그 집의 오래된 사정은 모릅니다.

증인 2 유인남(柳仁男): 예. 제가 임대경에게 그 집을 팔았습니다. 에, 그, 오래전 일입니다만, 제가 그 집에 살고 있을 무렵, 최립의 집과 저희 집의 경계가 서로 맞닿아 있었죠. 그래서 그때 담을 쌓아 경계를 정하기로 합의했습니다. 담장을 쌓으면서 문서도 새로 만들었고요.

재판장 윤휘: 피고는 담장을 쌓을 때 만든 문서가 있는가?

피고 최립: 예. 찾아보니 있었습니다. 제출하겠습니다.

원고 이무: 재판장님, 만약 그 땅이 최립의 것이라면, 왜 지난 삼십 년 동안에는 아무 말이 없다가 이제야 자기 땅이라고 주장하는 걸까요? 게다가 그동안 저희 집의 소유주는 세 번이나 바뀌었습니다. 문

서가 위조되었을 가능성이 충분합니다!

재판장 윤휘: 원고의 주장에도 일리가 있다. 그런데 문제의 지역과 양측의 집터를 실제로 측량해본 결과, 최립의 문서에는 오류가 없었다. 또한 측량 결과에 따르면 원고가 쌓은 담장이 피고의 집터를 일부 침범한 것이 확실하다. 따라서 재판부 전원 합의로 원고의 소를 각하하며, 두 집의 경계를 측량 결과에 따라 징하도록 한다.

이무와 최립이 담장이 쌓인 땅의 소유권을 두고 다툼을 벌입니다. 이때 재판장인 한성부 판윤 윤휘는 최립의 손을 들어줍니다. 이무의 담장이 최립의 땅을 침범한 크기는 대략 길이 10미터 너비 20센티미터 정도였습니다. 이는 당시 한양이 약간의 공간을 두고도 첨예하게 다툴 만큼 땅이 부족했음을 반증합니다. 이러한 소유권 분쟁을 해결하려면 조선의 재판부는 정확한 측량 기술이 필요했으리라는 점도 알 수 있죠.

그런데 이무는 눈 뜨고 코 베인 느낌이었을 겁니다. 자기가 돈 주고 산 땅에 담장을 쌓으려 했다가, 전 주인 임대경이 '하자 있는 집'을 팔았다는 사실을 알았으니까요. 하지만 땅을 포기하지는 않았습니다. 이무는 계속해서 자기 집 주변 땅을 사려고 시도합니다. 사 년 뒤인 1642년(인조 20년), 최립은 이효남(李孝男)이라는 사람에게 은자 15냥을 받고 자신의 집과 땅을 팝니다. 그리고 두 달 뒤, 이무가 그 땅을 은자 25냥을 주고 사죠. 정리하면, 이무는 전 주인의 착오로 자기 땅이 아닌 곳까지 비용을 지불했고, 문제가 된 땅을 나중에 웃돈까지 얹어주고 산 겁니다. 두 번이나 피해를 본 셈인데요, 목마른 사람이 우물 판다는 속담이 딱 들어맞는 사례지요. 가장 큰 이득을 취한 사람은 앉아서 두 달 만에 열 냥이나 벌어들인 이효남일 겁니다. 길이 10미터 너비 20센티미터의 땅을 두고 벌인 소송전이 열 냥이라는 이득에 지대한 영향을 끼쳤습니다. 작은 담장 하나를 두고 억대 소송전이 펼쳐지는 지금 서울의 이야기와 정말 닮았죠?

두 번째 소송은 1661년(현종 2년)에, 역시 서울에서 벌어진 소송입니다.[158] 이 소송은 조금 더 복잡한데요, 원고 정대운(鄭大雲)과 피고 이흘(李屹)의 사정을 들어보시죠.

원고 정대운(鄭大雲): 재판장님. 저는 종로구 수송동의 집과 땅 183칸을 유산으로 받았습니다. 그런데 지난 임진왜란 때 가족들이 뿔뿔이 흩어져 지금에 이르기까지 조상께 받은 재산을 되찾지 못했습니다. 지난해 10월에야 간신히 찾게 되었는데, 그 터에 생판 모르는 사람 열한 명이 집을 짓고 살고 있었고, 심지어 입안까지 받아 주인 없는 공터를 차지한 것처럼 꾸몄습니다. 그들은 제가 힘이 없는 사람인 줄 알고서, 소송을 지연시켜 포기하게끔 만들기도 했습니다. 불법으로 저의 재산을 차지하려는 저들을 막아주십시오.

피고 이흘(李屹): 억울합니다. 말단 병사인 저희는 너무나 가난하여 집을 구할 수가 없었습니다. 그런데 마침 수송동 지역에 빈터 120칸이 있었습니다. 이 땅은 원래 정문부 선생님의 것이었는데, 그분의 자손들이 경상도 진주로 이사를 가시면서, 저희가 들어와 살 수 있게 허락하셨습니다. 그렇게 살아온 지가 벌써 사십 년이나 되었지요.

그런데 어느 날 갑자기 정대운이라는 자가 나타났습니다. 그는 상속 문서를 들이대면서 "이 터는 내가 유산으로 받은 땅일세. 만약 자네들이 이 땅을 사지 않으면 다른 이에게 비싸게 팔 것이네. 생각 잘해 보게."라며 저희를 협박했습니다.

[정대운이 제출한 증거물]

〈상속문서〉

조상에게서 받은 재산을 아버님 [판독 불가] 왜적 속에서 살았는지 죽었는지 알 수 없었다. 그러므로 예전의 재산 문서는 [판독 불가] 유언에 따라 균등하게 나눈다. 서울 수송동의 땅 [판독 불가] 83간 내에 지은 집 49간 등은 자손에게 나눈다.

원고 정대운은 스스로 고관대작의 후손이라고 주장합니다. 반면 이흘을 비롯한 피고인들은 직업 군인이었습니다. 당시 조선은 직역(職役, 양인이 지는 관직이나 군역과 같은 의무)에 따라 모여서 거주했는데, 하급직일수록 거주지 찾기가 더욱 어려웠습니다. 원고는 이 땅이 자신의 유산이라 주장하고, 피고는 이 땅이 정문부(鄭文孚, 1565~1624)의 후손으로부터 거주를 허락받은 땅이라고 주장합니다. 법대로라면 제소 기간이 지났기에 소송을 제기할 수 없었습니다만, 정대운은 『경국대전』의 예외 조항을 이용했습니다. 바로 '조상에게 받은 재산의 소송은 기한이 없다'는 조항이었죠. 이로써 소송이 진행될 수 있었는데요, 정대운이 제출한 상속문서의 진위가 아무래도 의심스러웠습니다. 그렇게 피고 쪽으로 판세가 기울어가던 중, 새로운 인물이 등장합니다.

원고 사경: 재판장님, 저는 고(故) 정문부 어르신의 노비 사경입니다. 저희 상전께서는 1617년에 수송동의 빈터 238간을 이승경(李承慶)으로부터 사들이고 1625년에 경상도 진주로 이사하셨습니다. 또 1627년에 수송동 땅 238간 중 45간은 타인에게 파시고, 나머지 193간은 그대로 두셨습니다. 그런데 지금 정대운이라는 자가 상속문서를 위조하여 저희 상전의 땅을 빼앗으려고 했으니, 법에 따라 무겁게 다스려주십시오.

피고 정대운: 저는 부모를 일찍 여의고 객지를 떠돌던 사람입니다. 병자호란 때 가산을 잃고 모든 식구가 적군에 사로잡혔는데, 저만 간신히 목숨을 건졌습니다. 가난이 뼈에 사무쳐 유산을 되찾으려고 보니, 그 땅에 모르는 사람 십여 명이 살고 있었습니다. 그들은 "주인 없는 빈터입니다."라고 주장했지만, 제가 가져간 문서를 보고는 그 땅을 사기로 철석같이 약속했습니다. 하지만 간사하게도 뒤로는 소송을 제기해 저를 공격하고 있습니다.

[사경이 제출한 증거물]

〈거래문서〉

1617년. 나 이승경은 오랜 유배로 생활이 너무나 힘들어 아버지로부터 받은 서울 수송동의 땅 283간을 정문부의 노비 분세에게 영원히 판매한다.

〈등기문서〉

1627년. 수송동에 있는 집터 45간(기와집 18간 포함)을 정대영이 이신우의 처 정 씨에게 판매했음을 확인한다.

새로운 인물 사경은 임진왜란 당시 함경도의 의병장이었던 정문부 가문의 노비입니다. 정대운이 상전의 땅을 빼앗으려 한다는 소식을 듣고 그를 고소하죠. 이로써 원고 사경(정문부 집안)과 피고 정대운의 소송으로 뒤바뀌었습니다. 사경의 논리는 명백했습니다. '정대운이 주장하는 땅은 자신의 상전이 산 땅이며, 진주로 이사 가면서 땅을 비워두었고 그중 일부를 타인에게 팔았다.' 주장을 증명할 문서들도 깔끔했죠. 글자를 알아보기 힘든 정대운의 상속문서에 비하면 완벽할 정도로요.

이것만으로도 대충 느낌이 오는데요, 그래도 결정적인 증거가 필요했습니다. 바로 측량이었죠.

재판장 이완(李浣, 한성부 판윤): 재판부는 원고 노비 사경이 제출한 여러 거래문서와 증빙문서, 그리고 정대운이 제출한 상속문서를 면밀히 검토하였다. 비록 양측의 주장에 대한 진실을 판별하기는 어려우나, 분명 차이가 있다. 정문부의 문서에는 땅의 위치가 비교적 정확하게 적혀 있으나, 정대운의 문서에는 두루뭉술하게 묘사되어 있다.

따라서 재판부가 이를 판별하기 위해 측량을 실시하니, 원고가 주장하는 내용과 일치했다. 특히 238간뿐 아니라 판매한 45간도 정확하게 증명되었다. 원고 측의 상전은 비록 집을 짓지는 않았지만, 타인에게 땅을 오랫동안 빌려주었다. 그런데 정대운은 상속문서가 작성된 1593년 이후 무려 칠십 년 동안 한 번도 소를 제기하지 않다가 지금 갑자기 소를 제기하니, 매우 터무니없다. 이에 재판부 전원 합의로 원고의 주장을 받아들이고 문제의 땅을 노비 사경의 소유로 확정한다.

예상대로 소송은 원고 사경의 승리로 끝났습니다. 양측의 주장을 증거재판주의로 판결한 재판부의 판단, 합리적이죠?

앞서 살펴본 두 소송에서 재미있는 점이 두 가지 더 있습니다. 첫째로, 당시 서울의 주거난이 얼마나 심각했는지 알 수 있습니다. 1668년 소송의 원고 이무는 이십 년이나 복역한 역관이었습니다. 1661년 소송의 첫 번째 피고 이흘은 사십 년이나 복무한 직업 군인이었죠. 즉 비록 하위직이긴 하나 엄연히 공무원인데도 서울에 집을 얻기가 너무나 어려웠다는 것입니다. 이처럼 17세기에는 서울의 주택 부족에서 비롯된 사회적 비용이 점점 막대해지고 있었죠.

둘째로는 입안 제도의 실효성에 대한 의문이 듭니다. 당초 조선은 빈 땅을 정해 집 짓고 살려는 이들을 보호하고 관리하기 위해 입안 제도를 운용했습니다. 만약 입안이 철저하게 운영되었다면, 소송에서 다툴 여지도 확실히 줄어들었을 것입니다. 재판부 또한 따로 측량할 필요없이, 입안 문서만 확인하면 쉽게 판별할 수 있었을 것입니다. 국가로부터 살 권리를 보장받을 수 있는 입안 제도가 있었음에도 소송전이 지속적으로 벌어진 것을 이해하기 어렵습니다. 어떻게 된 걸까요?

주택 부족이 만들어낸 조선의 복덕방 풍경

(1) 무주택자에게도 살 권리를, 임대제도의 출현

병조판서 김재로(金在魯)가 보고했다.

"이번에 새로 임명된 호위 장수 5~6인의 경우, 원래는 대장의 집 근처에서 출퇴근하는 것이 관례입니다만, 갑작스럽게 임명되어 살 집을 얻기 어려워했습니다. 그래서 우선 인근의 집을 빌린 후, 일주일 뒤 부대에서 집을 빌리거나 매입하여 지급했습니다."

– 1731년(영조 7년) 7월 18일 『승정원일기』

영조 시대의 기록에는 새로운 형태의 주거문화가 등장합니다. 일시적으로 집을 빌리거나 세를 드는 등의 형태죠. 18세기에는 아주 다양한 형태의 주거 문화가 자리 잡았습니다. 이는 17세기 '주거난 해소를 위한 노력'이라는 내부적 요인과 '전쟁으로 인한 파괴'라는 외부적 요인이 복합적으로 맞물린 결과였습니다.

그 과정을 조금 더 자세히 볼까요? 1593년(선조 26년), 전쟁을 피해 수도를 떠났다가 돌아온 선조는 훈련도감(訓鍊都監), 즉 수도방위사단을 창설합니다. 훈련도감은 전쟁의 참혹함을 뼈저리게 체감한 조선이 만성적인 재정 적자에도 불구하고 영혼까지 끌어모아 만든 최정예 부대입니다. 그리고 곧 훈련도감 소속으로 뽑힌 군인들이 복무하기 위해 상경하기 시작했습니다. 17세기 훈련도감의 규모를 보면, 1638년(인조 16년)에는 총 710명이었는데, 1656년(효종 9년)에는 천 명 이상의 병력이 운영되었죠.[159] 이들 중 상당수가 서울이 아닌, 경기도 외 지방 출신이었습니다. 그런데 문제가 있었습니다. 일단 '영끌'해서 부대를 만들어 놓긴 했는데, 이들을 재울 곳이 없었던 겁니다.

> 영의정 김수항(金壽恒)이 보고했다.
> "인경궁(仁慶宮) 터는 현재 빈 땅입니다. 지방에서 올라온 훈련도감 소속 포수들은 살 곳이 없어, 관가의 빈터에 들어가거나 사대부 울타리 밑에 들어가 사는 경우가 많습니다. 따라서 이들이 인경궁 터에서 살 수 있도록 허락해주시면 좋을 것 같습니다. 특히 훈련대장 신여철(申汝哲)에 의하면, 훈련도감 소속 군사들은 대부분 다른 사람의 집에 세 들어 사는데, 집주인에게 쫓겨나는 일이 많아 민원이 쏟아지고 있다고 합니다."
> – 1683년(숙종 9년) 3월 23일 『훈국등록(訓局謄錄)』

17세기, 주택 부족 현상이 심각해지자 조정은 주택 공급을 시도합니다. 전쟁으로 폐허가 됐거나 풍수지리적 사유로 인해 버려졌던 땅을 활용하고자 했죠. 이때 훈련도감 소속 직업 군인들이 주택을 공급받았습니다. 이들은 하루아침에 군인이 되어 지방의 생업을 포기하고 서울로 왔습니다. 혼자만 온 것이 아니라 가족까지 모두 함께 왔습니다. 주거 수요 급증은 인지상정이었죠.

조정은 빈 땅을 활용하여 이들에게 택지를 공급했습니다. 예컨대 1679년(숙종 5년) 남산 쪽 남소문(南小門) 밖 공터를 공급한 적이 있습니다. 그런데 허가를 받아 빈 땅의 소유권을 따내는 입안 제도가 여전히 살아 있었기 때문에, 이미 서울에 집을 소유했던 사람들이 앞다투어 입안을 받았습니다.

그러자 조정은 『훈국등록』의 사료처럼, 국가의 소유권이 확실한 관청이나 궁궐터를 군인들에게 택지로 공급합니다. 보통은 개인이 국가로부터 입안을 받아 사용권(사실상의 소유권)을 따내지만, 이 경우에는 훈련도감 부서에서 국가로부터 사용권을 받고 군인들에게 분배하는 형식이었죠. 따라서 다른 사대부나 서울 사람들이 아닌, 오직 훈련도감 소속의 군사들에게만 한 호당 삼십 칸(약 54평) 이내의 택지를 공급합니다. 이때 택지를 공급받은 군병은 334명입니다. 4인 가족 기준으로는 약 천삼백 명이 집을 얻게 되었습니다.[160] 이른바 '조선판 공공임대주택 제도'랄까요?

이렇게 집단 거주지를 형성하게 된 군인들은 서울 인구 구성의 한 축으로 떠오릅니다. 1663년(현종 4년)에 작성된 『한성부북부장호적(漢城府北部帳戶籍)』이라는 호적문서에 따르면, 당시 한성부 북부의 인구 분포는 양반 24퍼센트, 중인 0.6퍼센트, 양인 22.5퍼센트, 노비 52.9퍼센트로 구성되어 있었습니다.[161] 북부는 풍수지리적인 이유로 선호도가 높았기 때문에 양반과 그들의 노비가 많이 살던 지역이었습니다. 그런데 북부의 전체 호수 681호(인구 2,302명) 중 군인이 차지하는 호수는 63호로, 전체 호수의 9.3퍼센트, 평민 호수의 41퍼센트를 차지했습니다.[162] 즉 당시 한성부 북부에서 지나가는 평민을 붙잡고 신분을 물으면, 거의 둘 중 한 명은 군인이었다는 뜻이죠. 군인들의 집단 거주는 한 지역의 문화를 흔들 만한 사건임이 분명했습니다.

당시 군인들은 임대제도에 대해 누구보다 빠삭했던 것 같습니다. 1661년 이흘은 정대운과의 소송에서 정확한 논리와 문서로 자신을 방어했죠. 이는 이흘처럼 사적 소유지를 임대한 경우, 언제든 소송에 휘말려 거주지를 상실할 수 있는 불안정한 위치였다는 뜻이기도 합니다.[163]

어느덧 이들은 '부업'을 시작합니다. 임대제도와 소송전에 휘말리다 보니 자연스럽게 부동산 전문가가 되었거든요. 처음에는 유튜버처럼 자신이 알고 있는 정보를 지인에게 나눠주었지만, 나중에는 직접 선수로 뛰며 수입을 올렸습니다. 시간이 흐른 1764년에는 이런 일도 생깁니다.

훈련도감의 포수 김돌이(金乭伊)와 유언흥(兪彦興)의 사건에 대해 보고합니다. 두 사람은 집을 판매하는 가쾌(家儈)인데, 송 씨의 집을 매매하는 건과 관련되어 신명희(申命羲)라는 자를 심하게 구타하였습니다. 이로 인해 신명희는 상처가 매우 심해 목숨이 위태롭다고 합니다. 신속히 두 사람을 구속하였습니다.

‒ 1764년(영조 40년) 6월 12일 『승정원일기』

훈련도감 군인이 부업으로 가쾌(家儈), 즉 주택 거래 중개 일을 하다가 의뢰인을 구타했다는 이야기입니다. 임대제도에 대한 경험치가 수 세대가량 누적되면서 법도 주먹도 잘 아는 완전체가 되어버린 셈이죠. 그럼에도 법은 멀고 주먹은 가까웠나 봅니다.

17세기 이후 등장하고 자리 잡은 임대제도는 거주자의 신분과 임대 형태에 따라 다채롭게 나뉘었습니다. 한성부 호적 자료에는 거주 형태를 규정하는 용어가 여럿 등장합니다. 그 가운데 차입(借入), 협호차입(挾戶借入), 행랑차입(行廊借入), 세입(貰入), 시입(時入) 등은 타인의 가옥 일부 또는 전부를 빌려서 사는 다양한 형태를 규정짓는 용어였습니다.[164] 즉 무주택자들의 '슬기로운 서울 생활'을 표시하는 방식이었죠. 그렇다면 이 용어들은 각각 어떠한 주거 형태를 가리키는 걸까요?

먼저 '임대'에 관한 용어인 차입과 세입을 보죠. 둘 다 주택 임대인데 어떤 차이가 있을까요? 차입은 유상 임대와 무상 임대를 모두 포함합니다만, 세입은 분명히 유상 임대만을 규정합니다. 예컨대 협호차입과 행랑차입은 타인의 집에 있는 별채나 작은 방을 유·무상으로 빌리는 것을 일컫고, 세입은 가옥 전체를 요즘의 전세처럼 일정한 금액을 주고 빌리는 형태였죠.[165]

부동산 정보의 독점자들, 가쾌(家儈)의 역사

'조선의 공인중개사' 가쾌의 흔적은 17세기부터 눈에 띄는데요, 이들이 본격적으로 역사의 주인공으로 등장한 건 19세기 이후입니다. 가쾌가 시장을 주무르며 큰 이익을 거두는 동안, 조정은 아무런 법적 제재를 가하지 않았죠.
1893년에서야 가쾌를 법의 테두리 안으로 포함시키려는 시도가 나타났습니다. 조정은 가쾌가 되고자 하는 사람의 신원을 조사한 후, 인허증을 발급해주는 제도를 시행했습니다. 이렇게 인허가를 받은 사람들은 복덕방(福德房)을 개설하여 여럿이서 공동사무소로 사용했습니다. 개화기 서울에는 약 백 개의 복덕방과 오백 명의 가쾌가 있었다고 합니다.
조정이 가쾌를 법의 테두리 안에 넣으려 한 건 입안 제도의 무력함을 극복하기 위해서였습니다. 1898년, 한성부는 가쾌에게 '나라에서 발급한 집문서가 없으면 거래할 수 없다'고, 백성들에게는 '나라에서 발급한 집문서가 없으면 억울한 일을 당해도 소송을 걸 수 없다'고 발표합니다. 또한 가쾌에게는 거래가 발생할 때마다 자세한 정보를 보고하도록 했죠. 1900년에는 외국인이 조선의 가옥을 거래할 때 참여한 가쾌는 반드시 보고하도록 지시합니다. 하지만 이미 조정이 감당할 수 없을 정도로 성장해버린 부동산 시장에서 이러한 조치가 잘 먹혀들 리는 없었습니다.[166]
허술했던 조선의 부동산 권리 제도는 일본인들에게 매력적인 먹잇감이었습니다. 조선에 입국한 일본인들은 위조하기 쉬운 조선의 부동산 권리증서를 이용해 집을 침탈했는데요, 『윤치호 일기』는 당시 상황을 이렇게 전합니다.

조선의 불량배나 도둑은 전답이나 집의 문서를 위조하거나 훔쳐 일본인에게 가져갑니다. 일본인은 그 문서의 위조 여부나 문서를 갖고 온 사람이 재산을 처리할 권리를 갖고 있는지 여부를 고민하지 않습니다. 많은 사례를 보면, 일본인은 그자에게 권리가 없거나 문서가 허위라는 사실을 뻔히 알고서도 토지를 헐값에 사거나 그 문서를 담보로 고금리로 돈을 빌려줍니다. 그리고 부동산의 원소유주는 재산을 강탈당합니다. 합법적으로든 불법적으로든, 일본인은 위조되거나 절취당한 문서의 힘으로 그 재산을 가로채기 때문입니다. 일본인이 이런 식으로 약탈하면 항소도 할 수 없습니다.

- 1906년 1월 7일 『윤치호 일기』

조선 사람들이 조상 대대로 가꿔온 집과 땅이 허술한 임대제도와 이익에 눈먼 사람들에 의해 일본인 손에 넘어갔습니다. 정보를 독점하고 그것을 사유화하려는 사람들을 지속적으로 주시하지 않으면, 종국에는 나라까지 넘어갈 수 있다는 것을 보여주는 역사적 사례가 아닐까요?

이렇게 집을 빌려 쓰는 사람은 평민만이 아니었습니다. 고위 관직자를 비롯하여 지방에서 올라온 사대부, 군인들까지 그 신분은 매우 다채로웠죠. 특히 18세기에는 전세계약서인 세문(貰文)과 전세금인 세전(貰錢)의 존재가 확인됩니다.[167] 두 건의 사료를 보시죠.

옛 풍저창(豊儲倉, 세금으로 모인 곡식 등을 관리하던 창고) 터에 살고 있는 윤효전(尹孝全) 외 삼십 명이 다음과 같이 호소했습니다.

"저희는 풍저창 터에서 기와집이나 초가집을 짓고 살아온 지가 삼십 년이나 됩니다. 그동안 이곳에 사는 대가로 풍저창에 세금을 바쳐왔지요. 그런데 사포서(司圃署, 왕실 소유의 밭 관리)가 이곳으로 옮겨 온다고 하여 저희를 쫓아내고 있으니, 갈 곳이 없어 원통합니다."

– 1654년(효종 5년) 4월 29일 『승정원일기』

남부에 빈터 수백여 칸이 있어 십여 명의 사람들이 집단으로 살아온 지가 오십 년이나 되었답니다. 그들은 하나의 촌을 이루고는 해마다 지방에 내려가 있는 집주인에게 세를 지급하며 서로 매매했습니다. 그런데 최근 갑자기 김 씨 성을 가진 사람이 그 땅을 샀다고 주장하고 공문을 위조하면서 사람들을 내쫓았다고 합니다.

– 1743년(영조 19년) 7월 19일 『승정원일기』

두 사료는 임차에 대한 대가, 즉 세의 지급과 관련된 사료입니다. 첫 번째 사료에는 빌린 땅이 나라나 관청의 소유일 경우, 그 대가로 해당 관청에 세금을 냈음이 드러납니다. 훈련도감 군인들도 훈련도감에 세금을 냈죠. 훈련도감이 나라로부터 땅을 빌려서 군인들에게 나눠준 거니까요. 두 번째 사료는 빌린 땅과 집이 개인의 소유일 경우, 그 대가 역시 집주인 개인에게 지급됐음을 보여줍니다. 임차인들이 시골에 있는 집주인에게 매해 일정한 대가를 지불했다고 기록되었죠. 물론 두 사료 모두 소유권이 불안정했던 임대제도의 구조적 딘점을 드러냅니다.

그렇다면 전세금은 얼마였을까요? 단서는 그리 많지 않습니다만, 1761년(영조 37년) 이만길(李萬吉)이라는 사람이 동부 연지동 이경옥(李景玉)의 집을 임대할 때, 초가 일곱 칸(약 12평)에 육십 냥을 주었다는 기록이 있습니다.[168] 1735년엔 전 감사 유복명(柳復明)의 아들 유서(柳恕)가 외삼촌의 노비 집을 임대하며 칠십 냥을 지급했죠.[169] 1724년(경종 4년)엔 유심(柳諶)이 최수만의 집(崔壽萬)을 백이십 냥 주고 임대했다가 다시 똑같은 가격으로 이홍(李弘)에게 세 주는 사례도 있었습니다.[170]

전세금이 집값과 비교해 어느 정도였는지는 알 수 없지만, 매우 큰 부담이었던 것만큼은 확실해 보입니다. 오늘날에도 "전세금 올려달라"는 말은 임차인에게 공포스러운 통보죠. 그런데 전세금을 매년 내야 한다면 어떨까요? 매우 큰 부담이었을 겁니다. 관청에 내는 세금도 부담스럽긴 마찬가지였습니다. 훈련도감 소속 군인들은 집세가 너무 비싸다며 꾸준히 탄원을 넣었습니다. 오죽하면 "집세를 깎아주는 게 최고의 복지"라는 말까지 나왔습니다. 실제로 훗날 영조 시대의 법전인『속대전(續大典)』에는 '공용 대지에 사는 군인에게는 집세를 면제한다'는 조문도 만들어지죠.[171]

(2) 집념과 투지의 주택 확장, 사대부의 여가탈입

주거난을 해소하기 위해 자연스레 도입된 임대제도. 하지만 당사자들을 보호하는 법적 장치는 미비했습니다. 당연히 그 부작용이 나타났는데요, 이른바 '여가탈입(閭家奪入)'입니다.

여가탈입은 타인의 집을 불법적으로 빼앗는 행위를 지칭하는 용어입니다.[172] 물론 이러한 일은 조선 전기에도 있었습니다. 다만 이때까지만 해도 여가탈입은 처벌의 여지가 명확했습니다. 조선 전기에는 '1가구 1주택' 원칙이 있었기 때문입니다. 게다가 임대제도도 없었기 때문에, 자기 집을 이미 한 채 가지고도 타인의 집을 또 가졌다는 것만으로 위법의 소지가 컸죠. 그런데 웬일인지 임대제도가 활성화된 17세기 중반 이후 여가탈입은 왕의 골머리를 썩이는 사회적 문제로 떠오릅니다. 사료를 보시죠.

한성부에서 보고했다.

"사대부가 백성의 집을 빼앗은 사례를 재조사했습니다. 유생(儒生)들이 집을 빼앗은 사례가 너무나 많았고 허위와 누락된 예도 많았습니다. 이에 여러 증인을 소환하여 종합적으로 검토하니, 그들이 빌렸다고 등록한 집이 사실은 빼앗은 집이었던 사례가 많다는 보고가 있었습니다."

– 1663년(현종 4년) 6월 11일 『승정원일기(承政院日記)』

사료는 빼앗은 집을 빌린 집으로 등록하는 사례가 너무 많아 사실상 이를 분간해내기가 어려웠다고 말합니다. 구체적으로 어떤 꼼수를 썼는지는 알 수 없지만, 법의 허점을 이용했던 것만은 분명합니다. 수백년이 흘러도 여가탈입에 대한 논란은 여전히 뜨거웠습니다. 그 수법도 더 정교해졌죠. 정조 시대의 기록을 보시죠.

한성부에서 보고했다.

"민가를 빼앗을 때 백문매매(白文賣買, 관청의 승인이 없는 사적 거래)를 이용합니다. 따라서 이를 규제하는 건에 대해 보고합니다."

임금께서 말씀하셨다.

"대체로 집값이 얼마 안 되는 가난한 지역 사람들은 나라 법에 잘 포함되지 않는다. 그런데 이러한 지역에 열 칸 이하의 집을 사서 아침에 열 칸을 늘리고, 또 저녁에 열 칸을 늘리는 식으로 타인의 집을 빼앗는다면, 매우 적절하지 않을 것이다."

　　　　　　　　　　－ 1791년(정조 15년) 7월 28일 『정조실록(正祖實錄)』

이 기록은 여가탈입의 새로운 유형인 '알먹기' 사례입니다. 한국에는 '알박기'를 막기 위해 사업용지 중 팔십 퍼센트 이상을 확보한 사업자가 나머지 이십 퍼센트의 땅을 강제로 살 수 있게 하는 '알빼기법'이 있죠. 그런데 이를 악용하여, 저렴한 땅 팔십 퍼센트를 사서 가장 비싼 땅 이십 퍼센트를 강제로 뺏는 '알먹기'도 나타났습니다. 이처럼 힘 있는 자들은 가난한 마을, 특히 법의 보호를 받지 못하는 사람들을 집중

공략했는데요, 조그마한 집을 헐값에 사들인 후, 문어발식 확장을 거듭해 '1주택 같은 다주택'을 만들었죠. 이 수법, 어디서 본 것 같지 않나요? 중종 시대 왕자들의 증축 사례 같죠? 더 심각한 건, 관청의 공증을 받아도 집을 빼앗길 수 있었다는 사실입니다.

1636년 5월.

• **청원 내용**: 저는 멀리서 온 가난한 포수로, 지난 병자호란 때 복무했습니다. 그러나 집이 없어 이곳저곳을 떠돌아다니고 있습니다. 그런데 천안 경주인(京主人)의 집에 빈터가 있고, 주인은 먼 지방에 있어 서울에 올 뜻이 없다고 합니다. 따라서 주인이 상경하여 터를 회수할 동안 집을 지어 살고자 하니, 허가해주십시오.

• **결재 내용**: 원래 주인이 올라오기 전까지 살도록 하라.[173]

이 사료는 해남 윤 씨 가가 소장한 고문서로, 1636년(인조 14년) 한성부 남부 소천변에 사는 훈련도감 포수 박광학(朴光鶴)이 한성부에 올린 신청서입니다. 박광학은 천안 사람이 소유하고 있는 빈터를 찾아서 나라에 입안을 받습니다. 이때 소유권을 확실히 하기 위해 한성부와 한성부 소속 남부에 각각 입안을 넣는데요, 관청은 '집주인이 상경할 때까지'라는 단서 조항을 달아 차입을 허가합니다. 박광학이 두 개의 관청에 각각 입안을 받은 이유는 한 가지입니다. 자신의 미약한 소유권을 최대한 방어하기 위함이었죠.

하지만 '집주인이 상경할 때까지'라는 단서 조항은 너무나 위험했습니다. 박광학은 초가집을 짓고 살아가지만, 사실 그 땅은 천안 사람 경주인의 소유가 아니었습니다. 향이라는 사람이 훨씬 전, 그러니까 삼십 년이나 전에 사둔 땅이었죠. 임진왜란과 병자호란이라는 대규모 전쟁으로 토지와 주택의 소유권이 혼란해졌고, 관청 또한 과거의 문서들을 잃어 '공증 문서'가 있어도 공증할 수 없었던 겁니다. 결국 박광학은 자신의 집에서 빈털터리로 쫓겨나야 했습니다.

입안 제도가 무력화된 건 바로 이러한 과정들이 쌓였기 때문입니다. 입안을 받으려면 법에 정해진 수수료를 납부해야 했는데, 서울의 땅이 줄어들수록 수수료가 비싸졌습니다.[174] 공무원들이 수수료를 받아먹고 손을 썼다는 뜻이죠. 바로 이러한 문제 때문에 성종 시대에 산에 수많은 불법건축물이 탄생한 겁니다.

절차도 복잡했습니다. 특히 서울의 빈터가 사라지고 매매가 활성화된 이후부터는 더욱 그랬습니다. 예를 들어 주택 매매 과정에서 입안을 받는 경우, 산 사람과 판 사람은 물론, 증인이나 공인중개사, 문서를 쓴 사람까지 모두 관청에 출두해야 하는 번잡함도 있었습니다. 당연히 인맥이 없거나 글을 모르는 사람들은 증인이나 문서 작성인을 고용하는 비용까지 부담해야 했죠.[175]

그러나 비싼 돈을 들여 입안을 받아도 소유권을 방어하는 데는 큰 도움이 되지 못했습니다. 우리는 앞서 입안이 있어도 소유권 시비에 휘말리는 사례를 여럿 보았습니다. 심지어는 입안을 가지고서도 소유권을 빼앗기기도 했죠. 사적 소유권이 공적인 통제를 압도하는 현상이 조선 후기부터 두드러진 겁니다. 따라서 사람들은 점차 토지나 가옥의 백

〈도판 12〉 여가탈입: 눈 뜨고 집 뺏긴 평민들

관료가 백성의 집을 빼앗는 '여가탈입'은 이러한 사례 외에도 각종 꼼수가 난무하는, 창의력의 현장
이었습니다.

문매매(白文賣買), 즉 관청의 입안을 거치지 않는 사적 거래계약을 통해 소유권을 이전하기 시작합니다.

물론 입안이 아무 효력이 없던 건 아니었습니다. 법정 싸움으로 번지면 분명 중요한 증거로 쓰였으니까요. 하지만 돈이 없어 입안을 제대로 받지 못한 사람들은 어떻게 될까요? 법을 잘 아는 상대와 소유권 시비가 붙으면, 찍소리 한 번 내지 못하고 소송에서 패했을 겁니다. 소유권 다툼에서 법리보다 권력과 편법으로 찍어 누르는 사태가 바로 여가탈입이었고, 이는 당연히 국가적 문제로 심화되었죠.

여가탈입에 대한 규제 조치는 시간이 흐를수록 강화됩니다. 17세기에는 '빌린 집'과 '빼앗은 집'을 판별하기 어렵게 되자, 이를 구분하지 않고 모두 '빼앗은 집'으로 규정하여 처벌하겠다고 하죠.[176] 특히 영·정조 시대에는 더욱 엄중하게 논의되었습니다. 1754년(영조 30년), 민가를 사들이거나 빌린 사실이 드러나면, 관직 생활에 심각한 페널티를 주는 규제 조치가 시행됩니다.[177] 집 잘못 사다가 걸리면, 커리어에 치명타를 입을 뿐만 아니라, 심지어 자신이 속한 당(黨)에까지 정치적인 부담을 지우는 사건으로 비화되었죠. 당시 관료 사회의 분위기를 읽을 수 있는 사료를 보시죠.

어영대장 윤태연(尹泰淵)이 민가를 빼앗은 죄로 유배되었다고 한다. 어영청 장무(掌務) 또한 유배를 갔는데, 민가를 사들인 후 행랑채를 확장하여 집을 넓혔기 때문이다. 훈련대장 이장오(李章五) 또한 여가탈입으로 적발되어 유배를 갔다. 이번 조치는 모두 세손(정조)께서

엄히 명령을 내리셨기 때문이라고 한다. 상황이 이러니, 요즘 조정의 권력 쥔 사람들이 잔뜩 움츠러들었다.

– 1776년 1월 21일 『노상추일기(盧尙樞日記)』

'관료 사회가 잔뜩 움츠러들었다'는 노상추의 증언은 털어 먼지 안 나는 관료가 드물었다는 뜻으로 읽힙니다. 특히 '민가를 구입하여 확장하였다'는 기록이 의미심장합니다. 즉 이 조치는 이미 사적 거래가 활발히 진행되어 입안 제도로 부동산 시장을 통제할 수 없게 된 상황에서 사적 거래의 법적 효력을 무력화하는 강력한 규제였습니다.

그런데 언제나 그렇듯, 규제가 능사는 아닙니다. 물론 여가탈입이 비대칭한 권력에서 비롯되는 '권력형 비리'인 건 맞지만, 반드시 그런 경우만 있던 건 아니니까요. 실제로 서울에 집이 없는 '무주택 관리'도 엄청나게 많았습니다. 그런데 집을 구매하는 목적이 투기인지 실거주인지 파악하기 어렵듯, 임대의 목적이 '여가탈입'인지 '차입'인지 구분하는 것 또한 상당히 어려운 일이었습니다. 그런데 사대부가 집을 빌리면 묻지도 따지지도 않고 여가탈입으로 간주하겠다고 엄포를 놓으니, 이는 곧 관료층의 주거 불안으로 이어집니다.

물론 규제만 있던 건 아닙니다. 훈련도감 군인들의 사례처럼, 조정은 임대제도를 활용하여 필요할 때마다 공공 택지 정책을 펼쳤습니다. 예컨대 1678년(숙종 4년)에 도화서 화원들을 위해 국가 소유지를 공급하고,[178] 1697년(숙종 23년)에는 성균관 직원들을 위해 타 부서 소유의 택지를 공급하기도 했습니다.[179]

경주인(京主人), 조선 상업의 알파이자 오메가

교통과 통신이 발달하지 않았던 조선시대, 모든 행정이 집중되는 서울과 지역 관청 간의 소통은 골칫거리가 아닐 수 없었습니다. 이때 지방 관청의 향리로서 서울에 머물며 대리인 역할을 하던 사람들이 있었습니다. 이들을 경주인(京主人), 또는 영주인(營主人, 지방 감영의 서울 대리인)이라 합니다. 서울사무소 주재원이라고 할 수 있죠.

이들의 업무는 참 다채로웠습니다. 단순 연락 업무를 넘어 지방에서 파견된 노비의 인사 업무, 지역에서 올라온 사람들에 대한 숙식 제공, 지방에서 올라온 공무원의 신변 보호 및 비서 업무, 공물 및 세금 상납 주선 등 온갖 분야의 일을 맡았죠.

특히 18세기 이후 상품경제가 활성화되자, 이들은 유통업에 뛰어듭니다. 지역의 산삼 생산자 및 산삼 관리 관청과 계약을 맺는 등 생산과 유통을 독점하면서 조선 상업을 좌지우지하죠. 숙박업에도 손을 뻗는데요, 서울에 숙박 시설을 마련한 후, 지방에서 올라온 공무원들에게 비용을 받고 숙식을 제공합니다. 그런데 숙식비가 상당해서 많은 지방 관청이 경주인에게 빚을 지게 되었죠. 이를 저채(邸債)라 합니다.

경주인은 원래 업무가 과중해 향리들이 기피하는 일이었지만, 떡고물이 많아지자 경주인 자리에 가격이 붙기 시작합니다. 정약용은 『경세유표(經世遺表)』에서 '경주인 자리 값이 8천~1만 냥'이라고 증언하죠. 서울의 돈 있는 사람들은 경주인 자리를 사들인 뒤, 자신의 하인을 임명하여 숙박업·유통업·고리대금업으로 큰 부를 쌓았습니다.[180]

(3) 하지 말란다고 안 하나요? 규제 정책의 한계

이이명(李頤命)이 건의했다.

"판부사 이여(李畬)는 도성 안에 집이 없어 타인의 집에 머물러 삽니다. 지난번 전하께서 분부하신 대로 도성 안에 머물러 있으나, 한성부에서 여가탈입을 감독하여 불안해하고 있습니다. 문제가 되지 않도록 집을 얻으려 해도 쉽지 않은 형편입니다. 지금 사는 곳은 이미 빈집으로 탈입이 아닌데도 마음이 불안하다고 호소하고 있습니다."

          – 1713년(숙종 52년) 윤5월 10일 『숙종실록』

    무주택자 중 당장 관직 생활을 해야 하는 사람들, 특히 서울에 집을 살 형편이 못 되는 이들은 임대제도를 이용할 수밖에 없습니다. 그런데 임대 또한 탈입으로 간주해서 처벌하겠다는 방침은 고위 공직자인 이여(李畬, 1645년~1718년)조차 불안하게 했습니다. 실제로 다소 억울하게 처벌받은 사례도 있었습니다. 1655년(효종 6년) 친구의 빈집에서 살다가 파직된 정흥주(鄭興周), 1690년(숙종 16년) 집이 없어 타인의 집을 빌렸다가 여가탈입에 걸려 사직서를 낸 김주와 송유룡 등입니다.[181]

    주거 불안은 곧 관료 사회 바깥까지 퍼져 나갑니다. 전국에서 관료를 꿈꾸며 서울로 올라오는 수백 수천의 입시생들 또한 집을 빌릴 수 없게 되었죠. 물론 생계 목적으로 올라와도 상황은 비슷했습니다. 어떤 이는 흉년에 서울로 올라와 한강변에 있는 초가를 사들여서 살았음에도, 양반이라는 이유로 여가탈입에 걸려 서울에서 쫓겨났습니다.[182]

사대부들은 새로운 주거 방법을 찾아야 했습니다. '과거 시즌'마다 전국에서 수많은 수험생이 서울로 올라오고, 관료들도 서울을 거쳐야만 하는 시대였습니다. 사실 이미 16세기 유희춘(柳希春, 1513~1577)의 일기에서도 고위 관료가 서울에 있는 친족이나 지인의 집을 전전하며 서울살이를 했던 것이 드러납니다.[183] 18세기의 셀럽 박지원도 그랬습니다. 그는 자기 집을 장만하기까지 서울에서 네 번이나 남의 집을 빌려 살았습니다. 31세에는 이장오의 별장에, 44세에는 처남의 집에, 50세에는 사촌 형의 별장에, 52세에는 사촌 동생의 집에 세 들어 거주하죠. 예순이 되어서야 겨우 서울에 작은 집 한 채를 지을 수 있었습니다.[184]

그러나 기댈 만한 지인이 없으면 어쩔 수 없이 셋방살이를 해야 했습니다. 근엄한 사대부, 칭송받는 고관대작도 '집 없는 서러움'을 여과 없이 느껴야만 했죠. 전세금과 계약금을 두고 줄다리기를 펼치다가 세입자가 손해 보는 일도 빈번했습니다. 그런데 사치를 배격하고 여가탈입을 금지하는(공직자 다주택 금지) 정책을 강력하게 펼쳤던 영조가 정작 왕족의 부동산 투기는 묵인하면서 신하들의 불만을 사게 됩니다.

"최근 왕족들의 사치가 심해지고 있습니다. 특히 옹주는 받은 저택 옆의 민가들을 사들인 뒤 집을 넓히려고 합니다. 전하께서도 이 사실을 알고 계신지요? 전하께서는 늘 검소하게 지내시지만, 자녀들을 사랑하는 데는 사치스러우십니다."

　　　　　　　　　　　- 1734년(영조 10년) 8월 15일 『영조실록(英祖實錄)』

이종성(李宗城, 1692~1759)의 비판은 명확했습니다. 영조의 조치는 사대부를 규제하면서 정작 왕족에게는 관대한 '내로남불'이라는 거죠. 서울 안에 땅 구하기 어려운 건 왕족부터 평범한 백성까지 모두 똑같은데, 왜 사대부는 집을 빌리는 것조차 규제하면서 왕족의 편법적인 주택 확장은 용인하는지 이해하기 어려웠을 겁니다.

물론 사치와 다주택을 금지한 이유는 충분히 납득할 수 있습니다. 서울이라는 한정된 공간을 누군가가 독점한다면, 곧 엄청난 부와 권력의 편향으로 이어집니다. 또한 부당하게 집을 빼앗기는 사람이 늘어난다면 국가가 백성을 보호하는 의무를 제대로 이행하지 않았다는 방증이죠. 영조에게는 이러한 불공정을 바로잡을 당위가 충분했습니다.

오늘날에도 규제가 목표에 잘 닿지 않을 때마다 규제가 능사가 아니라는 목소리가 커집니다. 실제로 규제의 효과보다 규제했다는 자체에 더 큰 의미를 부여할 때도 많습니다. 영조 시대의 규제 정책도 주거난 해소에 그리 도움이 되지 못했습니다. 후술하겠지만, 사대부는 사대부대로 살 곳을 찾기 어려워졌고, 집값은 집값대로 계속 우상향했습니다. 무엇보다 백성들의 사정 또한 크게 나아지지 않은 것 같습니다.

서울이나 지방의 평범한 백성 중에 집을 짓고 거주하고 있는 자는 땅 주인이 함부로 막을 수 없도록 법률로 정하고 있습니다. 그런데 최근 서울 내외의 빈터는 모두 주인이 있는지라, 평범한 백성이 집을 짓고 살고자 해도 감히 엄두를 내지 못합니다. 개중에 누군가 기둥을 세워두면, 주인이 하인들을 데려와 집의 기초를 마구 파괴합니다. 이러한 일은 엄중히 다스려야 합니다.

- 1770년(영조 46년) 2월 26일 『승정원일기』

이 기사는 조선왕조가 세웠던 '실거주자에게 집터를'이라는 원칙이 얼마나 무너졌는지 잘 보여줍니다. 서울 내 주거난이 심화되고, 사적 매매를 통한 소유권이 강화됩니다. 이전까지는 빈터가 있으면 조선부로 허가를 받아 집을 지을 수 있었는데, 이제는 빈터가 있어도 집을 지을 수 없습니다. 하지만 서울 안에 모든 생계 기반을 둔 사람들은 서울을 떠날 수 없었죠. 결국 그들에게 남은 선택지는 대로변·강변·하천변·성벽에 초막을 짓고 살아가는 것뿐이었습니다.

서울이 도시화되며 확장하는 것은 이제 막으려 해도 막을 수 없는 흐름이 되었습니다. 17세기 후반에는 서울 남부에 두모방·한강방·둔지방이, 1788년(정조 12년)에는 서울 북부 및 동부에 상평방·연희방·연은방·경모궁방이 신설됩니다.[185] '수도권'도 형성되는데요, 서울 외곽의 새로운 상업 중심지였던 누원(樓院)이나 송파(松坡) 등지에 사람들이 정착하거나, 서울에서 하루 거리인 파주·교하·양주 등에 주거 단지가 들어서기도 했습니다.[186] 하지만 새로운 주거 단지들은 대부분 조정의 계획적인 공급 정책으로 만들어진 것이 아니라, 이미 사람이 사는 곳을 행정구역으로 편입하여 법의 테두리 안으로 끌어당긴 것뿐이었죠. 공공 용지 임대 사업이 있긴 했지만, 그마저도 조정의 사업 계획에 따라 거주자는 잘 살다가도 쫓겨나거나 이사해야 하는 경우가 적지 않았습니다. 특히 사적 용지를 임대하여 사는 사람들을 위한 법적 보호 장치가 거의 없었죠.

한 차례 조선이 마스터플랜을 가지고 대규모 신도시를 설계한 사례가 있습니다. 수원 화성입니다. 정조는 제2의 수도를 건설하여 새로운 국가적 동력을 일궈내고자 수원 화성 건설에 전력을 쏟는데요, 이를 위해 추진된 몇 가지 정책을 정리하면 이렇습니다. 먼저 사도세자의 묘소를 수원으로 이장하면서, 이 지역에 살던 주민 244호를 신시가지로 이주시킵니다. 동시에 신시가지에는 수원 화성을 건설하며 신도시로서의 기반을 닦아나갔죠. 이때 주민 244호에게 1칸당 평균 1.73냥의 보상금이 지급되었죠.[187]

화성이 건설되자, 정조는 유력 가문을 유치하기 위해 여러 특혜를 고안합니다.[188] 화성에 주요 가문과 관료가 살아야만 서울처럼 정치 중심지로서 기능할 수 있다고 생각했죠. 특히 자신이 품은 정치적 대의에 동의하는 사람들을 주로 끌어들였는데요, 1795년(정조 19년)이 되면 실제로 서울에서 내려온 고위 관료의 집이 많아집니다. 정조는 화성 내에 사대부 가문을 위한 집터까지 배정할 정도로 '정치인 유치'에 공을 들였죠. 특히 과거 시험에서 혜택을 줌으로써, 기존 정치인뿐만 아니라 새로운 정치인까지 유입될 수 있는 장을 마련합니다. 이밖에도 농업·상업·수공업 육성을 위한 종합적인 도시 설계와 맞춤형 정책을 실행하여 수원 화성 신도시는 1차 성공을 거둡니다. 첫 이주자에게 지급된 보상가는 1칸당 평균 1.73냥이었지만, 오 년 후 화성 신도시의 집값은 1칸당 평균 3.78냥이 됩니다.[189] 화성 신도시가 연착륙하고 있다는 증거였죠.

하지만 정조 사후, 화성은 심환지(沈煥之, 1730~1802)의 주도로 축소되기 시작합니다. 심환지는 정조가 생전에 편지를 통해 속을 터놓고 소통했던 사람인데요, 이상할 정도로 그의 정책을 무위로 돌려버립니다. 21세기 한국의 행정수도 이전 시도가 『경국대전』에 근거한 '관습헌법'의 충격적인 판결로 좌절된 것처럼, 그 이면에는 당연히 서울을 기반으로 하는 자산가와 권력가의 입김이 있었을 것입니다. 만약 화성 신도시가 성공적으로 정착했다면, 대규모 주택 공급을 통해 서울의 주거난을 해소한 선례로 남았을 텐데요. 아쉽게도 화성 이후에는 조정이 주도권을 갖고 부동산 문제에 대응하는 사례가 나타나지 않습니다.

조선 후기 조정이 고안해낸 부동산 정책은 대부분 조선 전기에도 실행되었던 것들입니다. 이미 '실거주자에게 집터를 준다'는 목표가 실현 불가능해진 상황에서도 그때와 유사한 정책으로 일관했죠. 물론 조정이 주거난 문제를 심각하게 여겼다는 것만큼은 명백합니다. 조정에 나가는 고위 관료에게도 해당하는 문제였으니까요. 그런데 그에 비해 장기적이고 종합적인 대책과 규제로 주거난을 잡아보려는 시도는 부족했습니다. 그 일관된 모습은 다소 안일해 보이기까지 하죠.

더구나 조정의 방향과 어긋나는 '예외'는 시장에 이상한 신호를 주었습니다. 예컨대 사대부는 규제하고 왕족은 용인함으로써, 왕족이 집을 사면 기대 효과에 의해 그 일대의 땅값이 상승하는 현상이 나타났습니다. 조정의 의도와는 다른 효과를 불러온 규제도 있었습니다. 서민의 살 권리를 보호하기 위해 사대부의 주택 거래를 모두 '탈입'으로 보고 규제했더니, 풍선 효과로 집을 소유하는 권리의 가치가 상승했고, 집값 상승에 영향을 준 것입니다. 돈 있는 사람은 차명 거래 등을 통해 여전히 투기할 수 있었지만, 돈 없는 사람은 내 집 마련의 허들이 더욱 높아져버렸죠.

물론 규제가 항상 나쁜 것만은 아닙니다. 규제가 나타난 배경에는 반드시 그럴 수밖에 없었던 사회문화적 맥락이 있기 마련이니까요. 다시 말해, 하나의 규제는 변증법적인 역사의 필연적 결과물입니다. 언론의 십자포화는 규제 자체에 집중되고 그 규제가 만들어진 배경, 즉 사회적 문제와 그 해법에 대해서는 고민하지 않거나 외면해버리는 경향이 있습니다. 따라서 규제를 단순히 악마화하는 비판은 결코 정당하지 않습니다.

그런데 부동산 규제만으로는 주거난이라는 큰 문제를 바로잡기에 부족합니다. 규제에는 반드시 의도와 다른 효과가 나타납니다. 정책 입안자들은 이를 '풍선 효과'로 설명하며 변명하죠. 하지만 합리적인 입안자라면, 정책을 시행함에 따라 필연적으로 나타날 부작용들을 함께 고려할 것입니다. 그러지 않고 무작정 규제한다면 결국 '선의로 포장한 면피'가 될 가능성이 커집니다.

물론 정부가 모든 상황을 예측해야 한다는 건 불가능한 요구입니다. 그렇지만 역대 정부의 부동산 규제 조치가 과연 '주거난 해소'라는 궁극적 목표에 오롯이 닿아 있었는지는 의문입니다. 신도시 건설이나 세종시 건설과 같은 대규모 공급과 밀집 해소 정책이 있긴 했으나, 대부분 완성 단계에서 어딘가 조금씩 다른 방향으로 틀어졌죠. 어느새 규제는 부동산 시장 그 자체에만 초점을 맞추고, 시장의 균형을 유도해야 할 정부가 시장에 지배당하는 일이 반복되었습니다.

조선은 모든 방향에서 시장을 억눌렀지만, 그 규제의 목표는 주거난 해소가 아니라 통치의 안정에 있었습니다. 효과적이지 못했던 규제 일변도의 정책은 역설적으로 주택의 건설·금융·매매에 이르는 과정에 대해 사실상 손을 놓아버리는 결과를 낳았고, 그 결과 주택이 효율적으로 배분되지 못하는 시장 실패로 향해 있습니다.

부동산 정책은 과거나 지금이나 정말 어렵고 예민한 문제입니다. 하지만 조선사는 분명히 말하고 있습니다. 규제와 더불어 장기적이고 연속적인, 이른바 '철학'이 담긴 부동산 정책이 필요하다는 것을요. 주거 안정성 향상을 목표로 두고 지속적으로 노력할 때, 규제는 비로소 그것이 처음 만들어질 때 품었던 선의를 최대한 발현할 것입니다.

조선 후기의 집값, 거래문서로 훔쳐보기

주거난이 해소되지 않은 채, 서울은 점점 커져만 갔습니다. 집 없는 사람들이 살 곳을 구하는 건 더욱 어려워졌지만, 이미 기반을 갖춘 사람들이 부를 불리기는 더 쉬운 도시가 되었죠. 조정은 부동산 문제에 부분적·일시적 대응으로 일관하여, 장기적인 집값 관리와 주거난 해소에 효과적으로 대응하지 못했습니다.

이 절에서는 몇 가지 사례를 통해 서울의 집값, 나아가 주택사의 장면들을 살펴보고자 합니다. 물론 주택 거래 사례 몇 개로 역사를 탐구하기는 어렵습니다. 같은 동네에서도 위치와 조건에 따라 집값은 천차만별이니까요. 하지만 적은 표본 안에서 공통적으로 드러나는 현상이 있었습니다.

먼저 살펴볼 사례는 서울대학교 규장각한국학연구원에서 소장 중인 '한성부 중부 장통방 정만석계 소재 가옥'입니다.[190] 현재로 치면 서울 중구 장교동 인근에 있었던 이 가옥은 건물과 대지를 포함해 총 오십 칸(약 구십 평) 규모였는데요. 1690년부터 1871년까지 백팔십여 년의 시간 동안, 한 집이 어떻게 매매되었고 어떠한 보수를 거쳤는지 볼 수 있습니다. 그야말로 '집의 역사'죠. 이 가옥이 매매된 내역을 살펴보면, 시대마다 특징이 약간씩 다릅니다. 먼저 17세기 말~18세기 말의 가옥 매매를 볼까요? 이때의 매매 자료를 표로 정리해봤습니다.

표의 내용은 1690년부터 1796년까지 열세 건의 매매 이력 중 특이한 부분만을 골라 뽑은 것입니다. 이 집은 집문서가 만들어질 때, 소송을 통해서 증명된 집이었습니다. 사연은 이렇습니다. 이 진사 댁 노비 예선의 증언에 의하면, 자신의 상전이 노비 일은금에게 땅 거래를 위해 돈을 줬는데, 일은금은 '돈을 도둑맞았다'고 고합니다. 그런데 알고 보니 이건 횡령이었습니다. 일은금은 상전에게 받은 돈을 아들 바위에게 줬고, 바위는 그 돈으로 서울의 집을 사들였죠. 즉 이 집은 노비가 횡령으로 사들인 것이었습니다. 조선 시대에 제법 흔했던 일입니다.

<표 14> 중부 장통방 소재 가옥의 17세기 말~18세기 말 거래 내역[191]

거래 시기	거래 대상	거래 당사자	매매 가격	비고
1690년 7월 (숙종 16년)	기와집 19간, 땅 19간	이 진사 댁 노비 예선	은자 160냥	기존 주인 일은금· 바위의 도망, 노비 예선의 소송
1719년 11월 (숙종 45년)	기와집 19간, 땅 19간	이 진사 댁 노비 예선 → 송세빈	은자 160냥	한성부의 증명문서
1769년 5월 (영조 45년)	가옥 파손 후 새로 지은 기와집 16간, 땅 33간	전만배 → 김두규	은자 300냥	구 건물 파손 후 새 건물 공증 문서
1783년 11월 (정조 7년)	기와집 16간, 새로 지은 집 3간, 땅 33간	김경서 → 김시추	은자 350냥	신축 3간으로 가격 상승
1796년 2월 (정조 20년)	기와집 19간, 땅 33간	진득겸 → 이운하	은자 350냥	

이 진사 댁 노비 예선이 이 집을 되찾기 위해 소송했을 때 일은금은 이미 사망했고 그의 아들 바위는 어딘가로 '야반도주'한 상황이었습니다. 소송을 심리한 관청은 여러 증인을 불러들여서 사실을 조사한 후, 중부 장통방의 기와집 19간과 땅 16간의 소유권이 이 진사 댁 노비 예선, 즉 이 진사 댁에 있음을 증명하죠.

이 진사는 이렇게 얻어낸 집을 삼십 년 동안 소유하다가 송세빈이라는 사람에게 파는데요, 삼십 년이나 지났지만 집값은 변하지 않았습니다. 재밌게도, 송세빈은 이 집의 소유권이 소송으로 굳어진 것임을 알고 자신 또한 따로 관청에 공증을 요청합니다. 혹시 나중에 이전 집주인인 바위나 그 후손들이 소송을 걸더라도 문제가 없도록 대비한 거죠.

어느덧 1769년이 되었습니다. 약 팔십 년의 세월이 흘러 집은 낡

〈도판 13〉 한양 전경(傳金秀哲筆京城圖) (©국립중앙박물관)

조선 후기 한양의 전경을 담은 그림입니다. 멀리 도봉산, 삼각산, 백악산 산줄기가 보이고 그 아래에 빽빽하게 들어선 민가들을 볼 수 있습니다. 한양의 모습을 담은 그림들은 대체로 궁궐과 관청을 묘사하는데, 이 작품은 특이하게도 보통 사람들의 집을 장대하게 담아내고 있습니다. 특히 세밀한 선으로 수만 호의 집을 하나하나 그려 넣었는데, 그러면서도 번잡하지 않고 사람 냄새 나는 풍경을 연출했습니다. 18세기 이후 번성한 서울을 노래하는 시와 그림이 여럿 남아 있는데요, 이 작품은 그중에서도 독보적이라 할 수 있습니다.

고 파손되었습니다. 이 시기의 주인이었던 전만배는 집을 허물고 새로 16간짜리 집을 짓는데요. 이로써 가치가 폭등하여, 은자 삼백 냥을 받고 김두규에게 넘깁니다. 소유주가 두 번 바뀐 후인 1783년에 집주인 김경서는 기존의 기와집 16간에 자신이 지은 3간까지 포함하여 삼백오십 냥에 거래합니다. 그동안의 땅값 상승분과 신축이라는 메리트가 반영된 가격이었죠. 조선 시대에도 신축 여부는 가격 결정에 있어 중요한 요소였습니다.

한편 1782년부터 1784년까지 약 이 년 동안 네 건의 거래가 발생합니다. 거래가 잦았던 원인은 다양하게 추측해볼 수 있겠지만, 무엇보다 위치가 워낙 좋았기 때문입니다. 서울에 거주해야 하는 관직자가 살수 있는 괜찮은 매물이었죠. 따라서 집주인의 신변에 변화가 있을 때마다 거래된 것으로 보입니다. 물론 가뭄과 위기에 자금을 마련하기 위해 집을 파는 것도 조선 시대에는 일반적인 일이었습니다.

1690년부터 1796년까지 집값은 두 배가량이나 상승했지만, 약 백년 동안 연평균 1.19퍼센트가 상승했다는 점을 보면 집값이 '폭등'했다고 볼 수는 없습니다. 이 정도의 집값 상승은 서울이 성장하는 흐름에 따른 자연스러운 추세로 보입니다.

또한 이 시기 거래문서의 가장 큰 특징은 입안 발급 유무입니다. 1720년까지는 입안을 받아서 소유권을 분명하게 했지만, 그 이후부터는 새로운 집주인이 따로 입안을 받지 않았습니다. 기존 집주인이 받아놓은 입안 문서를 소유할 뿐이었죠. 이는 조선 후기에는 입안의 효력이 희미해졌음을 보여줍니다. 사람들은 특별한 사유가 있는 게 아니면 굳이 입안을 발급받을 필요가 없다고 생각했죠.

이 시기의 거래문서는 소유권이 혼란하고 새로운 주거 양식이 자리 잡던 16~17세기를 지나, 서울이 성장하며 집값이 안정적으로 상승했던 18세기의 특징을 잘 보여줍니다. 그런데 이 잔잔한 우물에 '자본'이라는 돌멩이가 던져지며, 19세기 서울의 집값은 요동치기 시작합니다.

〈표 15〉 19세기 중부 장통방 소재 가옥의 거래 내역[192]

거래 시기	거래 대상	거래 당사자	거래 가격	비고
1796년	기와집 19간, 땅 33간	이운하 → 김택주	동전 900냥	
1804년	기와집 19간, 땅 33간	김택주 → 석수영	동전 1,050냥	
1830년	기와집 19간, 땅 33간	석수영 → 미상	동전 1,250냥	
1831년	기와집 19간 반, 땅 30간	최정식 → 미상	동전 1,500냥	
1861년	기와집 19간 반, 땅 30간	방태석 → 미상	동전 2,300냥	
1864년	기와집 19간, 땅 30간	이운경 → 팽준혁	동전 2,500냥	
1870년	기와집 19간, 땅 30간	유정대 → 미상	동전 2,600냥	
1871년	기와집 19간, 땅 30간	임준성 → 미상	동전 2,500냥	

19세기 거래 내역의 첫 번째 특징은 '동전의 등장'입니다. 그동안에는 은자로 거래되었는데, 동전이 처음 등장한 1796년 이후에는 모두 동전으로 거래되죠. 은자의 영향력이 줄어들고 동전의 쓰임이 많아지던 당시의 사회상을 반영하고 있습니다.[193] 은자와 동전의 가치는 1 대 2.57 정도가 되어, 은자 삼백오십 냥이던 집이 동전 구백 냥으로 거래되었습니다.

이어 집값이 요동칩니다. 1804년에는 1,050냥, 1830년에는 1,250냥, 1831년에는 1,500냥까지 치솟죠. 19세기 서울이 성장하며 물가도 상승했고, 그 물가 상승분에 집값이 반영되기 시작한 겁니다. 그동안 땅값이나 물가가 변화해도 집값은 일정했던 과거와는 달리, 화폐경제가 발달하면서 물가 상승분이 집값에도 빠르고 즉각적으로 반영되었습니다.

그런데 1852년까지 천오백 냥이었던 집값은 1861년에 2천 3백 냥, 1864년에는 2천 5백 냥으로 치솟습니다. 약 십 년이라는 짧은 기간 동안 팔백 냥이나 오른 거죠. 물론 십 년이면 강산도 변한다지만, 이 집의 이전 거래 내역을 봤을 때도 정말 급격한 변화입니다. 왜 그랬을까요?

이 시기 가격 변동의 원인을 제대로 짚기는 어렵습니다. 조선 후기 초인플레이션을 불러왔던 당백전 발행은 1866년으로, 조금 더 후대의 일입니다. 아마도 장통방 일대의 가치가 상승하는 사건이 있었을 텐데, 이 자료만으로는 알기 힘듭니다. 재밌는 건, 오히려 이 가옥은 인플레이션의 영향을 덜 받아, 비교적 안정된 집값을 유지하고 있었다는 점입니다.

다른 사례는 어떨까요? 이번에는 이왕직 소장 서부 여경방 서학동계(현재 광화문 조선일보사 인근) 가옥의 매매명문을 살펴보겠습니다.[194] 이 건물은 가옥과 대지를 포함해 약 구십 칸(약 백육십 평) 내외였습니다. 문서는 1746년부터 1897년까지 백사십 년 동안의 매매 상황을 보여줍니다. 그간 소유주의 필요에 따라 리모델링되면서 주택 규모도 변했습니다. 스물다섯 건에 이르는 거래 내역 중 눈에 띄는 부분만 정리해 보았습니다.

〈표 16〉 이왕직 소장 서부 여경방 서학동계 매매명문[195]

거래 시기	거래 대상	거래 당사자	거래 가격	비고
1746년	기와집 46칸, 땅 85칸	이 생원 댁 노 설봉 → 최 별제 댁 노 돌이	은자 400냥	
1829년		최희 → 영남대소호지계 도중	동전 1,200냥	영남대소호 지계의 공동 소유
1851년	기와집 40칸, 땅 50칸	임원식 → 이인식	동전 2,800냥	
1856년		한경식 → 안사묵	동전 3,700냥	
1858년		안사묵 → 오도열	동전 5,000냥	
1866년		오도열 → 김두식	동전 6,000냥	
1880년	기와집 40칸, 땅 50칸	신재묵 → 미상	동전 5,000냥	
1892년	기와집 41칸, 땅 50칸	임기조 → 미상	동전 27,500냥	
1897년		김명흠 → 엄진우	동전 15,000냥	

이 주택은 1897년 대한제국 황실이 사용하기 위해 인수한 건물입니다. 그 덕분에 이전 거래 내역 문서들도 잘 보존될 수 있었습니다. 1746년(영조 12년)에 이루어진 첫 거래의 주체는 양반집의 노비들입니다. 물론 이들은 대리인일 뿐이었고, 사실은 양반 사이의 거래였죠. 처음에는 기와집 46칸(약 82평)과 땅 85칸(약 백오십 평) 규모였는데, 시간이 흐를수록 땅의 규모가 줄어들어, 19세기에는 기와집 사십 칸(약 72평), 땅 오십 칸(약 구십 평) 정도로 고정되었습니다. 이는 19세기 서울의 도시화와 더불어 주택의 가용면적이 줄어든 것과 맞물려 생각해볼

수 있습니다. 조선 사람들은 원래 '정원이 있는 집'을 좋아했는데요, 도시화가 점점 진행되며 집과 집 사이의 간격이 줄어들고 정원으로 사용하던 땅에도 건물이 올라갔습니다. 그 결과, 우리가 북촌 한옥마을 등에서 볼 수 있는 것 같은 콤팩트한 한옥 단지가 형성되었죠.

한편 1827년과 1836년 사이에 있었던 세 건의 거래는 모두 천이백 냥으로 거래되는데, 영남대소호지계(嶺南大小好紙契)라는 이름이 눈에 띕니다. 영남대소호지계는 조정에 종이를 공급하는 역할을 맡은 사람들의 모임인데요, 이들을 공인(貢人)이라 합니다. 도중(都中)은 '조합'이라는 뜻이죠. 이들이 주택을 팔 때의 문서에는 임홍수 등 계원 열아홉 명의 서명이 첨부되어 있습니다. 조선 시대에도 공동 소유 개념이 있었다는 의미입니다.

한편 천이백 냥이던 집값은 1850년대 들어 두 배 이상 뛰더니, 이후 3천 7백 냥에서 5천 냥까지 치솟습니다. 이십 년 사이에 집값이 폭등한 겁니다. 특히 1856년과 1858년 사이의 급등은 물가 상승률만으로는 설명할 수 없습니다. 1850년대의 집값 폭등은 앞서 중부 장통방 소재 가옥의 매매 내역에서도 확인되죠. 분명 '뭔가' 있는 것입니다.

재밌게도 이 시기는 철종 재위기와 딱 겹칩니다. 1850년대 초반은 흉작으로 쌀 수확량이 급감하고 쌀값이 폭등하던 시기입니다.[196] 자연히 물가는 상승하는데, 이 난국을 타개하기 위해 157만 냥에 달하는 화폐를 주조하여 투입합니다.[197] 이로써 동전의 가치는 더욱 떨어지죠.[198] 1850년대 직후인 1862년, 반란의 죽창이 전국을 뒤흔들던 임술 농민봉기가 벌어졌다는 점에서 1850년대가 얼마나 암울한 시기였는지 짐작할 수 있습니다.

한편 1791년 상인들의 독점적 권리를 무너뜨리기 위한 정조의 신해통공(辛亥通共) 조치 이후, 조정에서는 시장 상인들의 권리를 두고 세도 정권과 반세도 정권 간의 힘겨루기가 이어졌습니다. 시장 상인들의 독점적 권한은 공인의 권한과 맞물려 있었기 때문에, 부자들은 그간 공인권에 투자해왔습니다. 그런데 이러한 독점적 권한이 점차 해제되고 다양한 물품이 공급되면서 이익이 줄어들자, 사람들은 공인권을 판매하려 나섭니다.[199]

즉 당시 상황은 이렇습니다. 역대급 흉작으로 인한 물가 상승과 화폐 가치 하락, 출몰하는 이양선과 세도 정권이 주도하는 답 없는 정치 상황, 뒤숭숭한 민심과 국가 재정 고갈 등 수많은 문제가 나타나고 있었습니다. 이 위기의 순간, 사람들은 일제히 부동산에 투자합니다. 토지와 주택의 가치가 주목받은 거죠. '집값은 언젠가는 오른다'는 믿음이 그들에게도 있었을까요? 알 수 없습니다만, 적어도 '안전 자산'으로서의 기대가 충분했다는 것만은 분명합니다. 여기에 18세기의 강력한 규제 '여가탈입 및 다주택 금지' 또한 사문화되면서, 부동산 시장은 호황 아닌 호황을 맞은 셈이죠.

이후 집값은 소폭 상승하고 하락하기를 반복하다가 1890년대에 들어 27,500냥까지 치솟습니다. 육십 년 전보다 무려 이십 배가 넘게 오른 겁니다. 당시 조선 사회는 얼마나 혼란스러웠을까요? 이러한 폭등 현상은 1부에서 보았던 농지 가격 폭등 현상과 궤를 같이합니다. 하지만 이렇게 혼란한 상황에서도 사람들은 계속 살아갔습니다.

두 개의 매매 사례에서 우리는 집의 가치가 바뀌는 역사적 흐름을 확인할 수 있습니다. 19세기 전반까지 집값 상승률은 그리 크지 않았습니다. 여전히 서울 사람들은 살 집을 찾기 위해 버둥댔지만, 집값 자체의 상승 곡선은 1부에서 보았던 땅값의 변동률에 비하면 완만합니다. 그 이유는 무엇일까요?

19세기 전반까지 조선 사람들에게 주택은 '생산수단'이 아니라 '생활수단'이었습니다. 물론 공인중개사도 있었고 주택 투기로 이익을 보는 사람도 있었습니다만, 여전히 집은 '사는 곳'이라는 인식이 뿌리 깊었죠. 집값을 결정짓는 주요 요인도 물가가 아니라 '신축 여부' '정원' '위치' 등 거주 공간의 질에 있었습니다.

그런데 19세기 중반부터 도시화가 빠르게 진행되고 화폐경제가 발달하며 집의 가치를 바꿔버렸습니다. 물가 상승이나 정책, 지역 개발 등의 요인들이 집값에 더 큰 영향을 끼치기 시작한 겁니다. 이제 사람들은 집을 다르게 바라보기 시작했습니다. 주택은 단순한 거주 공간이 아니라, 인생을 좌우할 투자 대상이 되었죠. 이제 주택도 토지처럼 누군가의 생계를 책임질 수 있는 수단이 되었고, 기대 가치에 따라 가격 또한 자주 변동됩니다.

물론 서울의 집값은 이미 18세기에 평범한 노동자가 살 수 있는 수준을 아득히 뛰어넘었지만, 19세기에는 아예 우주로 날아가버립니다. 1800년(정조 24년) 조선 인부의 하루 품삯은 대략 2전(錢)으로,[200] 월급으로 치면 6냥입니다. 1804년 장통방 소재 가옥이 1,040냥이었으니, 약 14년 동안 숨만 쉬고 살면서 돈을 모아야만 서울에 그럴싸한 집을 장만할 수 있었죠. 인플레이션이 일어났던 1891년 짐꾼의 하루 품삯은 4냥 5전,[201] 월급으로 치면 135냥인데요, 1892년 서부 여경방의 집값은 27,500냥입니다. 약 17년간 숨만 쉬고 살면서 돈을 박박 긁어모아야 집을 살 수 있었죠.

즉 19세기에는 사실상 노동을 통해 집을 구매할 수 없는 지경에 와 있었습니다. 집을 사기 위해선 빚을 져야 했고, 그 집은 또 다른 빚의 담보로 돌아갑니다. 심지어 이자가 오십 퍼센트에서 칠십 퍼센트에 달하는 대부를 받죠. 『하재일기(荷齋日記)』에는 빚을 갚지 못해 담보로 잡힌 집이나 토지가 넘어가는 장면이 종종 나옵니다.[202] 1894년(고종 31년)에는 한 여성이 부동산을 담보로 사업 자금을 대출하기도 했죠.[203]

투자 성공과 파산이 한 끗으로 갈리던 19세기 말, 시대는 빠르게 변하고 시장은 하루가 다르게 성장하는데 조정의 대응은 언제나 한발 느렸고 백성의 '살 권리'는 위협에 처했습니다. 선택과 그에 따른 결과는 개인의 몫이라 해도, 시장이 과열되는 것을 막고 최소한의 공정성이 보장되도록 조절하는 건 정부의 몫입니다. 하지만 조선 조정은 성장하는 시장에 적절히 대응하기에는 이론과 경험이 부족했습니다. 특히 부패한 관료들은 시장의 불공정을 더욱 키웠죠.

예컨대 19세기 중반 호조의 공무원이었던 이윤선(李潤善, 1826~?)은 자신의 일기 『공사기고(公私記攷)』에 흥미로운 기록을 남깁니다. 그는 나라의 재정을 책임지는 부서의 공무원으로 일하면서 사석 보상을 톡톡히 챙겼습니다. 형편없는 집에서 시작하여 삼십 년 공직 생활을 하는 동안 550냥, 1,450냥, 나아가 이삼천 냥짜리 주택을 사들여 나가는데요,[204] 매우 빠르고 직관적인 신분 상승이었죠. 그는 비록 말단 공무원이었으나 명망 있는 양반 가문을 압도했고, 어느 곳을 가든 상인들로부터 접대를 받습니다. 이윤선은 1864년 공무원직을 천팔백 냥에 팔았다가 다음 해에 천구백 냥을 주고 다시 사들이기도 하는데요, 특별 대우와 특혜의 맛을 잊지 못했던 것 같습니다.[205]

권력으로부터 부를 이룬 후 그것을 부동산에 투자함으로써 영원한 부를 꿈꿨던 이윤선. 그가 걸었던 길은 오래전 우리 역사 속에서 펼쳐진 신분 상승의 '흑화 버전' 로드맵을 보여줍니다. 마치 "느그 서장 남천동 살제?"를 외치던 영화 〈범죄와의 전쟁〉 속 '최익현'처럼요.

누군가는 집으로 흥하고 누군가는 집으로 망합니다. 조선 사람들도 더 좋은 집, 더 비싼 집에 살기 위해 분투했습니다. 혹자는 볕과 바람을 막아줄 작은 내 집을 마련하기 위해서 구슬땀을 흘렸죠. 그 이야기가 궁금하지 않을 수 없습니다. 집에 울고 집에 웃었던 사람들의 이야기, 더 자세히 살펴봅니다.

우리 동네의 역사, 한양의 부(部)·방(坊)·계(契)

한양의 행정구역은 크게 동·서·남·북·중의 다섯 방위를 기준으로 하는 다섯 개의 부(部)로 구성되었습니다. 각각의 부에는 방(坊)이라는 행정구역이 있었습니다. 건국 초기에는 52방 체제로 시작되었다가, 서울의 변화와 맞물려 18세기 후반 47방 체제로 정비됩니다.

부와 방이 공식적인 행정구역이었다면, 주민들의 자치적인 행정구역도 있었습니다. 조선은 오가작통법(五家作統法, 다섯 가구마다 1통을 설치하여 조세와 치안을 관리한 제도)처럼, 일정 수의 호구를 묶어 행정 및 군사 영역의 행정단위를 만들었거든요. 이것이 리(里)·동(洞)·계(契)입니다.[206]

이러한 행정구역은 동네마다 색다른 문화적 특질을 갖게 되었습니다. 군인은 군인끼리, 의사는 의사끼리, 예술가는 예술가끼리, 정치인은 정치인끼리 모여 살았기 때문입니다. 예컨대, 여섯 개의 방이 있던 북촌은 양반들이 주로 살았습니다. 서울이 상업 도시로 변모하며 동네와 골목 풍경이 바뀌어갈 때도, 북촌은 거주자들의 고귀한 신분 덕분에 '조선판 베벌리힐스'처럼 귀족적인 주거 단지의 성격을 유지했습니다. 하지만 변화의 물결에 올라타지 못했기 때문에 일본인들이 침탈해 왔을 때 가장 먼저 당하고 말았습니다. 북촌에 일본인 집단 거주지가 생기자, 정세권(鄭世權, 1888~1965)은 민간개발회사를 설립하고 헐값에 나온 옛 관료의 집을 매입하여 대규모 개량한옥을 건설합니다. 이것이 북촌 한옥마을의 굴곡진 역사입니다.[207]

이처럼 우리가 딛고 살아가는 땅에는 무수히 많은 사람의 영광과 눈물의 역사가 깃들어 있습니다. 여러분이 살아가는 동네의 역사는 어떨까요?

3장. 18~19세기, 서울에서 산다는 것

18~19세기 서울의 모습을 정리해볼까요? 서울은 성리학적 이상 국가를 만들기 위한 중추로서, 철학을 현실에 투영한 '정치철학적 도시'였습니다. 그것은 왕도(王都)라는 표현으로 함축됩니다. 왕의 말보다 더 무거운 것은 없었으며 도시의 기능은 조정의 설계에 의해 만들어지고 조정되었습니다.

그런데 통제할 수 없는 역사적 변화가 일어납니다. 첫 번째, 인구 증가입니다. 서울은 관료·기술자·학생·장사꾼에게 반드시 필요한 도시였습니다. 모든 기능이 서울에 집중되어 있었고, 모든 명령이 그곳에서 나왔으니까요. 평범한 백성들에게도 그랬습니다. 기근이 들면, 전국의 사람들이 서울로 몰려들었습니다. 복지 정책이 가장 잘 집행되던 곳 역시 서울이었기 때문입니다. 그 결과, 서울의 인구는 1669년 22만 명에서 1770년대에 30만 명, 1820년대에 35만 명 수준으로 상승합니다.[208] 물론 이는 추정치로, 실제 인구는 더 많았을 것입니다.

두 번째, 도시 성격의 변화입니다. 서울 내외의 농장은 사라져 모든 생산물을 외부에서 들여와야 했습니다. 또한 화폐가 도입되면서 유통 교역을 위한 더 나은 조건이 마련되었죠. 서울은 전국에서 생산된 각종 공산품과 농수산물에 대한 수요와 소비력을 모두 갖춘 '소비 도시'가 되었습니다. 이는 곧 서울의 성격이 정치철학적 도시인 왕도에서 자본이 지배하는 변화한 상업 도시로 변화했다는 의미입니다.[209]

세 번째, 삶의 모습이 변화합니다. 그동안에는 나라에서 지정한 의무인 직역(職役)이 곧 그 사람의 직업이 되었습니다. 하지만 서울이 상업 도시로 성장하며 수많은 물품을 판매하는 사람들과 그것을 유통하는 사람들, 중개업자, 각종 서비스직까지 수많은 직업이 탄생합니다. 굳건하던 신분 질서는 허물어졌고 왕부터 평민까지 자신들만의 유희 문화를 만듭니다. 역사 속에 파묻혀 있던 수많은 '개인'이 탄생하기 시작하죠. 한편 소비 도시에서 생존이 최대 목표였던 가난한 사람들은 하루 품삯으로 입에 풀칠하는 임노동자의 삶을 살아가야만 했습니다.

네 번째, 집의 의미가 바뀌었습니다. 서울이 도시화되고 화폐경제가 발달했습니다. 최초 설계한 서울의 모습으로는 수많은 사람을 모두 수용할 수 없었습니다. '살 곳'을 넘어 '재화'로서 집의 가치가 더욱 중요해졌습니다. 처음에 넉넉하게 마련했던 정원의 면적까지 줄여가며 더 많은 주택을 건설하려 했지만, 노동으로 집을 사는 것은 점점 요원해졌습니다.

18세기 후반 서울은 팔만여 가옥이 건설되며[210] 도시화라는 파도에 휩쓸립니다. 그 파도 속에서 서울 사람들은 저마다의 살 방도를 찾아야 했습니다. 아주 이른 시기부터 발생한 주거난은 사대부에게나 평민에게나 똑같이 적용됐습니다. 하지만 자본이 휩쓸고 간 자리에는 빈부의 흔적이 극명하게 남았습니다. 권력과 부를 모두 가진 자들은 자신들만의 문화를 만듭니다. 서울 중심부에 집을 가지고는 또 자연환경이 아름다운 근교에 별장을 세움으로써, 다른 계급과의 확실한 구별 짓기를 시작합니다. 이윽고 그들의 모습은 만인의 꿈이 됩니다. 그들과 어깨를 나란히 하는 것이 곧 성공과 영광의 증명 방식이 되었죠.

반면 가난한 자들은 조선왕조 내내 문제가 됐던 불법 가옥에서 살아갑니다. 철거하고 또 철거해도 그들은 어딘가에 다시 초막을 짓고 비를 피했습니다. 지방에서 올라온 사대부는 큰돈을 주고 단칸방에 세들어 살았고, 그나마 인맥이 있는 사람들도 이 집 저 집을 전전해야 했죠. 사람들은 그렇게 저마다의 꿈을 가슴에 품고 서울 하늘 아래에 잠들었습니다. 누군가는 푹신한 이부자리에 누웠지만, 누군가는 남의 집 행랑채 또는 까끌까끌한 거적 위에서 잠을 청해야 했죠.

이번 장의 이야기는 집을 사고팔며, 집에서 살아가던 사람들의 이야깁니다. 비록 글을 아는 자들의 기록이지만, 이를 통해 서울 사람들의 모습을 편린으로나마 엿볼 수 있을 것입니다. 꿈을 안고 집으로 향한 그들의 이야기, '사는 자'의 일기에서부터 시작합니다.

집 하나 사기가 이렇게나 어렵다니

18세기에 유만주(兪晚柱, 1755~1788)라는 선비가 있었습니다. 그는 스스로를 '재능도 없고 지혜도 없으며, 망상에나 빠진 썩은 선비'라 평합니다. 서울 안에 사는 사대부였지만, 영광과는 거리가 먼 아웃사이더였습니다. 어딘가 외롭고 쓸쓸했고, 그래서 삶의 모든 순간을 흔들리며 살아낸 인물이죠. '내 삶의 의미는 무엇일까?'라는 불안에 시달리던 나약한 인간.²¹¹ 그래서였을까요? 그는 다른 선비들이라면 적지 않았을 시시콜콜한 이야기들까지 모두 일기에 적습니다. 그중에는 집을 구하는 이야기도 있는데요, 1784년 그는 서울에 집을 사기 위해 백방으로 알아봅니다. 그는 알아본 집들의 장단점을 어떻게 평가했을까요?²¹²

정동(貞洞) 의원 집을 보러 갔다. 하지만 집주인이 출근해서 만나지 못하고 집만 보았다. 집값은 이천 냥인데, 이 집은 네 가지 단점이 있다. 집을 나와 집주릅(가쾌)과 함께 공동(公洞)의 천이백 냥짜리 집도 보았다. 이 집에는 여섯 가지 단점이 있었다.

단점과 장점을 꼽자면, 깊게 판 도랑에 돌이 떨어져 있는 것은 단점이다. 집 관리가 제대로 안 됐다는 뜻이니까. 반면 집이 우뚝 솟아있고 차근차근 쌓인 모습은 시원하고 우아하다. 이런 것은 장점이다. 또 벽돌로 지은 집이 돌을 쌓은 집보다는 낫다.

생각해보니 정동의 집도 공동의 집도 여러 장단점이 있지만, 지금 살고 있는 우리 집은 단점만 있고 장점이라고는 한 가지도 없다. 지

금 뭘 따질 겨를이 아닌 것 같다.[213]

– 1784년(정조 8년) 6월 11~17일 『흠영(欽英)』

조선 사람들도 집을 구하러 다닐 때 공인중개사와 함께 여러 집을 돌아보며 가격과 장단점을 꼼꼼히 따져보았죠. 특히 집의 실용성은 중요했습니다. "깊게 판 도랑에 돌이 떨어져 있다"는 긴 배수 시설에 하자가 있다는 의미입니다. 유만주는 집이 남향인지, 배수로는 잘되어 있는지, 지붕과 담은 잘 쌓여 있는지 살펴보면서 지금 사는 집보다 나은 점이 무엇인지 하나하나 확인합니다. 특히 당시 지식인들에게 청나라의 벽돌 기술은 조선을 바꿀 신기술로 각광받고 있었는데요.[214] 유만주 역시 지식인 그룹의 일환으로서 벽돌집을 높게 평가합니다.

물론 집을 실용성만으로 평가하지는 않았습니다. 아름답고 예쁜 집에 살고 싶다는 소망은 보편적인 욕구죠. 그런데 유만주는 '아름다움'의 가치를 집 안에만 두지 않았습니다.

한정동(寒井洞) 집을 살펴봤다. 정원의 꽃과 과실이 무성하게 잘 조성되어 있었다. 그런데 맞은편 왜송(倭松)을 심은 집은 이미 황폐해졌고, 정원도 볼품없었다. 집은 참 좋았는데, 그걸 보고 이사할 계획을 접었다. 집에서 바라보는 맞은편 풍경이 황량할 것 같아서였다.

사람들은 그저 돈이 펑펑 남아돌아서 집을 계속 사들인다. 하지만 집을 아름답게 가꾸는 방법은 전혀 모르니 한심할 따름이다.

– 1784년 4월 26일 『흠영』[215]

드디어 유만주는 마음에 드는 집을 찾았습니다. 정원을 예쁘게 잘 가꾼 그럴싸한 집이었죠. 그런데 한 가지 문제가 있었습니다. 이웃집 정원이 제대로 관리되지 않아 황폐했던 거죠. 그는 그 광경에 마음이 상해 '집의 가치를 돈에만 두는 사람들은 속물'이라며 비판합니다. 그에게 집은 비록 돈을 주고 사고파는 재화였으나 돈으로도 살 수 없는 것들을 끌어안는 예술의 장이었습니다. 자연과 사람이 어우러질 때 집의 가치는 더욱 빛난다고 믿었죠.

유만주는 1월부터 8월까지 서울을 돌아다니며 수많은 집을 살펴봅니다. 수서·창동·난동·명동·공동·낙동·한정동·정동·북동 등 지금의 서울시 중구 회현동 지역을 중심으로 샅샅이 살펴보죠. 이곳은 유만주와 그의 친척이 살았던 지역입니다. 조선 사람들은 위기를 극복하고 사회적으로 성공하기 위해 연대하여 사는 방식을 택했습니다. 따라서 친척이 모여 사는 지역에 집을 구하려 한 건 자연스러운 행동이었죠.

물론 이 많은 집의 가격은 다 제각각이었습니다. 어떤 집은 이천 냥이 넘었고 어떤 집은 천이백 냥 정도였습니다. 그런데 유만주에게 가격 자체는 중요하지 않았던 것 같습니다. '그 가격만큼의 가치가 있는가?'가 구매를 결정하는 데 있어 가장 중요한 기준이었죠.

집주릅과 함께 공동 집의 도면을 그려보았다. 그 보상으로 쓰다 남은 먹과 은어 다섯 마리를 주었다. 또한 집주릅이 정동 집의 도면을 보여주었는데, 총 52칸(약 93평)이었다. 집안 어른께 자문을 구했더니 "집값이 너무 비싸구나. 이천 냥이라니. 천팔백 냥이면 딱 적당하

다."라고 말씀하셨다.²¹⁶

다."라고 말씀하셨다.[216]

– 1784년 6월 13~16일 『흠영』

위의 일기처럼, 집값이 타당한지 평가하기 위해선 여러 사람의 조언이 필요했습니다. 유만주는 부모님과 일가친척, 가쾌와 함께 가격을 감정했죠. 가쾌가 도면과 집문서를 가져오면, 이를 토내로 집 자체의 가치를 평가하고, 나아가 인근의 시세와 잠재력 등을 종합적으로 검토했습니다. 이 과정에서 유만주 본인은 마음에 들었는데 어른들이 반대하여 거래를 포기하기도 했죠.

유만주가 지불할 수 있는 최대 금액은 아마도 이천 냥 내외였던 것 같습니다. 유만주는 과거에 합격하지 못한 사람이었습니다. 도대체 그는 어떻게 자금을 모은 걸까요?

1784년 6월 14일: 강려(江廬)에게 1,000냥을 대출해달라는 편지를 보내며 부채와 먹을 선물로 동봉했다. 그는 대출을 승인했다.

1784년 6월 18일: 강려에게 1,050냥이 필요하다고 다시 편지를 보냈다. 그는 내일 새벽에 돈을 보내주겠다고 답했다.[217]

– 『흠영』

유만주의 주택 구매 자금은 크게 세 가지 경로에서 나왔습니다. 아버지의 후원, 친척에게서 빌린 돈, 그리고 사채였죠. 사료에서 말하는 '강려(江廬)'는 한강에서 숙박업이나 유통업에 종사하는 상인, 즉 '경강

상인(京江商人)'을 이르는 말입니다. 이들은 금융업에도 적극적으로 뛰어들었습니다. 이들 덕분에 천 냥 넘는 거액을 하루 이틀 만에 마련할 수 있었죠. 일기에 나오지는 않지만, 이자율은 꽤 높았을 겁니다. 하지만 사채를 쓰지 않으면 돈 나올 구석이 없었던 시대죠. 지금 한국의 수많은 집이 사실상 은행의 소유인 것처럼, 당시 서울의 수많은 집은 사실상 경강상인의 소유였을 겁니다.

한편 이 과정에서 공인중개사의 직업적 스킬이 빛을 발합니다. 파는 사람도 사는 사람도 모두 공인중개사에 일을 맡기니, 공인중개사가 손쓸 수 있는 영역이 매우 넓어집니다. 과연 가쾌는 어떻게 유만주의 마음을 흔들었을까요?

집주릅이 찾아와 석원(石園) 집값으로 1,550냥을 제시했다. 아침에는 상동(尙洞) 집을 보고 왔다. 지난번 보았던 동쪽 집의 가격도 의논했다. 나는 집을 사기 위해 친척 집에서 이백오십 냥을 빌렸다.[218]

– 1784년 1월 2일 『흠영』

집주릅이 갑자기 찾아왔다. 그는 내게 곡원(曲苑) 집의 일부를 이백 냥이라는 헐값에 팔기를 제안했다. 나는 "그게 무슨 엉뚱한 소리인가! 그런 생각은 하지도 말고 원래 추진하던 매물이나 잘 살펴보게."라며 단단히 혼을 냈다.[219]

– 1784년 10월 27일 『흠영』

가쾌의 첫 번째 전략은 '끊임없는 오퍼'였습니다. 하나의 집을 보면서 동시에 다른 집을 제시하고, 소유하고 있는 집에 대한 분할 매각이나 덤핑 매각을 제안하며 고명한 선비 유만주의 마음에 끊임없이 자갈을 던져댑니다. 유만주가 만난 가쾌는 거절당하는 것 따위는 하나도 두려워하지 않는 유형의 인물이었죠.

두 번째 전략은 '거래 뒤흔들기'였습니다. 공인중개사는 계약을 진행하는 와중에 갑자기 집값을 팍팍 올리는데요, 이미 마음을 굳힌 구매자에게서 조금이라도 더 뜯어내보겠다는 '벼랑 끝 전술'이었습니다. 물론 유만주도 이렇게 뻔히 보이는 술수에는 쉽게 당하지 않았습니다만, 그보다 교묘한 작업에는 마음이 흔들리고 말았습니다.

> 집주릅이 갑자기 낙동(駱洞) 집을 제안했는데, 지금 거래하고 있는 집보다 마음에 들었다. 그러나 집안 어르신께서도 이천 냥은 너무 비싸다고 하셨다. 이건 집주릅에게 분명히 따져야 했다. 이윽고 집주릅이 찾아왔다. 그는 말했다. "제가 더 받아내려고 한 것이 아니라, 그저 선생께 더 좋은 제안을 찾아보려고 한 것입니다. 낙동 집은 반드시 값이 오를 만한 곳입니다." 그의 말을 들어보니 일리가 있었다. 나는 지금 거래하고 있던 공동의 천백 냥짜리 집을 포기하고 이천 냥짜리 낙동 집을 택했다.[220]
>
> – 1784년 6월 18일 『흠영』

공동 집을 마음에 두고 계약을 추진하던 유만주는 갑자기 가쾌로부터 낙동 집을 제안받습니다. 공동 집은 천백 냥이었고, 낙동 집은 이천 냥이 넘었죠. 유만주가 갑작스러운 가격 올리기에 흔들리지 않자, 느닷없이 더 좋은 조건의 집을 제안하는 수법을 쓴 겁니다.

유만주는 이 수법에 쉽게 낚여버렸습니다. 몇 개월 동안 집을 보러 다니느라 너무 지쳐버린 걸까요, 아니면 가쾌의 화술에 낚인 걸까요? 심지어 집안 어른이 너무 비싸다며 반대했음에도 그는 하루 만에 낙동 집에 대한 제안을 수락합니다. 가쾌는 여러 달콤한 말들로 유만주의 마음을 돌렸을 겁니다.

하지만 낙동 집 거래는 무산되고 말았습니다. 심지어 계약서에 도장까지 찍었다가 무산된 사례도 있었는데요, 드러나지 않은 여러 이유가 있겠지만 역시 이 과정에서도 공인중개사가 마법의 말솜씨를 유려하게 뽐낸 것 같습니다.

집주릅이 찾아와서 "저, 선생님. 정동 집 거래는 파투 났습니다. 지난번 수서 집과 마찬가지로 거래가 너무 늘어져서 집주인이 마음을 돌렸습니다. 선생께서 너무 오래 고민하신 탓입니다."라고 했다. 어쩔 수 없는 일이다. 남은 공동 집 거래를 계속 추진하기로 했다.[221]

– 1784년 6월 17일 『흠영』

분명 아침에 집을 돌아보고 저녁에 전화했는데, "이미 나갔습니다."라는 말을 듣는 일이 조선시대에도 있었습니다. 오늘날의 공인중개사가 그러하듯, 가쾌 역시 유만주 한 사람하고만 거래하는 건 아니었어요. 수없이 많은 구매자와 판매자 사이를 조율하면서, 그때그때 더 나은 거래를 만들기 위해 즉각적으로 반응했습니다. 당연히 구매자와 판매자에게는 더 유리한 제안이라고 포장하면서요.

그런데 이런 일을 자주 하면 신뢰를 잃지 않을까요? 하지만 가쾌에게도 출구 전략이 있었습니다. 바로 의뢰인의 성향에 따라 적절히 대응해나간 거죠. 가령 작은 것 하나하나 따져보고 집안 어른들께도 세세히 여쭤보는 유만주 같은 스타일에게는 "당신이 우유부단해서 좋은 매물을 놓친 겁니다."라며 책임을 돌렸습니다. 그렇게 유만주는 가쾌에게 가스라이팅을 당하고 있었습니다.

물론 유만주도 열불이 터졌을 겁니다. 입에 침도 안 바르고 눈에 뻔히 보이는 거짓말을 해대는 가쾌의 행태를 매번 그저 허허 웃으면서 넘어가긴 힘들었죠. 때로는 자괴감과 회의감에 시달리기도 했습니다. 그의 일기를 보시죠.

집값이 갑자기 이천 냥으로 오를 줄은 정말 생각지도 못했다. 하지만 이런 일로 화를 내면 거래에 너무나 불리해지니 일단 참아야 한다. 하지만 괘씸한 집주릅 놈은 입만 열면 돈을 달라고 하니, 정말 속이 뒤집어진다.[222]

– 1784년 7월 27일 『흠영』

나이가 서른인데, 집 한 채 사는 일도 제대로 하지 못하는 스스로가 한심하다. 게다가 집주릅 같은 놈들에게 사기까지 당하면 앞으로도 이런 일은 손도 못 댈 것이다. 그저 꼼꼼히 계산하지 않고 경솔하게 결정하니, 매번 이런 식인 것이다. 집 사는 일, 참 어렵다. 모두가 이렇게 어렵다면, 과연 누가 집을 살 수 있을까?[223]

- 1784년 7월 5일, 8월 6일 『흠영』

갑자기 집값을 올려대는 가쾌의 술수에 화가 치솟았지만, 그래도 유만주는 참아야 했습니다. 적어도 집 거래에서만큼은 유만주가 을, 가쾌가 갑이었거든요. 유만주가 부와 권력을 모두 손에 넣은 사람이었다면 그 위치는 뒤바뀌었겠지만, 과거도 합격하지 못한 아웃사이더 지식인이 산전수전 다 겪은 가쾌를 상대하기란 정말 어려운 일이었습니다.

불리해질까 봐 꾸역꾸역 화를 참던 끝에 그는 결국 자괴감에 빠져듭니다. '이게 다 내가 못 나서 그렇다.' '나란 놈은 정말 쓸모가 없구나.' 하고요. 그런데 사실 유만주가 잘못한 게 뭐가 있겠습니까? 상대방을 믿고 정직하게 대하는 건 잘못이 아니라 도리어 상을 받아 마땅한 태도입니다. 하지만 자본의 거대한 그림자가 드리운 18세기 서울에서 그러한 태도는 미덕이 아니라 어리석은 짓이 되어가고 있었습니다.

가쾌는 대체 왜 이렇게까지 했던 걸까요? 당연히 이익 때문입니다. 가쾌는 유만주로부터 통상적으로 한 냥의 구문(口文), 즉 중개수수료를 받았습니다.[224] 이외에도 도면 검토, 서류 대행 등 다양한 서비스를 제공한 대가로 선물을 받았죠.[225] 유만주의 일기에는 나오지 않지만, 가쾌가 거래 당일 갑자기 가격을 올리거나, 더 비싼 집을 제안한 것으로 볼 때, 거래 성사 시 일정 비율의 커미션도 있었을 것 같습니다.

가쾌가 앞서 본 것처럼 행동할 수 있었던 건 구매 계약을 보호하는 법적 테두리가 미약했기 때문이죠. 이미 입안을 거치지 않고 사적 거래로 소유권을 증명하던 주택 거래 시장이었지만, 조정은 무색해진 입안 제도를 대체할 방법을 찾지 않았습니다. 매매문서 작성에 대한 제도적 절차만 있었을 뿐이죠. 거래를 보호하고, 누구나 쉽게 공정한 정보를 얻을 수 있도록 하며, 가쾌의 자격과 권한을 법적으로 규정하는 등의 시도를 하지 않았습니다. 이런 판에서 가쾌는 물 만난 물고기나 다름없었죠. 아무리 신분이 높은 사람일지라도 가쾌의 술수 앞에선 취약한 먹잇감이 되었습니다. 안타깝게도 유만주 역시 가쾌의 가스라이팅에 그대로 넘어가버린 것 같습니다. 명동 집을 충동구매해버리거든요.

> 집주릅이 찾아와 냉동 집과 명동 집의 매매 시기와 가격에 대해 상의했다. 나는 어제 봤던 명동 집을 계약하고, 바로 잔금을 치른 후 문서를 작성했다.
>
> 고 씨에게서 이천 냥을 빌렸다. 명동 집에 더 얹어준 돈과 집주릅에게 준 수수료 등을 다 합치니 천사백 냥이 더 들었다. 거래문서를 교환하고 집주릅과 도면을 보았다. 총 백 칸(약 백팔십 평)이었다.[226]
>
> － 1784년 7월 24일 『흠영』

1784년 상반기에만 유만주는 무려 일곱 차례나 집을 구매하려 시도합니다. 그런데 그때마다 유만주의 마음이 변하거나, 상대방 측에서 갑자기 계약을 취소하거나, 가격이 갑자기 올라버리는 등의 사건 사고가 있었습니다. 유만주는 매번 집을 보고, 도면을 받아서 검토하고, 집안 어른들께 컨펌받는 일들로 지쳐갔는데요, 이상하게 명동 집을 구매할 때 그의 모습은 어딘가 좀 다릅니다. 원래 도면을 미리 받아 꼼꼼히 살펴보던 사람이 갑자기 덜컥 계약서부터 써버리죠. 게다가 명동 집은 이천 냥이나 되었는데, 그밖에 수수료 등 추가 금액까지 들었습니다. 유만주의 부모님은 이 소식을 듣고 '결사반대'를 외칩니다.

지난달 아버지께서 "명동 집을 그 가격에 사는 건 손해다. 당장 그만두거라."라고 말씀하셨다. 하지만 나는 아버지의 뜻을 거스르는 한이 있어도 반드시 그 집을 손에 넣고 싶었다. 게다가 이미 계약해서 어쩔 수 없었다.

오늘도 아버지께서는 "집 사는 일이 뭐가 그리 급하다고 야단인 게냐? 이천 냥도 어마어마한 가격인데, 거기에 수수료까지 얹어주겠다니 대체 무슨 짓이냐? 하루빨리 이사 계획을 멈추고, 계약금을 회수해라!"라고 호통을 치셨다.[227]

– 1784년 8월 5일 『흠영』

유만주의 '급발진' 소식에 부모님은 다급하게 그를 말렸습니다. 얼른 계약을 파기하라고 독촉했죠. 하지만 유만주는 부모님께 죄송해하면서도 은근히 밀고 나갑니다. 참 이상하죠? 그는 이런 사람이 아니었는데 말이죠. 기어코 명동 집을 손에 넣은 뒤에도 부모님은 한시라도 빨리 팔아서 원금을 회수해야 한다고 압박했으나, 유만주는 명동 집을 포기하고 싶지 않았던 것 같습니다.

명동 집값 이천 냥이면 그는 일생을 편하게 살 수 있었습니다.[228] 그가 매달 아버지로부터 받던 생활비를 기준으로 하면 무려 10년 5개월치에 달하는 금액이었죠.[229] 유만주가 갑자기 기묘한 일탈을 감행한 이유는 무엇일까요? 왜 그토록 무리한 거래를 밀어붙인 걸까요? 아마도 가쾌가 바람을 불어넣었을 겁니다. 오랜 기간 유만주와 서래하며 그의 꿈과 좌절을 알아챈 거죠. 메인 스트림을 욕하면서도 그 속에 합류하기를 꿈꾸던 서울의 아웃사이더 지식인. 그 욕망의 간극을 채워줄 수단으로서 명동 집이 선택된 게 아닐까 싶습니다.

결과적으로 명동 집 구매는 실패로 끝났습니다. 그의 부친이 말렸던 이유와 같이, 형편에 비해 집값이 너무나 비쌌기 때문입니다. 유만주는 생활비와 이자의 압박을 견디지 못했을 겁니다. 결국 그는 명동 집을 다시 팔고 이사를 가게 됩니다.

유만주의 주택 구매기는 읽는 것만으로도 많은 현대인의 트라우마를 재생시킬 것 같습니다. 다리가 퉁퉁 부을 정도로 끝없이 집을 보러 다니고 꼼꼼히 따져도 결국 변수가 생겼습니다. 구매자와 공인중개사, 판매자 사이 수 싸움은 끝이 없었고, 집을 욕망의 항아리로서 선택한 대가는 잔인했습니다. 끝없이 고뇌하고 흔들렸던, 세상 물정 모르는 한 선비가 실패하고 만 배경에는 피도 눈물도 없이 엄혹한 부동산 시장의 질서가 있습니다. 집의 금전적 가치가 오를수록, 인간이 가진 도덕적 잣대는 더욱 약해집니다. 여전히 미덕을 잃지 않은 수많은 유만주가 눈물 흘리지 않아도 되는 사회가 절실합니다.

대출로 만든 '내 집 마련'이라는 착각

이렇다 할 은행 대출이 없던 조선에서 사채는 전 국민의 자금줄이었습니다. 개인과 개인, 집안과 집안, 심지어 정부 부처와 부처 간에도 빚을 지고 빚을 갚는 흐름이 이어졌습니다. 부동산이 각광받는 까닭은 아주 좋은 대출 담보가 되기 때문입니다. 대출을 얻어 집을 사면, 집을 담보로 훨씬 더 많은 일에 도전할 수 있습니다. 오랜 세월 조선 사람들에게 담보가 되었던 자산은 예측 가능한 이익을 가져와주는 중요한 생산수단, 즉 땅이었죠. 그런데 집의 가치가 상승하면서 집 또한 중요한 담보가 된 것입니다. 특히 계속해서 우상향하는 서울의 집은 지방의 어지간한 땅보다 훨씬 메리트 있는 상품이면서, 더 많은 대출을 받을 수 있는 담보였죠.

유만주처럼 서울에 살고 싶지만 가진 자산만으로는 도저히 그럴 수 없었던 사람들은 상인들에게 사채를 얻었습니다. 그러나 그것은 금세 부메랑이 되어 돌아왔습니다. 유만주는 집이라도 팔아 피해를 최소화할 수 있었습니다만, 만약 다른 사업에 투자했다가 연이어 부도가 난 상황이라면 부동산 소유권마저 고스란히 채권자에게 넘어가고 말겠죠.

19세기 후반은 인플레이션과 도시화, 1876년(고종 13년) 개항 이후 무역 시장의 활성화라는 전에 없던 격렬한 변화의 바람이 한반도에 불어오던 때입니다. 그로 인해 조선사의 그 어느 시기보다 자금 흐름이 활발했던 그때에도 사채는 금융시장을 책임졌습니다. 지규식(池圭植, 1851~?)의 『하재일기(荷齋日記)』에는 19세기 후반 조선 사람들이 서로 얼마나 많은 빚을 돌려가며 살았는지 잘 드러납니다.

개항 이후 조선의 사채 이자율은 대개 월 3~5퍼센트, 연 20~50퍼센트였는데, 100퍼센트에 이르는 갑리까지 있었습니다.[230] 엄청난 이자율이죠. 지규식은 도자기를 만드는 분원공소(分院貢所)의 공인이었습니다. 그는 분원공소를 운영하기 위해 고관대작부터 지인들까지, 수많은 사람에게 돈을 빌리고 빌려줍니다. 그러다 보니 빚 때문에 결국 부동산을 압류하게 된 사례도 있는데요, 그 시작은 이렇습니다.

빚 독촉을 위해 김명성(金命星) 집의 대문을 두드렸다.

"이보게. 자네 안에 있는가? 나 지규식일세. 문 열어보게."

한참 두드리면서 서 있으니, 김명성이 문을 열었다.

"아이고, 오셨습니까?"

"잘 지냈는가? 지난번 우리 공방에 빚진 돈 때문에 왔네. 담보로 잡은 땅도 확인해야겠네."

"공방에 빚진 돈을 지금까지 갚지 못해 정말 염치가 없습니다. 하지만 그 땅은 조상의 제사를 위해 마련된 땅입니다. 그걸 내어드리면 저는 문중으로부터 큰 원망을 들을 겁니다. 지금 추석이 얼마 남지 않았으니, 이번 한 번만 봐주시면 수확한 후에 땅을 넘기겠습니다."

그가 애걸복걸하자, 내 마음도 약해져 어쩔 수 없이 허락했다. 하지만 문서는 작성해두는 편이 좋을 듯하여, 강원도 인제의 집터와 밭의 가격을 3천 5백 냥으로 정하고 왔다.

– 1891년 8월 13일 『하재일기(荷齋日記)』

지규식의 공방은 고관대작이나 상인들로부터 큰돈을 받아 운영해 나가면서, 동시에 여러 사람에게 대출을 해줬습니다. 이러한 경영 방식은 공방뿐 아니라 조선의 농사꾼, 자영업자, 기술자 등 거의 대부분의 사람들이 선택한 것이기도 합니다. 지규식은 자금 관리의 책임자로서, 직접 빚을 받아내러 다녔습니다.

김명성은 1891년 4월부터 지규식이 빚을 독촉할 때마다 "지금은 곤란하다. 조금만 기다려달라"며 회피해왔습니다. 지규식이 집까지 찾아와도 없는 척하고 버티려 했죠. 하지만 결국 담보로 잡힌 땅을 내놓는데, "문중이 마련한 땅이니 추수 때까지만 기다려달라"고 말하죠. 앞서 조선 사람들이 재산을 지키기 위해 장손에게 몰아서 상속하고 문중의 땅으로 묶어두었던 것을 보았습니다. 하지만 이 시기에는 그 꼼꼼한 시도가 무색하게, 고리대의 파도에 휘말려 문중 땅이 헐값에 팔려 나가는 예가 적지 않았습니다.

지규식은 정에 흔들려 한 번만 눈감아주기로 합니다. 하지만 그 이후에도 김명성은 "한 번만 더 기다려달라." "땅을 넘기는 대신 원금을 할부로 갚으면 안 되냐." 하며 버티죠. 그런데 이렇게 끝까지 버티다가 집이 넘어가는 사례도 정말 많았습니다.

작년에 오택민(吳澤民)이 말했다.
"김순응(金順應)의 일은 정말 안타깝습니다. 그의 채무는 우리 공소에서 빌린 것을 포함해 총 칠팔천 냥에 이르지만, 남겨진 그의 아내와 아이가 어떻게 살아갈지 걱정입니다. 그렇다고 제가 개입하면 수많은 채권자가 자기 빚도 탕감해달라 할 테니, 나설 수도 없습니다. 형님께서 유가족을 생각해 대출금을 탕감해주시면 어떻겠습니까?" 나는 그런 부탁을 듣고도 쉽게 결정할 수 없었다. 결국 오늘 채권자들이 김순응의 집과 여러 물건을 모두 팔아서 각자 나눠 가졌다. 우리 공소가 빌려준 돈도 당연히 받아야 하지만, 오택민은 다시 말했다. "돈 이백육십 냥이 남았는데, 유가족의 사정을 헤아려 조금만 탕감해주시면 어떻겠습니까?" 나는 "내 맘대로 결정할 수 없으니, 회의를 거친 뒤 얘기해주겠다."라고 답했다.

- 1892년 3월 25일 『하재일기』

김순응이라는 사람이 빌린 돈을 갚지 못하고 사망했습니다. 그러자 채권자들이 그의 집과 물건들을 팔아서 나눠 가졌지요. 이 과정에서 김순응의 아내와 아이는 아무런 보호도 받지 못했습니다. 오택민이 살 집까지 빼앗겼는데 최소한의 생계비는 남겨두자고 제안해도, 지규식은 혼자 결정할 수 없다는 말만 반복합니다. 수많은 조선 사람이 빚에 허덕여 살 집을 잃고 떠돌았습니다. 그들은 누구에게도 도움을 받지 못하여 다리 밑에 초막을 짓고 살아야만 했죠.

한편 지규식은 채권자인 동시에 채무자이기도 했습니다. 나라를 주름잡는 사람들로부터 대출을 받아 공소를 운영했기 때문입니다. 따라서 그는 늘 상당한 액수의 대출금 독촉에 시달렸습니다.

조 오위장(五衛將)이 나를 불러서 가보았다. 그는 우리가 이 판서 댁에 빌린 돈에 대해 갖가지 말을 하며 압박했다. 종로의 상인 조창식에게 2만 7천 냥을 빌려서 막았으나, 여전히 빚이 6천 9백 냥 남았다.

– 1894년 12월 6일, 1896년 3월 27일 『하재일기』

어떻게 보면 지규식은 돈을 빌리고 빌려주는 관계 속에서 최약자였습니다. 지규식은 당대의 고관대작이나 상인 들에게 돈을 빌렸습니다. 그가 도저히 채무를 등질 수 없는 사람들이었죠. 반면 지규식이 돈을 빌려준 사람들 대다수는 상환 능력이 불안했고, 따라서 대출금 회수 가능성이 불투명할 때가 많았습니다.

위의 일기는 그가 독촉을 받는 상황인데요, 일기에 나온 '이 판서'는 이재완(李載完, 1855~1922)입니다. 왕족이자 주요 관직을 역임했던 그는 훗날 한성은행 설립을 주도합니다.[231] 즉 조선의 금융 상황에 대해 누구보다 빠삭한 인물이었다는 뜻인데요, 이재완의 대리인인 조 오위장이 지규식에게 했다는 '갖가지 말'이란, 당연히 좋지 않은 말들이었을 겁니다. '집을 받아 가겠다.' '앞으로 공소 운영하기 힘들어질 것이다.' 뭐 그런 말들이었겠죠. 공소 사람들은 이재완에게 이자를 탕감해 달라고 요청하기도 했지만, 받아들여지지 않았습니다. 결국 간신히 2만 7천 냥을 빌려서 갚았지만, 여전히 칠천 냥 가까운 빚이 남았죠. 그들은 이재완에게 엄청난 금액을 빌렸던 겁니다.

따라서 지규식에게도 집과 땅이 채권자에게 넘어가는 상황이 닥쳐왔습니다. 1901년에는 빚 850냥 때문에 아들의 집이 넘어갈 상황에 놓여 대신 갚아주었습니다. 1908년에는 1만 5천 냥을 갚기 위해 밭을 넘겼죠.

한편 공소가 대출의 핵으로 떠오르자, 아예 공소에 사무실을 내서 대부업을 하려는 사람도 생겼습니다.

> 평해 군수(平海郡守)를 지냈던 지 씨 친척이 나에게 말했다.
> "공소 근처에 집을 사려고 하는데, 자네가 알아볼 수 있겠는가? 나는 수만 냥 정도를 공소에 빌려주고 이자를 받고자 하네."
> "알겠습니다. 당연히 주선해봐야죠. 알아보고 연락드리겠습니다."
> – 1891년 5월 1일 『하재일기』

군수 자리가 돈으로 오가는 시대. 공직자에게 윤리를 기대하기는 어려운 걸까요? 군수 직을 거쳤던 지규식의 친척은 아예 공소에 자금을 빌려주고 이자를 따박따박 받아먹고자 합니다. 어떻게 보면, 주식투자의 옛 모습이라고 할 수도 있겠네요. 하지만 이율이 비정상적이고 채권자와 채무자를 보호하기 위한 법적 테두리가 부실한 상황에서, 과열된 사채시장은 결국 가장 어려운 사람들에게 부담이 되고 말았습니다. 당연히 정치권에서도 이에 대한 논의가 제기되었고요.

> 우의정 김병국(金炳國)이 보고했다.
> "요즘 사채의 폐단이 너무나 심합니다. 서울 양반집에서 사사로이 대

출을 해주고 빚을 받아내기 위해 백성들의 재산을 강제로 빼앗고 있습니다. 빚을 받는 건 법을 통해서 해결해야 할 일인데, 개인이 불법 행위를 하고 있으니 경악스럽습니다."

– 1878년(고종 14년) 3월 29일 『고종실록(高宗實錄)』

김병국의 지적은 타당하지만, 그 맥락은 복잡합니다. 김병국은 조선 사채망의 정점이었던 안동 김 씨 세도 가문의 일원이었습니다. 그는 넉넉하게 살았습니다만, 그의 부는 조선 백성들의 피와 땀으로 만들어진 것이었죠. 이재완이 지규식의 공소에 내준 것 같은 사채 대출의 주체는 양반·관료가 주를 이루었는데요, 그들이 대출해준 금액이 종로 상인들이 꿔준 돈보다 훨씬 많았습니다.[232] 사채를 운영하지 않는 관료를 찾기가 어려웠다는 뜻이죠.

그렇다면 왜 지규식은 굳이 사채를 이용했던 걸까요? 지규식이 은행 대출을 이용한 건 1897년 단 한 차례뿐입니다. 보증인을 세우고 담보를 제공하여 조선은행으로부터 1.5퍼센트 저리로 3만 냥을 대출받았죠.[233] 당시 은행은 아주 높은 수준의 상환 능력을 요구했기 때문에, 당시 거상이라 불리던 사람들도 좀처럼 이용하지 못했습니다. 까마득한 벽이 있었던 거죠. 그러니 평범한 사람들은 더더욱 은행 문턱을 넘기가 어려웠을 겁니다.

결과적으로 당시의 금융 환경은 은행과 사채시장 덕분에 내출빌을 곳은 많지만, 자금이 절실한 사업체나 소자본가에게는 너무나 불리한 구조가 되었습니다. 특히 사채시장은 하루가 다르게 변하는 나라 상황이 반영되어 높은 이자율이 표준화됩니다. 이를 부동산 시장에 대입해 보면 반복되는 패턴이 나타납니다. 서울이라는 특권 도시에 살기 위해 높은 이자율로 대출받아 부동산을 사고, 부동산을 담보로 또 높은 이자율의 대출을 받아 다른 사업을 하며, 사업 자금의 흐름이 막히지 않도록 다른 사채로 돌려막다가 리스크 관리에 실패해 결국 집까지 넘어가는 사례가 빈번히 발생했다는 것입니다.

그렇다고 대출을 막거나 조건을 까다롭게 하자니, 평범한 백성이 살 집을 구하기가 더욱 어려워졌습니다. 이들은 이자율은 높아도 더 승인받기 쉬운, 요즘으로 치면 더 낮은 단계의 금융권 대출을 선택하죠. 당시 조선에서도 그랬습니다. 부자는 상인에게, 상인은 백성에게 빚을 내줌으로써 전 국민이 사채의 사슬에 칭칭 감겨 있었습니다. 덕분에 담보로서의 부동산 가치는 더욱 오르는데, 대출 조건은 점점 까다로워집니다. 그렇게 조선은 평범한 백성이 집을 사기 더욱 어려운 나라가 되어 갔습니다.

어느 공무원의 집 없는 서러움을 아시나요?

집 없는 서러움은 살고자 하는 마음을 꺾어놓습니다. 집 하나 얻겠다고 아등바등 살아가는 것도 힘든데, 집주인과의 갈등과 잦은 이사는 심신을 피폐하게 하죠. 한국에서는 단지 서울에 자가가 있다는 것만으로도 삶의 질이 크게 달라집니다. 학업·취업·직장 생활·문화생활 등에서 지방보다 압도적으로 월등한 인프라를 안정적으로 누릴 수 있죠.

18세기 황윤석(黃胤錫, 1729~1791)이라는 선비가 있었습니다. 그는 호남 출신의 박학다문(博學多聞)한 선비, 즉 '걸어 다니는 백과사전'이라는 명성을 얻었던 사람이죠. 그런 그 역시 최종 목표는 남들과 다르지 않았으니, 좋은 관직을 거쳐서 집안을 일으키는 것이었습니다. 하지만 상황은 여의치 않았습니다. 영조 시기는 호남·영남 사람들에 대한 정치적 차별이 본격화되고, 정치권이 서울 사대부를 중심으로 돌아가던 때입니다. 세력이 없던 그는 위기 속에서 관직 생활을 해야 했는데요, 그마저도 명성이 없다면 이룰 수 없었습니다.

잘 곳이 없다는 것도 황윤석의 관직 생활을 괴롭게 했습니다. 그는 서울에 체류할 때마다 방과 숙식을 제공하는 주인(主人)과 계약하여 지냅니다. 언제 관직 커리어가 끊겨서 서울살이를 끝내야 할지 몰랐고, 여가탈입 규제 때문에 관료로서 서울에 집을 사기도 까다로웠으며, 집값도 만만치 않았습니다. 또 집주인과의 관계가 순탄치 않을 때마다 길바닥에 쫓겨날 수 있다는 위협을 느꼈는데요, 그 짠내 나는 이야기 속으로 들어가보겠습니다.[234]

집주인이 말했다.

"나리께서 주신 월세로는 턱없이 부족합니다. 식비가 더 필요하니, 추가금을 지불해주셨으면 합니다."

나는 "그동안 잘 지내왔지 않은가? 이제 와 아무 곳에서나 묵을 수는 없는 일이네. 다시 잘 생각해보게."라고 타일렀다. 하지만 사실 이렇게 지내는 것도 불편하고, 집주인도 자꾸 선을 넘는다. 오 선전관이 묵고 있는 곳으로 옮기고 싶지만, 과연 거기서는 편히 지낼 수 있을지 깊이 고려해보려 한다. 비용이야 더 비싸겠으나, 집주인과 잘 지낼 수 있다면 마음은 훨씬 편할 것이다.

- 1769년 3월 12일 『이재난고(頤齋亂藁)』

황윤석을 비롯한 관료들이 이른바 '주인집'에서 숙식을 해결한 이유는 주인이 제공하는 서비스의 종류가 무척 다양했기 때문입니다. 그들은 숙식뿐만 아니라, 물건 구매와 수리, 세탁, 연락 대행, 자금 대차 등 서울살이에 필요한 각종 서비스를 제공했습니다. 그 덕분에 많은 노비와 대리인을 거느린 서울의 대감 댁을 흉내 낼 수 있었죠. 지금의 성균관 주변인 반촌(泮村)에 살던 황윤석은 어느 날 집주인으로부터 월세를 올려달라는 요구를 받습니다. 식비가 부족하다는 이유였죠. 황윤석은 일단 거절했지만, 집주인의 요구는 멈추지 않았습니다.

요즘 집 문제로 너무나 혼란스러워 더욱 신중히 결정해야겠다. 지난번에 집주인이 하숙비로 한 달에 두 냥이나 달라고 하여, 옮겨야겠다고 생각했다. 하지만 상황이 녹록지 않다. 듣자니, 반촌(泮村) 이외의 집주인들은 한 달에 서너 냥 이상을 받는 게 관행이라고 한다. 내 경제 사정을 생각하면 지금 집에서 살아야 하지만, 직장 생활을 좀 더 편히 하려면 옮기는 게 맞다. 으아, 당최 결정할 수가 없다.

- 1769년 3월 29일 『이재난고』

이미 받은 녹봉을 탈탈 털어서 주었건만, 집주인은 끊임없이 황윤석을 압박했습니다. 황윤석은 다른 주인집을 알아보는데요, 안타깝게도 지금 사는 반촌이 제일 저렴한 편이었습니다. 성균관에 다니는 유생이나 서울에 머무는 관원을 배려하는 차원에서 시세보다 낮은 숙박료가 책정되었죠. 오늘날로 치면 신림동이나 노량진, 혹은 낙성대입구역 인근 같은 느낌이랄까요?

황윤석은 조금 더 편히 출퇴근하고 싶다는 욕심과 빈약한 주머니 사정 사이에서 좀처럼 결정을 내리지 못합니다. 그사이에 한 가지 희소식이 있었습니다. 6월에 승진을 한 것이죠. 녹봉도 올라 집주인에게 월세를 더 많이 지불할 수 있었습니다. 하지만 여전히 집주인 성에는 차지 않았는지 식사의 질이 점점 떨어지기 시작합니다. 심지어 냄새가 나고 살점이라곤 찾아볼 수 없는 고기가 나와 황윤석은 별점 반 개를 남기고 싶은 욕망을 참아야만 했습니다.

그러나 그 모든 수모를 참던 황윤석이 도저히 버틸 수 없는 사건이 벌어집니다.

집주인 김진태(金震泰)가 말했다.

"올해 흉년이 들어 쌀값이 폭등했습니다. 고작 여덟 되를 사는 데 한 냥이나 필요하고, 추수해도 풍년을 장담할 수 없는 상황이죠. 저 또한 생계가 너무나 어려워져서, 집을 팔지 않고선 빚을 갚을 수 없는 지경입니다. 그래서 이 집을 팔고 작은 집으로 옮기려고 하니, 선생님께서도 방을 빼셔야 하겠습니다."

이게 무슨 낭패인가. 객지에서 벼슬살이하면서 가뜩이나 어려운데, 갑자기 집까지 옮겨야 한다니. 걱정이 태산 같았다.

– 1769년 8월 22일 『이재난고』

집주인이 쌀값이 폭등하는 바람에 자금줄이 막혔다며 집을 팔겠다고 한 것입니다. 집주인이 팔겠다는데 세입자가 무슨 도리가 있겠습니까? 황윤석은 하루아침에 길바닥에 나앉게 되었습니다. 아마도 집주인이 비용 증가분을 세입자에게 더는 전가할 수 없었던 모양입니다.

그렇다면 당시 월세는 얼마나 큰 부담이었을까요? 흉년이라는 1769년 8월을 기준으로 셈해보겠습니다. 집주인은 '쌀 여덟 되가 한 냥'이라고 언급하는데요. 종7품 종부시직장으로 승진한 황윤석의 녹봉은 쌀 13말과 말먹이용 콩 6말이었습니다. 쌀만 생각하면, 13말은 당시 시세로 16냥 정도입니다. 그런데 집주인 김진태는 황윤석에게 '기존에 계약한 쌀 12말에 별도로 2냥을 더 얹어달라'고 요구했었죠. 흉년을 기준으로 보면, 이미 녹봉으로 받은 쌀을 모두 줘도 모자란 금액입니다. 상황이 조금 넉넉할 때는 어땠을까요? 1774년, 황윤석은 노비와 함께 지출할 한 달 생활비를 8냥으로 잡습니다. 주인집이 요구한 생활비가 월 3냥이었으니, 여전히 적지 않은 부분을 숙박비로 지불한 셈입니다. 이렇게 경제가 좋을 때나 나쁠 때나 의식주 비용이 녹봉의 상당 부분을 차지하고 있었습니다. 즉 뜻밖에 엥겔지수가 매우 높은 '욜로(YOLO)'의 삶을 산 셈이죠.

숙박비 외에도 필요한 지출이 꽤 많았습니다. 관복비, 외식비, 책값,

경조사비, 선물 비용, 노비의 생계비 등. 반면 수입은 쥐꼬리만 한 녹봉에 이따금 선물로 얻는 부수입 정도였습니다. 결과적으로 서울 생활은 적자였습니다. 그는 꾸준히 부모님께 지원을 받았고, 여러 상인으로부터 자잘한 빚을 졌습니다. 나이 마흔에 부모님께 용돈 받는 마음이 얼마나 죄송했을까요?

결국 황윤석은 새로운 거처를 알아보는데요, 이번엔 방향이 바뀌었습니다. 지긋지긋한 세입자 신세를 벗어나, 비록 작더라도 서울 안에 '내 집'을 얻자고 마음먹었죠.

이날 밤, 고민에 휩싸여 있다가 부하 직원(서리) 이성춘(李成春)을 불러 말했다.

"자네도 알다시피, 나는 지금 오도 가도 못할 상황이네. 집주인이 나가달라고 하는 상황이니 당장이라도 고향에 내려가고 싶지만, 나의 관직 생활을 응원하시는 부모님의 기대를 저버릴 수는 없네. 어떻게 하면 좋겠는가?"

이성춘이 답했다.

"보통 두 가지 방법이 있습니다. 하나는 서울에서 이삼십 냥을 주고 둘째 부인을 맞이하여 숙식을 해결하는 방법이고, 하나는 집을 사서 나가는 방법입니다. 우리 부처 근처의 집값은 번화가의 집값처럼 비싸지는 않으니, 초가집을 한 채 사서 나가시면 어떨까요? 의향이 있으시면, 저희가 한번 추진해보겠습니다."

– 1769년 8월 23일 『이재난고』

이성춘은 황윤석의 고민을 듣고 지방에서 서울로 올라온 관료들이 주거난을 해소하는 방법 두 가지를 제안합니다. 하나는 결혼입니다. 상대 집안에 이삼십 냥을 주어 둘째 부인을 맞이하고 그 집에 들어가 사는 방법이었죠. 하지만 이 방법은 비용도 부담됐을 뿐 아니라 그의 부인이 반대했기 때문에 택할 수 없었습니다. 두 번째 방법은 비록 초가집이라도 자가를 구매하는 방안이었습니다. 황윤석은 후사로 마음을 정하고, 부동산 정보를 폭넓게 파악합니다. 그가 모은 1769년 당시 서울의 부동산 시세를 정리하면 다음 표와 같습니다.

〈표 17〉 1769년 황윤석이 수집한 주택 가격[235]

위치	주택 규모	금액	비고
종부시(宗簿寺) 근처 (종로구 와룡동 인근)	초가집 5칸 (마구간 포함)	40냥	
위치 불명	초가집 2칸	30~50냥	
산림동	초가집 3칸 (마구간 및 정원 포함)	70냥	비싸다.
인붓고개 (인현동)	초가집 7칸 (마구간 포함)	50냥	
소안동방(小安東防)	초가집 5칸 (대문 있음)	50냥	
종부시 문 앞(寺大門)	초가집 11.5칸 (헛간 포함)	110냥 (전세 60냥)	

『이재난고』에 의하면, 당시 서울의 평균 집값은 초가집은 한 칸당 열 냥, 기와집은 한 칸당 스무 냥이었다고 합니다. 황윤석은 자신이 근

무하는 종부시(宗簿寺, 왕실의 족보를 관리하는 부처)에서 가까운 집들을 주로 찾아보았습니다. 특히 출근 시간이 오 분에서 십 분 정도밖에 걸리지 않는 집들에 군침을 흘리죠. 문 열고 좀만 걸어 나오면 출근할 수 있다니, 정말 꿈만 같죠?

하지만 '직세권' 주택은 너무나 비쌌습니다. 지역적인 이점 외에도 관료들의 수요가 높았기 때문에 마구간이나 헛간과 같은 제반 시설을 잘 갖췄거든요. 당시 110냥짜리 초가집의 일 년 전셋값이 육십 냥으로 집값의 약 54퍼센트나 되었는데요, 2022년 6월 기준 한국의 매매 가격 대비 전세 가격 비율은 63.8퍼센트입니다.[236] 한국 사회에서 전세라는 개념과 전세 가격의 비율에 대한 사회 통념이 얼마나 오래됐는지 보여 주는 증거입니다.

비싼 집을 구매하는 것은 황윤석에게 너무나 큰 부담이었습니다. 그의 예산은 30~50냥이었고, 그마저도 영혼까지 끌어모은 돈이었거든요. 물론 유만주처럼 경강상인에게 대출을 받는다면 가능했겠지만, 황윤석은 그날그날의 가계부를 꼼꼼히 적는 알뜰한 사람이었습니다. 큰 규모의 주택 자금 대출은 그의 선택지에 없었죠. 결국 황윤석은 내 집 장만을 단념하고 다시 셋방살이를 선택합니다. 비록 이전보다 월세는 비싸졌지만, 계산기를 두드려본 결과 어쩔 수 없는 선택이었죠. 그는 셋방살이를 할 때마다 집주인과 갈등을 빚었습니다.

그런데 십수 년이 지난 어느 날, 집주인 한 사람이 전의현감(全義縣監)으로 일하고 있던 황윤석을 찾아옵니다. 집주인은 무엇 때문에 서울에서 천안까지 먼 길을 내려온 걸까요?

어제 이수득(李壽得)이 내가 일하는 전의현 관청으로 찾아왔다. 그
자는 예전에 내가 서울살이할 때 집주인이었는데, 욕심이 하늘을 찔
렀다. 그래서 그가 관청에 들어오지 못하게 막고, 노잣돈만 주라고
전했다.

그런데 어젯밤 아내가 "이수득 그자에게 화가 나신 점은 충분히 이
해합니다만, 나중에 우리 아들이 서울에 과거를 보러 갈 때 집주인
이 필요해질 것입니다. 접견을 허가하시고 잘 달래서 보내시는 게 좋
을 것 같네요."라고 말했다.

가만히 생각해보니, 아내 말이 맞았다. 그래서 오늘 이수득을 관청
으로 불러들였다.

- 1787년 3월 24~25일 『이재난고』

숨만 쉬어도 적자가 났던 서울살이. 황윤석은 집주인에게 야금야
금 빚을 지면서 적자를 메웠습니다. 그런데 황윤석이 승진을 했습니다.
집주인 이수득은 드디어 오랜 빚을 받아낼 기회라 여기고 먼 길을 찾아
온 것입니다. 현감이 되면 돈 나올 구석이 꽤 있었거든요. 하지만 이수
득과 황윤석은 이미 관계가 안 좋았습니다. 분명 처음 방을 계약할 때
만 해도 이수득은 황윤석을 젠틀한 태도로 대했는데, 얼마 지나지 않
아 월세를 올려 받기 위해서 그를 박대했기 때문입니다.

그런데 황윤석의 아내는 이수득을 잘 맞이하자고 황윤석을 설득합
니다. 나중에 그들의 아들이 과거 시험을 보고 관료가 되어 서울살이를
할 때가 되면, 관계 좋은 집주인이 꼭 필요할 거라면서요. 그런데 황윤

석은 이미 1780년에 135냥에 달하는 돈을 만들어 이수득에게 주었습니다. 그때도 일이 깔끔히 끝나지는 않았죠.

집주인이 말했다.

"현감 나리. 저는 내일 서울로 돌아가보려고 합니다."

"그러한가? 몸 조심히 가시게."

"예. 그런데, 저, 그동안 빚을 많이 갚으셨지만, 여전히 저는 손해가 큽니다. 이대로 돌아가기는 조금 곤란합니다. 아무래도 더 갚아주셔야 제가 떠날 수 있을 것 같습니다."

나는 황당하기 그지없었다. 지난겨울에 갚은 빚까지 합해 그에게 준 돈이 무려 135냥이다. 원금 87냥에 비하면 이익이 10분의 5를 넘는데, 어째서 그렇게 말할 수 있을까? 그러나 그런 소리를 듣고도 그냥 보낼 수 없어 식량, 말먹이, 노잣돈, 꿀, 기름 등을 선물로 주었다.

– 1780년 1월 24일 『이재난고』

빚이 불어나는 속도는 정말 무섭습니다. 그가 이수득에게 야금야금 빌렸던 돈은 총 87냥입니다. 그런데 이자까지 135냥을 갚아도 이수득은 부족하다고 말합니다. 135냥이면 서울의 초가집 한 채를 사고도 남을 돈이었습니다. 조선 시대 사채의 무서움을 보여주는 장면이죠. 핸드폰을 해지했더니 위약금·할부원금·각종 할인 금액까지 합쳐 엄청난 요금폭탄이 날아오는 것처럼, 채권자와의 관계 악화와 변제 미이행으로 인해 빚은 눈덩이처럼 불어나 이윽고 산사태를 불러왔습니다. 황윤석은 속으로 욕을 해대면서도, 화를 참습니다. 그러고는 여러 선물을 주면서 이수득을 달래죠.

이처럼 황윤석의 서울살이는 툭하면 올라가는 월세금, 언제 쫓겨날지 모른다는 불안감, 갑자기 형편없는 식사를 내놓는 식의 치사한 압박, 가랑비에 옷 젖듯 쌓여가는 부채라는 악재 속에서 '존버'하는 시간이었습니다. 그런데 놀라운 건, 황윤석은 그나마 사성이 정말 좋은 편에 속했다는 점입니다. 황윤석의 부친은 호남의 천석꾼 대지주였습니다. 그 덕분에 황윤석은 '호남의 걸어 다니는 백과사전'이라 불릴 만큼 공부할 수 있었고, 과거를 볼 수 있었으며, 비록 힘들어도 서울에서 살 수 있었습니다. 물론 때때로 그의 집안도 형편이 어려워졌습니다. 농업에 기반한 가계 경제는 흉년에 너무나 취약했거든요. 그렇지만 황윤석 정도면 '동수저' 혹은 '은수저' 정도는 되었을 겁니다.

이 문제는 심각하게 생각해봐야 합니다. 황윤석의 사례를 '관료부터 백성까지 집 없는 자는 똑같이 서러움을 겪었구나.'라고 해석한다면 너무나 단편적입니다. 당시 조선의 관료들은 관직을 통해 부와 명성을 이루고, 부동산에 투자해서 부를 굳혔으며, 부동산에서 나온 수익으로 자식을 교육함으로써 가문의 영광이 세세손손 이어지기를 바랐습니다. 이것은 한국 사회의 모습과 유사합니다. 사회적 성공을 이룬 사람이 부동산에 투자하고, 그 부를 교육에 투자함으로써 불평등은 세대를 거듭할수록 더욱 심화됩니다.

출신지도 출발선의 차이를 만듭니다. 만약 황윤석의 집안이 호남이 아니라 서울에 기반을 갖추었다면, 더욱 효과적이고 안정적인 투자로 대단한 번영을 이뤘을 것입니다. 황윤석 본인도 호남 출신이라는 이유로 관료 커리어 내내 억울한 파직이 이어졌죠. 더구나 황윤석이 서울에 살면서 지출했던 수많은 비용은 서울에 집 한 채만 있었다면 쓰지 않아도 되었을 돈입니다. 서울, 특권, 부동산. 이 세 가지가 결합되어 나라의 공정과 평등을 얼마나 심하게 해쳤는지, 황윤석의 사례는 여실히 보여주고 있습니다.

황윤석 또한 불평등의 레이스에서 다른 이들보다 앞서고자 노력했습니다. 성공했다면 그 역시 복리처럼 불어나는 불평등의 과실을 먹으며 가문을 번영시켰을 것입니다. 하지만 그는 실패했죠. 그의 사례는 조선 사회에 어떠한 경종도 울리지 못했습니다. 사람들은 누군가의 실패에도 아랑곳하지 않고 계속 레이스에 뛰어들었고, 수단과 방법을 가리지 않고 이기려 했습니다. 그것은 곧 '능력'이라 포장되었죠. 그러나 숫자로 치환되는 이익을 건 부동산 레이스의 끝에 있는 것은 소수만 영광을 누리고 나머지 다수는 아우성치는 아귀지옥이었습니다.

'집 없는 서러움'이 공동의 문제인 까닭도 거기에 있습니다. "왜 나라에서 집을 지어주고 임대해주냐? 나도 해줘라."라는 말들이 나오는 것이 그 증거입니다. 능력에 따른 보상만이 공정함의 기준이라는 이야기도 있지만, 우리는 이미 압니다. 집을 구매할 수 있는 '능력'의 차이는 사실상 날 때부터 결정되어 있다는 것을요. 수많은 개인이 살 곳을 마련할 수 있는 가능성이 얼마나 되는가는 곧 그 공동체의 평등 수준을 나타내는 척도입니다. 따라서 그 가능성을 높이는 것이 나 자신과 미래 세대에게 더 편안한 삶을 보장해주는 길일 것입니다.

양반도 관료도 피할 수 없다! 조선의 전세 사기

전세는 다른 나라에서는 보기 힘든 한국의 독특한 주택 임대제도입니다. 서양에서는 기원전 15세기경 메소포타미아 문명에서 처음 전세[antichresis]의 모습이 확인되며, 스페인·프랑스·아르헨티나 등에서 법률로서의 전세 제도가 존재했음이 확인됩니다. 현재는 한국·볼리비아·인도 등 소수의 국가에서만 쓰이고 있죠.[237]

한국에서 전세 제도가 널리 보급된 건 1970년대입니다. 당시 한국은 주택 수요는 높았지만, 금융시장은 발달하지 못했습니다. 또한 낮은 임금으로 목돈을 만들기 어려워 주택을 구매할 수 없었죠. 또한 이때는 경제성장기로서, 금리가 십 퍼센트 이상이었습니다. 전세 제도는 이러한 환경에서 발달합니다. 세입자는 집값보다 낮은 가격으로 살 곳을 얻을 수 있었고, 집주인은 전세금을 예금에 투자하여 이자 수익을 얻었습니다.

조선 후기 전세 계약이 늘어나기 시작한 것도 그와 유사합니다. 임금이 낮고 은행이 부재한 가운데 전세금은 사채 또는 갭투자와 연결됩니다. 집주인은 전세금을 받아 고금리의 사채를 빌려주거나 다른 부동산 또는 사업에 투자하여 이익을 냈죠. 은행의 역할을 세입자와 집주인이 각자의 선에서 해결하고자 한 겁니다.

그런데 전세 제도는 필연적으로 불안할 수밖에 없습니다. 세입자는 주택에 대한 소유권이 없기 때문에 벽에 못 하나도 마음대로 박을 수 없으며, 무엇보다 사기를 당하여 전세금을 돌려받지 못하면 회복하기 어려운 손해를 입습니다. 특히 공인중개사까지 사기에 가담하면 속수무책이죠.

집주인은 전세금을 받아 다른 곳에 투자하게 되는데, 한 군데의 자금 흐름이 막히면 연쇄적으로 도산할 위험이 있습니다. 특히 현대 한국 사회에서는 예금이자로 큰 수익을 기대할 수 없기에 대부분의 집주인이 전세금을 이용한 갭투자로 부동산 자산을 불립니다. 하지만 대출금리 인상·집값 하락·세입자 확보 실패 등과 같은 위험에 쉽게 노출되는 만큼, 자칫하면 수십, 수백 명의 세입자에게 큰 피해를 끼치게 되죠.

18세기, 또 한 명의 지방 출신 관료가 있었습니다. 이번엔 영남 출신인데요, 평생 무관의 길을 걸었던 노상추(盧尙樞, 1746~1829)는 황윤석처럼 임대제도를 이용하여 서울에서 살았습니다. 다만 황윤석과는 다른 형태의 임대제도, 즉 전세를 이용했죠. 과연 조선 시대 전세 세입자와 집주인의 관계는 어땠을까요? 그의 일기를 살펴보겠습니다.

집주인 허 씨가 허질(許晊)이라는 자에게 사십 냥을 받고 내가 살고 있는 방을 내주려고 한다. 나는 그동안 세를 27냥이나 내고 있었는데, 13냥 더 받겠다고 염치없이 쫓아내려 한다. 도대체 사람이 어떻게 이럴 수 있는가! 나는 말했다.

"알겠네. 어쩔 수 없지. 하나 내가 준 전세금 27냥은 빠짐없이 돌려줘야 하네."

그런데 며칠 뒤, 집주인이 난처한 표정으로 내게 말했다.

"저, 부사 영감. 전세금 말씀인데요, 제가 허질 영감께 받은 사십 냥을 다른 곳에 이미 다 써버려서 당장 드릴 전세금이 없습니다. 그래서 말씀인데, 전세금을 3냥만 더 올려주시면 그냥 지금 계신 방에서 쭉 묵으실 수 있도록 하겠습니다."

"허 참, 어찌 그럴 수 있는가?"

"송구합니다요."

"알겠네. 생각해보겠네."

집주인의 행실이 괘씸하긴 했지만, 이보다 좋은 방을 구하기 어려운 것도 사실이다. 나는 그냥 3냥을 더 올려주고 살기로 마음먹었다.

- 1796년 4월 10~15일 『노상추일기』

전세금을 올려 받기 위해 세입자를 내쫓으려는 집주인 허 씨. 그는 승지(承旨, 왕의 비서관) 허질에게 사십 냥을 받고 노상추를 쫓아내려 하는데요, 허 씨의 수작 앞에서 노상추는 그저 한탄할 뿐입니다. 하지만 눈 뜨고 코 베이더라도 원금은 회수해야죠. 노상추는 전세금 27냥을 한 푼도 빠짐없이 받아내려 합니다. 그런데 집주인 허 씨는 갭투자 전문가였을까요? 허질에게 받은 전세금 사십 냥을 벌써 다른 곳에 썼다고 합니다. 노상추에게 돌려줄 전세금은 진작에 사라졌던 거죠.

노상추에게 전세금을 못 돌려주고 결과적으로 허질에게도 방을 내줄 수 없게 된 집주인 허 씨는 다른 제안을 합니다. 전세금을 3냥 더 올려주면 기존의 방을 그대로 내준다는 것이었죠. 노상추는 내심 괘씸했지만, 받아들이기로 합니다. 그런데 이러면 허질만 '호구' 되는 상황이잖아요? 일은 간단히 끝나지 않았습니다.

집주인이 말했다.

"부사 영감. 허질 영감께서 방을 내놓으라고 성화십니다. 그래서 말인데 송구하오나, 사당 안에 있는 방에 온돌을 설치했으니, 나리께서 그 방으로 옮겨주시면 좋겠습니다."

"안 될 말이네. 차라리 전세금을 받아 이사를 가면 갔지, 작은 방으로는 안 옮기겠네."

"그러시면 계약을 파기하는 것밖에는 방도가 없습니다."

"그리하시게. 나는 원래 전세금 27냥에 올려준 3냥을 합쳐 삼십 냥을 받으면 되네."

"제 수중에는 열 냥밖에 없습니다. 이거라도 받고 나가시지요."

집주인이 내민 엽전 꾸러미를 보자, 화가 치밀었다.

"이게 무슨 짓인가! 애들 장난질도 아니고!"

내가 벌컥 화를 내자 그는 "송구합니다. 제가 다른 방도를 찾아보겠습니다."라며 사과했다. 결국 그는 온돌을 설치한 사당의 방을 삼십 냥 받고 다른 이에게 내줬다.

— 1796년 4월 21일 『노상추일기』

승지(承旨) 허질은 가만히 있지 않았습니다. 황당했을 겁니다. 전세금 사십 냥을 주고 계약했는데, 나중에 다른 방을 제안하다니요? 허질은 당연히 계약을 무르겠다고 했지만, 앞서 보았듯 집주인은 이미 전세금을 모두 다른 곳에 써버린 뒤였죠. 결국 그는 노상추에게 무리수를 던지는데요, 처음에는 급하게 만든 방을 제안하더니 나중에는 "열 냥밖에 없으니 이거라도 받고 나가십쇼."라는 씨알도 안 먹힐 얘기를 합니다. 이쯤 되면 명백한 전세 사기죠.

하지만 넋 놓고 당할 노상추가 아니었습니다. 그에게는 전세금을 주고 방을 얻었다는 계약서가 있었습니다. 게다가 그는 이미 현감을 거치며 사회적 지위를 쌓아온 사람입니다. 아무리 집주인이 갑이라도 전세금 열 냥만 주고 쫓아낼 수는 없었습니다. 노상추는 무슨 일이 있어도 방을 뺏기지 않으면, 이중으로 전세 사기를 시도한 집주인이 그를 함부로 대할 수 없음을 알았습니다. 게다가 무관 출신 노상추의 추상같은 호통에는 속물 집주인도 깨갱하게 하는 패기가 담겨 있었죠.

결국 집주인은 온돌을 설치한 사당의 방을 삼십 냥 받고 다른 사람에게 내줍니다. 노상추에게 전세금을 돌려주고 계약을 파기하고자 한 거죠. 돈을 돌려받은 노상추는 이사를 나가기로 합니다. 하지만 그 끝도 결코 순탄하지는 않았습니다.

집주인이 허질 승지의 여종을 시켜서 빨리 나가라고 우리 집 하인들을 구박했다. 도대체 예의라고는 눈곱만큼도 모르는 사람이다. 집주인이 사당의 작은 방을 내준 사람은 정언인(鄭彦仁)이다. 그도 사기를 당한 것이다.

나는 어쩔 수 없이 지인의 작은 정자를 빌려 그곳으로 짐을 옮겼다. 급히 집을 알아보다, 밀양 출신 이승운(李乘運)이라는 자에게 남부학당(지금의 종로구 필동 인근) 앞 초가집 한 채를 육십 냥 주고 사기로 했다. 그러나 그는 며칠 뒤 계약을 파기했다. 아마 나보다 더 좋은 제안이 들어온 것 같다. 급한 대로 다른 집을 알아보았지만, 이 역시 성사되지 않았다. 기만당한 서러움을 말로 할 수 없을 지경이다.

— 1796년 4월 23~26일 『노상추일기』

노상추와의 계약이 파기되자, 집주인 허 씨는 하루가 멀다 하고 사람을 보내서 퇴거를 압박합니다. 노상추는 그 성화를 이기지 못하고 짐을 빼서 임시 거처에 들어갔죠. 그러면서도 억지로 만든 작은 방에 삼십 냥씩이나 주고 세 들어 온 정언인을 동정합니다.

지긋지긋한 전세살이의 서러움에서 벗어나고 싶었던 노상추는 이참에 '내 집 마련'을 시도합니다. 그리하여 육십 냥을 주고 초가집을 사기로 했으나, 하루아침에 파기당합니다. 이미 계약금을 지불한 뒤였는데도요. 아마도 상대방은 노상추의 오퍼를 이용해 더 좋은 오퍼를 유도했을 것입니다. 유만주가 계속 당했던 수법이기도 하죠. 결국 노상추는 한동안 계속 셋방살이를 하며 거처를 옮겨야 했고, 집 없는 서러움은 계속 이어졌습니다.

전세 계약에는 일정한 패턴이 있는 것 같습니다. 세입자와 집주인이 첫 임대 계약을 맺은 후 일정 기간이 흐르면, 집주인은 전세금 인상을 요구합니다. 전세금을 받아서 여기저기 투자했는데, 자금이 회수되지 않으니 세입자를 쥐어짜는 경우가 많죠. 세입자로서는 이미 지금 사는 곳에 생활 기반을 잡은 터라 어쩔 수 없이 진세금을 올려주거나, 울며 이사를 나갈 수밖에 없습니다.

사실 이 정도만 해도 양반입니다. 노상추의 예처럼 집주인이 자금이 급하다는 이유로 덜컥 다른 세입자를 받아서 '급전'을 당기거나, 수중에 돈이 없다며 '배 째'라는 태도로 나오면 세입자는 정말 막막합니다. 허 씨가 사당의 작은 방에 온돌을 놔서 억지로 세입자를 받은 것처럼, 반지하나 옥탑에 사람이 살기 어려운 방을 만들어서 세입자를 받는 예도 정말 많죠. 지금 재건축의 포텐셜을 가득 품고 있는 '이삼 층짜리 빨간 구옥'이 바로 그러한 역사의 증거입니다.

노상추는 이 과정에서 아무런 보호를 받지 못했습니다. 조선의 공증 제도는 이미 생명력을 잃었고, 조정은 임대차 제도에 대한 최소한의 법적 보호 장치조차 마련하지 않았습니다. 부동산 시장을 구성하는 세입자, 금융시장, 집주인에 대한 정책적 조치는 '땜질'에 가까웠죠. 그 결과, 전월세라는 단어에는 '만인의 만인에 대한 사채 투쟁'이라는 함의가 생깁니다. 수많은 백성이 부동산의 덫에 걸려 빚의 늪에서 허우적댔습니다. 노동으로는 도저히 거기서 빠져나올 수 없었죠.

'남의 돈으로 돈을 번다'는 전세의 본질적인 구조 자체가 갭투자가 실패했을 시 닥쳐올 파멸을 담지합니다. 물론 서민이 중산층으로, 중산층이 부유층으로 갈 수 있는 사다리로서 기능한다는 점을 간과할 수 없습니다. 하지만 예금이자가 유의미한 수익을 가져오지 못하는 상황에서 신분 사다리란 곧 갭투자를 의미합니다. 이렇게 리스크가 큰 장치를 우리는 '부동산 우상향'만 믿고 방치해왔습니다. 그렇게 얻은 부를 정당화하면서요.

최근 심상치 않은 뉴스가 들립니다. 집을 수천 채 소유한 '빌라왕'이 파산하며 수많은 사람이 피눈물을 흘리고 있다는 소식이죠. 더욱 무서운 건 피해가 여기서 끝나지 않고 앞으로 일파만파 확산하리라는 점입니다. 우리가 억지로 외면해왔던 전세 제도의 불안정성이 이제 현실로 드러났습니다. 더 장기적이고 연속적인 주거 안정에 초점을 맞춘 정책이 필요합니다. 그러지 않으면 과거 임차인과 임대인이 상생하는 수단이 되어주었던 전세는 오늘날의 우리를 부채의 구렁텅이로 밀어넣고 말 것입니다.

한눈에 보는 조선 집의 역사

WELCOME TO 빈민촌

한양 안 땅 한 치 값이
금과 같으니,
빈민은 산에 올라 둥지를 텄네.

성종

고위 공직자 1가구 1주택을 시행하라.

3주택   4주택

잠시 지네 집을 '빌리겠네.'

19C 한양 집값 동향

무조건 오른걸세.
일단 지르고 보자고.

부동산 불평등은 능히 나라를 망하게 하나니

지금까지 조선의 땅과 집에 대한 이야기를 풀어보았습니다. 오백 년간의 장구한 역사를 저의 좁은 소견으로 이 짧은 지면에 다 담기에는 정말 부족했을 것입니다. 하지만 조선 사람들의 시도와 좌절은 소박하게나마 담아냈다고 생각합니다. 여러분은 조선의 부동산사(史)를 어떻게 읽으셨나요? 저는, 이렇게 읽었습니다.

부동산 개혁은 왜 항상 실패할까?

조선의 개국이 혁명이 될 수 있었던 까닭은 토지 국유화의 이상에 입각한 토지 재분배에 있습니다. 조선을 세운 사람들이 고안해낸 과전법 체제는 오랫동안 고려를 좀먹고 있던 불평등한 토지구조를 해체, 재분배하여 공정하고 평등한 세상을 만들고자 했던 시도입니다. 조선 전기에 토지제도 및 조세제도 수정이 연이었던 것은 이상 사회를 이 땅위에 구현해보고자 했던 치열한 고민과 논의가 끊이지 않았다는 반증입니다. 마침내 그것이 현실 정치 위에 드라마틱하게 구현되었습니다. 바로 과전법입니다.

조선의 지식인들이 과전법을 통해 달성하고자 했던 목표는 크게 두 가지입니다. 첫째는 왕토 사상에 입각한 토지 국유화로 사유재산을 없애고, 나아가 불로소득을 원천 차단하는 것입니다. 둘째는 모든 백성이 노동을 통해 적절한 생계 수준을 유지할 수 있는 상태를 이루는 것, 즉 소규모 자영농을 육성하고 보호하는 것이었습니다. 그들은 생각했을 것입니다. 조선이 꿈꾼 이상 사회, 즉 '모든 이가 자급자족할 수 있는 평화롭고 공정한 농촌 공동체 사회'로 향하는 길은 이것이 유일하다고 말이죠.

그런데 벅찬 마음으로 개혁의 깃발을 흔들던 열정은 너무나 빠르게 식어갔습니다. '내 것'을 손에 쥐고자 하는 마음은 개혁이 쌓은 둑을 손쉽게 터뜨렸습니다. 그 흐름을 주도한 세력은 특권을 손에 쥔 양반 계급이었죠. 그들은 토지를 한 뼘이라도 더 늘리기 위해서 여러 세대에 걸쳐 각고의 노력을 기울였습니다. 경제적으로 취약해진 자영농의 토지를 헐값에 사들였고, 각종 혜택이 걸려 있는 광활한 개간지를 선점하였으며, 심지어 공적 자원을 동원해서 드넓은 간척지를 만든 후 그것을 오롯이 자신의 소유로 삼았습니다.

땅을 넓힌 사람들의 다음 스텝은 생산량을 높이는 것이었습니다. 대토지를 만들어낸 지주 계급은 조금씩 자신들에게 유리한 계약 형태를 만들어갔죠. 상대적으로 공정한 편이었던 작개·사경 계약은 점차 사그라들고, 일방적으로 대지주에게만 유리한 병작제가 관행으로 자리 잡습니다. 병작제가 자리 잡기까지 수 세기 동안 농민은 다양한 방법으로 저항했으나, 사회적 특권과 경제력을 모두 거머쥔 사대부가의 집념을 꺾지는 못했죠.

사대부가의 꼼꼼하고 집요한 경영 능력은 어쩌면 자식을 사랑하는 마음에서 비롯된 것일지도 모릅니다. 자신이 일군 부와 거기서 오는 안락을 자녀에게도 고스란히 전달하고 싶은 마음은 인간으로서 지극히 자연스러운 것입니다. 조선 전기의 일반적인 상속 관행이었던 남녀균등상속은 정치적 엘리트인 사대부가와 경제적 엘리트인 지역의 유력 가문이 결합하는 역사적 배경이 되었습니다. 그렇게 성장을 거듭해가던 그들은 재산을 지키기에 더욱 유리한 방법을 고민합니다.

그리하여 마침내 조선 후기 양반 가문은 오랫동안 한반도의 상속 관행이었던 남녀균등상속을 포기하고 적장자 중심의 상속제로 선회합니다. 그것은 국가의 대내외적 위기를 배경으로 시작되었습니다. 지역 공동체의 사람들은 몇 개의 양반 가문을 중심으로 '요람에서 무덤까지' 함께했습니다. 대토지를 소유한 문중은 고귀한 종손부터 몰락한 양반, 나아가 빈한한 소작농까지 아우르는 '부동산 공동체'로 진화했습니다.

이러한 흐름이 놀라운 까닭은, 조정이 단 한 번도 손을 놓고 있지 않았기 때문입니다. 수백 년 동안 조정이 토지 불균형을 완화하고자 제시한 수단은 조세였습니다. 예컨대 전 국민 여론조사를 통해 결정된 공법은 골자만 보면 지극히 합리적인 대안이었습니다. 정액세율제와 누진세율제를 혼합하여, 천재지변에 취약한 사람들에게는 적절한 보호를 제공하고 국가로부터 특권을 받아 경제적으로 넉넉한 사람들에게는 조금 더 많은 부담을 지우려 했습니다. 오랜 시간 고민하고 토론하여 뽑아낸 최선이었기에, 공법이 제정될 때에 결정된 작황 평가 체계나 조세 체계는 조선이 망할 때까지 그 기틀을 유지했습니다.

그러나 중앙 정계와 농사 현장에서 굳어진 권력과 신분의 비대칭성은 곧 조세의 불공정으로 연착륙합니다. 세금을 가장 많이 내야 할 사람들이 조세 포탈, 재산 은닉, 차명 재산 등 각양각색의 방법을 통해 최저 세금을 냈습니다. 그들이 빠져나가며 구멍 난 국가 재정은 춥고 가난한 마을에서 억지로 뽑아 채웠죠.

노동에 기반한 자급자족 공동체 국가였던 조선은 마침내 노동이 신성하지 않은 국가로 변모합니다. 아무리 일해도 경제적 상위 계급과의 차이를 좁힐 수 없었습니다. 열심히 노동하면 할수록 국가와 지주가 더 많이 뜯어갔기 때문입니다. 이러한 불공정을 개선하기 위해 양전 사업이 여러 차례 시도되었으나 지주 계급이 세운 난공불락의 성 앞에서 번번이 좌절되었습니다.

19세기에 이르자 부동산이 계급의 기준이 되었습니다. 이 시대에 조선이 설계했던 안전장치와 개혁의 흔적은 모두 옛날의 낭만이 되어버렸죠. 부동산이 계급을 낳고, 다시 계급이 부동산을 낳았던 것입니다. 상품경제가 발달하고 화폐가 유통되면서 부의 총량은 늘었으나, 어째서인지 가난의 사슬은 더욱 강하고 단단해졌습니다. 있는 사람들은 독점을 더 확고히 하며 돈을 벌어 안전 자산을 쌓았습니다. 없는 사람들은 더 많이 농사지어도 남는 게 없었고, 아무리 의무를 수행해도 보상이 없었죠. 이 사이클에서 다수의 백성은 햄스터 쳇바퀴 돌듯 진땀 나도록 제자리걸음만 했을 뿐입니다.

무엇이 잘못된 걸까요? 어쩌면 토지 국유화라는 이상 자체가 잘못된 것이었을까요? 만약 그렇다면 현대를 살아가는 우리에게는 치명적입니다. 우리 시대 부동산 문제의 해법으로 고안된 것들 중 상당수가 토지 공개념에 근거하고 있기 때문입니다. 토지 공개념은 토지의 공공성과 합리적 사용을 위해 토지에 대해 소유권을 제한하거나 의무를 부과할 수 있다는 이론적 토대입니다. 조선 시대 왕토사상에 의한 토지 국유화와는 개념이 다소 다르지만, 사유재산에 대한 공적 제재를 통해 공공의 이익을 추구하겠다는 목표는 같습니다.

그런데 조선의 이상 그 자체가 잘못되었다고 말하기는 다소 어려울 것 같습니다. 각고의 노력에도 불구하고 조선은 단 한 번도 토지 국유화에 성공한 적이 없기 때문입니다. 조정이 토지 국유화라는 이념에 입각해 시장을 견제하려 할 때마다, 놀라울 만큼 자연스럽고 정교한 이해관계자의 반대를 맞닥뜨렸거든요.

양전 사업을 예로 들면, 자의 길이를 정하는 것부터 토지의 등급 조정을 제한하는 것까지 이해관계자는 세련된 정치적 수사로서 지주 계급의 이해를 대변했습니다. 정책의 최일선에 있던 지방관 또한 관복을 벗어 던지면 지주였습니다. 하늘 아래 지주가 아닌 정치인이 없으며, 그 정치인을 대체할 새로운 세력 또한 큰 틀에서는 '고인 물'이었습니다. 이런 상황에서 어떻게 지주의 이해를 떠난 개혁을 할 수 있었을까요? 관료들이 아무리 선의로 충만한 마음을 가지고 있다 하더라도, 나의 이익과 상충하는 문제에 적극적으로 찬성표를 던지기란 쉬운 일이 아니었을 겁니다.

우리가 앞서 계속 읽은 것처럼, 조선사의 토지 불균형은 정부가 시장 실패에 효과적으로 대응하지 못하면서 점차 심화했습니다. 그런데 정부가 몰랐던 것이 아닙니다. 문제의 핵심과 해결 방안을 잘 알고 있었음에도 매번 적절히 개입하는 데 실패합니다. 그 원인은 정치구조의 한계에 있었죠. 그러므로 토지 문제를 해결하기 위해서는 민의가 더 적극적으로 반영되는 정치체제 구현이 너무나도 중요합니다. 국회의원이나 고위 공무원이 과거 귀족 계급과 같은 위치에 있는 오늘날의 정치체제에서는, 그 어떤 부동산 개혁도 조선의 전례를 따르게 될 가능성이 큽니다. 극악의 경쟁률을 뚫고 국회의원 배지와 청와대 참모 자리를 따냈으니 그에 대한 보상을 챙기고 싶다는 마음을 어떻게 막을 수 있을까요? 돌이켜보면, 우리가 매번 부동산 개혁에 실패했던 것도 불안정한 정치적 상황과 그것을 감안한 타협 때문이었죠. 따라서 부동산 개혁이 실패하는 첫 번째 원인으로 공공의 의사가 잘 반영되지 않는 정치체제, 나아가 건전한 담론 형성까지도 방해하는 정치체제를 꼽을 수 있습니다.

조선의 토지 국유화는 정부의 적절한 개입을 통해 비정상의 정상화를 실현할 수 있는 이론적 근거였습니다. 토지 공개념도 마찬가지입니다. 정부의 적극적인 개입을 위한 이론적 근거일 뿐, 실제로 모든 토지를 국유화하겠다는 목표를 세우지는 않습니다. 그런데 토지 국유화나 토지 공개념에 대한 비판적 시선은 대체로 그것의 각론보다 총론에 있습니다. 즉 '정부는 부동산 시장에 어느 정도까지 개입해야 하는가?'에 대한 사회적 합의가 이루어지지 않았기에, 우리 사회의 정책은 명확한 이론적 근거와 토대를 두지 못했습니다. 다시 말하면, 사람들이 원하는 부동산 시장의 이상적인 모습이 저마다 다르다는 것입니다. 따라서 민의를 반영하는 정치체제를 구축한다 하더라도, 여전히 다수, 특히 목소리를 낼 여력을 가진 이들이 자신의 이익을 수호하고자 노력할 테고, 그 결과로 불공정은 해결되지 않을 수도 있다고 생각합니다. 그렇다면 그보다 더 중요한 질문을 던져야 합니다. 부동산 개혁의 방향성입니다.

여러분이 바라는 부동산 개혁은 어떤 방향인가요? 우리가 추구해야 할 핵심 가치는 무엇일까요? 저는 부동산 불평등의 해소, 즉 분배에 있다고 생각합니다. 다시 말해, 정부의 효과적인 개입을 통해 시장에서 발생한 불균형을 해소하는 방향이 한국 사회에 누적된 문제의 해법이라 생각합니다. 그런 의미에서 토지 국유화에 대한 조선 사람들의 이론적 탐구와 정치적 시도는 더 세심하고 적극적으로 돌아볼 만한 가치가 있습니다. 물론 토지 국유화가 현실적으로 달성할 수 없는 목표였다거나 역사 속에서 이미 실패한 시도라는 비판은 유효합니다. 그렇지만 정부의 개입은 어떻게 이루어져야 하는지, 또 정부의 효과적인 개입을 방해하는 요소는 무엇인지 속속들이 살펴볼 수 있기 때문입니다.

조선이 그러했듯, 오늘날도 국가가 평등을 유도할 수 있는 건전한 방식은 결국 조세밖에 없습니다. 고려 말처럼 모든 토지대장을 강제로 모아서 불태우는 과격한 방법은 시도할 수 없으니까요. 설령 모든 것을 태운다 하더라도 또 다른 불평등이 나타날 것입니다.

그런데 조세로 평등을 만들어간다는 것은 곧 나에게도 부담이 돌아올 수 있다는 뜻입니다. '나는 나의 성취를 기꺼이 공동체와 나눌 준비가 되어 있을까?'라는 질문에 우리는 뭐라고 답할 수 있을까요? 이렇게 물으면, 아마 대부분은 그렇다고 말할 겁니다. 그런데 막상 구체적인 수치로 계산되기 시작하면 덜컥 겁이 나고 억울합니다. '내가 아등바등 살아오면서 어떻게 모은 재산인데, 왜 정부가 마음대로 세금을 매기냐?' '나는 이제야 간신히 거의 다 올라왔는데, 왜 하필이면 지금 사다리를 걷어차는 거냐?'라는 볼멘소리가 나올 수 있습니다. 그것이 나쁘거나 옳지 않다고는 생각하지 않습니다. 지극히 자연스러운 마음입니다.

그런데 우리가 그렇게 생각하는 까닭은, 토지 국유화를 단 한 번도 이루지 못한 조선처럼, 토지가 공공의 필요를 위해 쓰이기보다는 늘 투기의 대상으로 이용되어온 역사의 영향이 아닐까요? 즉 토지를 통한 공익이 사익보다 현저히 낮다고 느끼기 때문이 아닐까, 라는 말입니다. 또 어쩌면 우리 마음속에 조세가 나라의 불균형을 적절하게 해소하지 못한다는 무력감이나 불신이 가득하기 때문일지도 모릅니다. 결국 우리는 공정에 대한 불확신 속에서 회의의 바다를 표류합니다.

그러므로 개혁에 앞서 우리가 합의해야 할 가치는 '공정의 기준'입니다. 어떤 사회가 공정한 사회며, 어떻게 분배해야 공정한 방식일까요? 이 질문을 탐구할 만한 아주 좋은 역사적 사례가 있습니다. 바로 조선시대 지주와 농민 사이에 벌어졌던 불균형 관계입니다.

조선 시대 지주와 농민의 관계를 이분법적으로만 보는 건 낡은 시선입니다. 부자는 풍요 속에서도 빈곤했고, 마을 사람들의 복지를 증진하기 위해 전 재산을 털 때도 많았죠. 그런데 되묻지 않을 수 없습니다. 그것이 과연 정당하고 공정한, 소위 '오로지 자신의 능력으로만' 이룬 부였을까요? 단언컨대, 아닙니다. 아주 많은 경우, 조선의 부는 관직 진출로 얻은 특권, 재산상속으로 받은 기반, 조세 포탈로 얻은 잉여가치, 소작인과 노비를 대상으로 한 불평등계약, 독과점을 기본으로 한 투자 등이 한데 어우러져 탄생한 결과물이었습니다.

오백 년 역사를 통해 조선 시대 지주 계급이 우리에게 보여준 것은 그들의 성취가 오롯이 그들의 탁월하고 세심한 경영 능력 덕분이 아니었다는 사실입니다. 마찬가지로 조선의 농민이 가난했던 것도 그들의 기질이 무능하고 게을렀기 때문이 아닙니다. 이것은 비단 조선뿐만 아니라, 모든 역사에서 반복적으로 발견할 수 있는 사실입니다. 따라서 우리가 먼저 해야 할 일은, '시장은 반드시 불공정한 성취를 만들어낸다'는 사실, 나아가 '나의 성취조차도 완벽히 공정한 결과가 아니'라는 사실을 마음속 깊이 이해하고 인정하는 것일지도 모릅니다. 조선의 사대부는 그러한 사실을 직면하고 인정하려 하지 않았습니다. 엄정한 신분질서가 불평등을 정당화했고, 개인이 이룬 학문적 성취는 그에게 주어졌던 불공정한 기회들을 덮어버렸습니다.

지금 우리가 목격하고 있는 기술 혁신은 꿈만 같았던 '탈노동 사회[post-work society]'를 만들어낼지도 모릅니다. '노동한 만큼 소유하고, 소유한 만큼 세금을 낸다'는 보편적 가치, 즉 노동으로 자신의 삶을 결정할 수 있는 세상으로 되돌아가기에는 이미 늦어버렸을지도 모르죠. 하지만 기술 혁신의 질주에서 탈락하는 사람들 역시 시민이자 우리 공동체의 일원입니다. 그들이 없으면 나의 성취도 공허한 것이 될 수 있음을 우리는 명심해야 할 것입니다.

조선의 지주들은 몰랐습니다. 훗날 자신 또한 취약계층이 되어 누군가에게 착취당할 수 있다는 것을요. 우리 또한 종종 잊곤 합니다. 우리가 성취에 취하여 공동체의 불평등을 외면하는 순간, 그로 인해 만들어진 절망의 구렁텅이에 우리가 빠질 수도 있음을요. 어쩌면 우리가 그토록 바라 마지않는 부동산 개혁은 평등에 대한 간절함이 아니라, 공정이 우리에게 손해가 될 수도 있다는 사실을 받아들이는 데서 시작할 것입니다.

주택 문제, 우리가 찾아가야 할 길

주택 정책의 모습은 사회 구성원이 주택의 가치를 어떻게 합의했는가에 따라 달라집니다. 우리는 되물어야 합니다. 우리에게 있어 집은 사는[live] 곳인가요? 아니면 사는[buy] 것인가요?

새 나라 새 세상의 희망은 수도 한양 건설과 함께 꽃을 피웠습니다. 토지 재분배의 원칙이 '농사짓는 자에게 토지를'이었다면, 철저한 계획 도시로 건설된 한양의 집터를 나눠주는 정책은 '실거주자에게 집터를'

이라는 원칙을 기반으로 집행되었죠. 원칙적으로는 누구든지 빈터를 찾아서 입안을 받으면 나라로부터 그 땅을 받아 집을 지을 수 있었습니다.

그런데 건설된 수도의 역량은 유입되는 인구를 수용하는 데 한계를 보입니다. 고위 관료부터 백성들까지 수도 한양의 시민이 되기 위해서 어떻게든 발을 걸치고 머리를 들이밀었습니다. 그리하여 아주 일찍부터 집집마다 소유권 분쟁이 벌어졌죠.

그것은 한양이 전례 없는 신도시였기 때문에 발생한 현상이었습니다. 한양 주민은 각종 세제 혜택은 물론, 조정이 전력을 기울였던 복지 정책의 수혜를 우선적으로 받았습니다. 무엇보다 가장 양질의 교육 시스템의 혜택을 입어 관료 사회로 진출하게 될 가능성이 크다는 메리트가 있었죠. 그렇게 조선 역사의 출발과 함께 '서울 프리미엄'이 생겨났습니다.

서울 거주민을 제외하더라도, 서울은 전국의 인구를 빨아들이는 블랙홀이었습니다. 우선은 관료제가 수렴하는 지점이었기에, 모든 관료와 입시생이 서울로 모였습니다. 지방의 모든 물자가 모이기 때문에 전국의 상인이 서울로 향했습니다. 지방의 식량 공급 체계가 붕괴되어 유랑민이 된 백성들도 서울로 몰려들었습니다. 주거난은 삼척동자도 예견할 수 있는 문제였죠.

그 결과, 오백 년 내내 조정의 골머리를 썩이던 주거난이 심화합니다. 사람들은 거리에, 산에, 개울가에 초막을 짓고 살아갑니다. 조정은 풍수지리를 비롯한 다양한 논거를 통해 불법건축물을 철거했지만, 아침에 철거한 동쪽 초막이 저녁에 서쪽 산에 설치될 뿐이었죠. 심지어 고위 관료 또한 산 위에 불법건축물을 짓고 살며 출퇴근할 정도였습니다.

주거난이 심해질수록, 집의 가치는 상승합니다. 사회적으로 성공한 사람들은 더 좋은 집에 살면서 자신의 성취를 모두에게 인정받고 싶어 하죠. 조선에서도 힘 있는 자들은 여러 방식으로 집을 단 한 평이라도 넓히고자 촉각을 기울였습니다. 빈 땅을 찾아내면 일단 입안부터 받았고, 힘없는 자들의 집을 빼앗아 자신의 것으로 삼았습니다.

이런 상황에서 조정의 부동산 정책은 규제 일변도였습니다. 고위 공직자의 다주택 소유 금지, 불법건축물 설치 금지, 사치 금지와 같은 규제 정책이 주택 시장을 무겁게 짓눌렀으나, 사유재산권이 발달하는 흐름을 막기에는 역부족이었죠. 이윽고 사람들은 조금씩 나라의 승인을 받지 않고 자기들끼리 주택의 소유권을 넘기기 시작합니다.

또한 조선 전기부터 후기까지 왕실과 종친의 '내로남불'은 끊이지 않았습니다. 왕족은 온갖 규제를 돌파해 대궐 같은 집을 지었는데, 왕은 신하들이 비판해도 그들을 일관되게 비호합니다. 이로 인해 왕과 조정이 국책 사업으로 토목 공사를 추진하거나 하면 일대의 땅값이 상승하는 등 시장에 잘못된 신호를 주게 되었죠.

그러던 중 17세기 한양에 엄청난 충격이 닥칩니다. 바로 임진왜란과 병자호란입니다. 전쟁이 남긴 상처는 비가역적이었습니다. 간신히 복구된 한양에서 '실거주자에게 집터를 준다'는 원칙은 무색해졌습니다. 오로지 사유재산권에 기반한 주택 시장만이 살아남았죠. 이윽고 연일

주택 소유권을 두고 법정 다툼이 열리며 한양은 거대한 재판장으로 변모합니다.

주택의 가치는 점점 뛰어올라, 노동으로 한양에 집을 구하는 건 꿈같은 일이 됩니다. 사람들은 비좁은 한양의 틈바구니에서 살아갈 방법을 찾아야만 했습니다. 그것은 임대주택 제도의 발달로 이어집니다. 사람들은 일정한 대가를 지불하고 남의 집 행랑채에서, 지인의 빈집에서, 친척 집에서 서울살이를 이어갈 수 있었습니다. 조정 또한 군인들을 대상으로 공공임대정책을 시행하면서, 더는 국가가 모든 개인에게 집터, 즉 '자가'를 줄 수 없음을 인정합니다.

한편 여러 세대에 걸쳐 임대제도와 소유권 분쟁에 휘말린 서울 시민들은 조금 더 정교한 임대제도를 도입합니다. 예컨대 전세 제도를 통해 임차인은 집값보다 낮은 가격으로 주거 문제를 해결할 수 있었고, 집주인은 목돈을 다른 곳에 투자하여 이익을 노릴 수 있게 되었죠.

그런데 주택 거래를 촉진하는 금융시장은 거의 전적으로 사채로 구성되어 있었습니다. 높은 이자율에 기반한 사채시장은 서민의 삶을 부채의 구렁텅이에 빠뜨렸죠. 그것을 적절히 통제하고 건전한 금융상품을 만들어야 할 정부 관료 또한 사채시장의 공급자가 되면서, 19세기 조선은 전 국민이 부채의 사슬에 매인 나라가 되었습니다.

조정은 주택 문제에 안일한 대처로 일관했습니다. 여러 규제 정책으로 사람들을 압박했으나, 시장이 형성되고 커지는 흐름을 세세하게 살피지는 못했죠. 특히 대규모 공급 정책이 절실했음에도 수도 한양은 한 치도 늘어날 수 없다는 입장을 고수하며, 이따금 행정구역을 개편하거나 빈터를 공공임대하는 정도의 정책만 펼쳤습니다. 단 한 번, 화성 신도시를 건설하고 행정수도를 이전하여 그 흐름을 뒤바꾸려는 시도가 있었으나, 그 기회는 봄날의 꿈처럼 흩어지고 말았습니다.

왜 그랬을까요? 아마도 조정은 한양의 주거난에 큰 관심이 없었던 것이 아닌가 싶습니다. 예를 들어볼까요? 조선 전기 이어진 불법건축물 문제는 왕실의 권위와 치안 문제로부터 촉발되었습니다. 군인들을 대상으로 한 공공임대정책은 국방력 강화 정책의 일환이었죠. 고위 공직자에 대한 다주택 금지는 부패 문제와 관련된 윤리적 쟁점이었습니다. 즉 주택정책이라 부를 수 있는 모든 정책의 궁극적 목표가 '주거난 해소'에 있지 않았다는 것입니다.

결국 조선의 주택은 '사는[live] 곳'으로 시작해서, '사는[buy] 것'으로 끝났습니다. 정부가 적절할 때 시장에 개입하지 않았고, 주거난 해소를 위한 장기적인 해법을 고안하지 않았으며, 부동산 시장에서 벌어진 자산 및 소득 불평등을 해소하는 데 소극적이었습니다. 또한 임차인을 보호하고 투기 수요를 억제하는 데 실패함으로써, 백성을 자본의 공격에 그대로 노출시켰죠. 살 권리를 잃어버린 백성들은 불법건축물에서 간신히 삶을 영위해야 했습니다. 정부가 시민의 살 권리를 위해 끊임없이 시장 논리에 대응하지 않으면, 집을 얻는 과정이 아비규환에 이르고 맙니다. 이것이 조선의 주택사가 남긴 귀중한 경험적 자산입니다.

이는 현대의 주택 문제에도 분명한 시사점을 줍니다. 주택 정책은 대체로 두 가지 큰 방향이 있습니다. 하나는 고도로 발전한 주택 금융 시스템과 지속적인 주택 건설 및 분양을 통하여 자가 소유 비율을 높이는 해법으로, 영미권에서 추구해오던 시스템입니다. 다른 하나는 적절한 민간 임대 시장을 형성하고 적극적인 공공임대를 통해 주거 안정성을 높이는 해법으로, 독일이 오랫동안 구축해온 시스템이죠. 2021년 기준 자가 보유율이 60.6퍼센트[238]에 달하는 한국의 상황은 영미권의 모습과 유사해 보입니다.

그런데 육십 퍼센트에 이르는 자가 보유율에도 불구하고, 한국의 주거 불안 문제는 끊이질 않습니다. 무주택자는 집이 없거나 집에서 쫓겨날까 봐 불안해하고, 유주택자는 집값과 금리 때문에 불안해합니다. 자본의 논리가 불러온 부동산 광풍이 시민의 살 권리를 계속해서 흔들어대고 있죠. 수십 년분의 소득에 해당하는 대출금이 없으면 임대주택조차 얻지 못하는 현실은 한국 사회가 그동안 주거난 해소를 위해 진지하고 꾸준한 노력을 해왔는지 의심케 합니다.

자가 보유율을 높이는 주택정책의 장점은 자산 형성을 통한 중산층 강화에 있습니다. 그런데 현재 한국의 모습은 어떨까요? 중산층은 나날이 쪼그라들고, 금리가 출렁일 때마다 유주택자와 무주택자의 아우성이 거리를 가득 채웁니다. 노동의 가치가 하락하고 실소득이 줄어들면서 건전한 방식의 계층 사다리는 옛말이 되었습니다. 무엇보다 빚더미 위에 쌓아 올린 화려한 삶의 양식은 '적당히 만족스러운 평범한 삶'의 허들을 끊임없이 올리고 있습니다. 경화사족의 삶을 따라가려 허덕이던 조선 사람들처럼요.

따라서 저는 앞으로의 부동산 정책은 주거난 해소, 즉 '살[live] 권리'를 보호하는 데 초점을 맞춰야 한다고 생각합니다. 이 점에 있어서는 독일의 선례를 참고할 만합니다. 독일에서는 백오십 년에 이르는 주택 정책의 역사 내내 끊임없이 '주택이란 무엇인가'에 대한 담론이 이어졌습니다. 그 결과 대단위의 공공임대 및 민간 임대주택의 공급, 강력한 임차인 보호, 주거 보조금 등의 정책이 장기적으로 집행됩니다. 즉 "집을, 필요로 하는 사람에게[Die Häuser denen, die sie brauchen]"라는 문구가 사회적 합의를 통해 전면에 도출된 것입니다.[239]

당연하게도 독일은 하나의 사례일 뿐입니다. 우리의 길은 우리가 찾아야 하죠. 다만 시민사회가 집의 가치에 대해 더 치열하게 논의하며 장기적으로 실현해나갈 이념을 도출해야 한다는 것만큼은 분명합니다. 집값이 오르면 오르는 대로, 내리면 내리는 대로 요동치는 여론, 정책의 방향과 시장의 반응이 정반대로 나타나는 현상은 집의 가치를 묻는 우리 사회의 담론이 미숙한 데 기인합니다.

집과 더불어 또 하나, 우리가 살펴봐야 할 중대한 역사적 장면이 있습니다. 조선은 서울에 모든 역량을 집중하여 '서울 왕국'을 만들었고, 우리는 '관습 헌법'이라는 우스꽝스러운 판결을 통해 '서울 공화국'을 보호했습니다. 하지만 지금처럼 서울에 모든 가치가 모이는 상황이 지속된다면, 불평등이 심화하는 현재의 흐름을 거스르기는 어려울 것입니다.

혹자는 말합니다. 한국의 균형발전 타이밍은 이미 지나가버렸다고. 국가균형발전위원회가 아직도 서울에 있다는 사실은 이제 '서울+수도권 공화국'이 한국의 현실임을 정부도 체념하는 마음으로 받아들여버린 것이 아닌가 생각하게 합니다. 이제 주요 정치인의 의제에도 균형발전은 잘 올라오지 않습니다. 저출생으로 인해 인구가 감소하는 상황에 균형발전을 시도하면 그나마 남아 있는 성장 동력마저 잃게 될 것이라 우려하죠.

그러나 우리는 희망을 포기하지 않아야 합니다. 저출생 문제의 핵심은 높은 허들과 치열한 경쟁입니다. 비록 그 과정에 시행착오가 있을지라도, 균형발전을 시도조차 하지 않는다면 우리를 둘러싼 치열한 경쟁의 세계는 허물어지지 않을 것입니다. 또한 이것은 앞서 말씀드렸던 것과 같이 공정함이 우리의 이익을 침해할 수도 있음을 받아들여야만 가능하죠. 서울이라는 거대한 도시 안에서 죽을 때까지 마라톤을 뛰어야 하는 우리의 삶을 미래 세대에도 물려줘야 할까요?

모든 도약은 희망을 잃지 않는 데서부터 시작합니다. 절망적인 저출생과 양극화 통계는 때때로 우리를 절망으로 이끌고, 답답한 정치권의 모습은 현실을 도피하게 합니다. 공동체의 연대는 허물어지고 개인과 개인의 투쟁이 그 자리를 채우고 있죠. 마치 19세기의 조선처럼, '이대로 망할 나라'라는 좌절감이 우리의 일상에 짙은 그림자를 드리우고 있습니다.

조선이 망국의 수렁에 빠진 것은 '농사짓는 이에게 토지를' '실거주자에게 살 곳을'이라는 희망이 완전히 무너진 순간부터였습니다. 여러 문제가 있었음에도 오백 년을 지탱해온 체제를 허술하다고 평할 순 없겠죠. 대한민국이라는 나라가 앞으로 몇 년을 이어갈지는 알 수 없지만, 지금의 위기도 넓게 보면 흐름의 일환일지 모릅니다. 과거는 흘러갔고, 미래는 다가오지 않았습니다. 예정되지 않은 미래를 결정하는 것은

'결국 세상은 바뀐다'는 굳건한 희망 속에서 내딛는 걸음입니다. 우리 사회 공동체를 위해, 그리고 미래 세대의 더 편안한 삶을 위해, 함께 뚜벅뚜벅 걸어나가기를 간절히 희망합니다.

미주

1   손호철, 「자본주의국가와 토지공개념: 6공화국의 토지공개념관련법안 입법을 중심으로」 『한국정치연구』 3, 1991, 194~195쪽.

2   김상용, 『토지소유권법사상』, 민음사, 1995, 349쪽.

3   이민우, 「여말선초 사전(私田) 혁파와 토지제도 개혁 구상」, 서울대학교 대학원 박사 학위 논문, 2015, 61~65쪽.

4   '김건태, 「결부제의 사적 추이」 『대동문화연구』 108, 2019, 293쪽' 및 '『세종실록(世宗實錄)』 1444년 6월 6일 기사'.

5   『고려사(高麗史)』 1390년 9월 기사.

6   『조선경국전(朝鮮經國典)』 「경리(經理)」 "권문세가들이 자기들에게 불리하다는 이유로 하나같이 헐뜯고 원망하면서 방해하는 통에 백성들에게 정치의 혜택이 돌아가지 못하게 되었으니, 한탄스러운 일이 아닌가(而當時舊家世族 以其不便於己 交口謗怨 多方沮毀 而使斯民 不得蒙至治之澤 可勝歎哉)?"

7   이민우, 앞의 논문, 168쪽.

8   국사편찬위원회(이호철), 「조선 초기의 경제구조: 토지제도와 농업」 『신편한국사』, 2002, 57~59쪽.

9   이헌창, 「조선시대 경지소유권(耕地所有權)의 성장」 『경제사학』 58, 2015, 11쪽.

10   이민우, 「조선 초기 과전(科田)의 세전(世傳) 문제와 수신전·휼양전의 개정」 『사학연구』 135, 2019, 22쪽.

11   『태종실록(太宗實錄)』 1403년 6월 6일 기사.

12   최이돈, 「세조대 직전제의 시행과 그 의미」 『진단학보』 126, 2016, 97쪽.

13   『세조실록(世祖實錄)』 1466년 11월 2일과 1468년 6월 14일 기사, 『성종실록(成宗實錄)』 1473년 7월 30일 기사.

14   최이돈, 앞의 논문, 94쪽.

15   이세영, 「조선전기의 '농장적 지주제(農莊的 地主制)': '사전형(私田型)'·'개간형(開墾型)' 농장(農莊) 형성(形成)을 중심으로」 『역사문화연구』 45, 2013, 53~55쪽.

16   이세영, 앞의 논문, 56쪽.

17   『예종실록(睿宗實錄)』 1469년 8월 8일 기사.

18   최이돈, 「조선 초기 손실답험제(損失踏驗制)의 규정과 운영」 『규장각』 49, 2016, 458쪽.

19   소진형, 「세종시대 공법 논쟁에서 나타난 조세개혁과 인정(仁政)의 관계, 그리고 그 범

주 및 의미」, 『정치사상연구』 24, 2018, 95쪽.

20   『태종실록(太宗實錄)』 1415년 8월 10일 기사.

21   소진형, 앞의 논문, 100쪽.

22   소진형, 앞의 논문, 105쪽.

23   강제훈, 「세종 12년 정액(定額) 공법(貢法)의 제안과 찬반론」, 『경기사학』 6, 2002, 88~90쪽.

24   '소진형, 앞의 논문, 99쪽'의 〈표 2〉를 수정하여 사용.

25   국사편찬위원회(이호철), 앞의 책, 86~88쪽.

26   『명종실록(明宗實錄)』 1566년 5월 12일의 기사.

27   이하의 내용은 '김건태, 『조선시대 양반가의 농업경영』, 역사비평사, 2004, 19~58쪽' 의 내용을 참고했음.

28   「1535년 김은석(金銀石) 명문(明文)」, 경주 양동 경주 손 씨 송첨 종가, 한국학중앙연 구원.

29   「1565년 임하댁(臨河宅) 토지매매명문(土地賣買明文)」, 안동 주촌 진성 이 씨 경류정, 한국학중앙연구원.

30   채현경, 「조선후기 토지매매명문(土地賣買明文) 배면(背面)의 기재유형」, 『고문화』 73, 2009, 139~151쪽.

31   허은철, 「조선전기(朝鮮前期) 장리(長利) 연구(研究)」, 한국교원대학교 대학원 박사 학 위 논문, 2019, 1~4쪽.

32   『고려사절요(高麗史節要)』 1316년(충숙왕 3년) 4월 기사, 『명종실록(明宗實錄)』 1566년 5월 12일 기사.

33   김건태, 앞의 책, 26~28쪽.

34   「1531년 옥룡(玉龍) 소지(所志)」, 안동 천전 의성 김 씨, 한국학중앙연구원.

35   『태종실록(太宗實錄)』 1418년 7월 2일 기사.

36   정윤섭, 「윤이후의 지암일기를 통해 본 죽도 별업생활과 향촌활동」, 『지방사와 지방문 화』 24(1), 2021, 172~175쪽.

37   『선조실록(宣祖實錄)』 1594년 2월 7일 기사.

38   『세종실록(世宗實錄)』 1441년 1월 27일 기사.

39   '정윤섭, 「조선후기 해남윤씨가(海南尹氏家)의 해언전(海堰田)개발과 도서(島嶼)·연해 (沿海) 경영(經營)」, 목포대학교 대학원 박사 학위 논문, 2011, 44~45쪽'의 〈표 6〉에서 인용.

40   정윤섭, 「16, 17세기 해남윤씨(海南尹氏)의 화산(花山) 죽도(竹島) 해언전(海堰田) 개간: 윤이후(尹爾厚)의 『지암일기(支菴日記)』를 중심으로」, 『역사학연구』 46, 2012, 53쪽.

41   『판적사신축등록(版籍司辛丑謄錄)』 1721년 1월 28일 기사.

42   김건태, 앞의 책, 27~29쪽, 169~171쪽.

43   신두영, 「택지개발사업의 개발이익 규모와 영향요인 분석」, 단국대학교 대학원 석사 학 위 논문, 2006, 81쪽.

44   『세종실록(世宗實錄)』 1424년 3월 23일 기사.

45   최윤오, 『조선후기 토지소유권의 발달과 지주제』, 혜안, 2006, 77쪽.

46   『인조실록(仁祖實錄)』 1635년 7월 24일 기사.

47   경자양전과 관련된 내용은 '한국역사연구회 토지대장연구반, 『조선후기 경자양전 연

구」, 혜안, 2008'을 저본으로 작성하였음.

48 한국역사연구회 토지대장연구반, 앞의 책, 108쪽.

49 『숙종실록(肅宗實錄)』 1718년 4월 8일 기사.

50 『비변사등록(備邊司謄錄)』 1718년 윤8월 24일 기사.

51 『비변사등록(備邊司謄錄)』 1708년 9월 27일 기사.

52 한국역사연구회 토지대장연구반, 앞의 책, 138쪽.

53 한국역사연구회 토지대장연구반, 앞의 책, 229~235쪽.

54 『선조실록(宣祖實錄)』 1583년 2월 15일 기사.

55 김동일, 「17·18세기 결부제의 폐단과 숙종조 황해도 방전법 시도」, 연세대학교 대학원 석사 학위 논문, 2019, 42쪽.

56 '김동일, 위의 논문, 46쪽'의 〈그림 4〉를 수정

57 『숙종실록(肅宗實錄)』 1701년 9월 10일 기사.

58 『숙종실록(肅宗實錄)』 1706년 5월 20일 기사.

59 「'누더기 세법' 본인들도 모호하자… 일단 세금 부과하고 보는 국세청」 《한국경제》, 2022. 8. 7.

60 이세영, 「주자(朱子)의 『맹자집주(孟子集註)』에 보이는 '정전제(井田制)'의 성격」 『역사문화연구』 32, 2009, 87~105쪽.

61 『승정원일기(承政院日記)』 1722년 11월 3일 기사.

62 김건태, 앞의 책, 205~207쪽.

63 '칠곡 광주 이 씨 감사 댁'과 관련된 서술은 '김건태, 앞의 책, 224~344쪽'의 내용을 저본으로 작성되었음.

64 김건태, 앞의 책, 236~242쪽.

65 김건태, 앞의 책, 257~268쪽.

66 김병남·송헌재, 「보유세 전가에 관한 실증연구」 『재정학연구』 15(4), 2022, 118~119쪽.

67 정진영, 「부자들의 빈곤2: 18세기 중반 영남 한 향촌 양반지주가의 경제생활」 『대구사학』 129, 2017, 13쪽.

68 정진영, 위의 논문, 36~37쪽.

69 경상도 용궁현 경자양전에 관한 서술은 '한국역사연구회, 토지대장연구반, 앞의 책, 465~496쪽'을 참고하였음.

70 '한국역사연구회 토지대장연구반, 앞의 책, 472쪽'의 〈표 3〉을 수정. 이해를 돕기 위해 환산 추정치로 수정하였음. 정확한 자료는 연구 논문 및 저서를 참고.

71 '한국역사연구회 토지대장연구반, 앞의 책, 477쪽'의 〈표 4〉를 수정.

72 한국역사연구회 토지대장연구반, 앞의 책, 494쪽.

73 한국역사연구회 토지대장연구반, 앞의 책, 473쪽.

74 김건태, 앞의 책, 180~183쪽.

75 박상태, 「조선후기(朝鮮後期)의 인구(人口): 토지압박(土地壓迫)에 대하여」 『한국사회학』 21, 1987, 107쪽.

76 김순한, 「16~18세기 영해(寧海) 신안주씨 가(新安朱氏 家)의 분재기 분석」, 영남대학교 대학원 석사 학위 논문, 2015, 19쪽.

77 『경북지방고문서집성』 「1682년 권목남매화회문기(權霂男妹和會文記)」 ('한국역사연

구회 토지대장연구반, 앞의 책, 549~550쪽' 에서 재인용).

78 『경북지방고문서집성』 「1902년 권징남매화회문기(權橙男妹和會文記)」 ('한국역사연구회 토지대장연구반, 앞의 책, 550쪽' 에서 재인용).

79 신안 주 씨 분재기에 대한 본문의 내용은 '김순한, 앞의 논문, 15~35쪽' 을 참고하였음.

80 김순한, 앞의 논문, 26쪽.

81 '김순한, 앞의 논문, 31쪽' 의 〈표 7〉을 수정하여 인용.

82 『대산집(大山集)』 제52권 「행장 운곡 처사 조공 행장」 "문중에서 논의하며 말하길, '상을 치르느라 살림이 거덜 나서 노비와 토지가 많이 남지 않았고, 누이들은 다행히 가난이 심하지 않은데, 어째서 재산을 나눈단 말인가.' 라고 하였다. 그러자 공이 눈물을 흘리며 '재물이란 모이고 흩어짐이 무상한 것이고, 더구나 양친이 계시지 않는데 내가 어찌 차마 독차지할 수 있겠소.' 라며, 끝내 재산을 누이들에게 나누어 주었다(門議咸曰. 喪難之敗, 僕畝無多, 在諸姉幸不甚羹, 何用分爲. 公泫然曰. 財者聚散無常, 且二親不在, 吾何忍自專乎, 卒以分諸姉氏)."

83 안승준, 「16~18세기(世紀) 해남윤씨가문(海南尹氏家門)의 토지(土地)·노비소유(奴婢所有) 실태(實態)와 경영(經營): 해남(海南) 윤씨고문서(尹氏古文書)를 중심(中心)으로」 『청계사학』 6, 1989, 175~186쪽.

84 조창은, 「고문서를 통해서 본 윤선도의 경제활동」, 한국학중앙연구원 한국학대학원 석사 학위 논문, 2011.

85 김건태, 앞의 책, 246~248쪽.

86 김건태, 앞의 책, 248~249쪽.

87 「2020 조세수첩」, 국회예산정책처.

88 '이정수·김희호, 『조선후기 토지소유계층과 지가 변동』, 혜안, 2011, 151~152쪽' 의 〈표 5〉 및 〈표 6〉을 수정하여 인용.

89 이정수·김희호, 위의 책, 144~146쪽.

90 본문의 석장둔(石場屯)과 관계된 내용은 '이영호, 『토지소유의 장기변동: 경기도 시흥 석장둔 250년 역사』. 경인문화사, 2018' 을 참고하였음.

91 '이정호, 위의 책, 107쪽' 의 〈표 2-6〉에서 인용.

92 이정호, 앞의 책, 79~82쪽.

93 '이정호, 앞의 책, 111쪽' 의 〈표 2-9〉를 수정하여 인용.

94 이정호, 앞의 책, 112~113쪽.

95 이정호, 앞의 책, 112쪽.

96 이정호, 앞의 책, 136~137쪽.

97 「13. 개인 토지의 10분위별 소유세대현황(2006~2021)」 『토지소유현황』, 국토교통 통계누리, 2022. 7. 13.

98 이원재 외 2인, 「한국의 부동산 부자들: 한국 부동산 계층 DB로 본 계층별 사회경제적 특성」 『LAB2050 연구보고서』, 2021, 9쪽.

99 위와 같음.

100 이정수·김희호, 앞의 책, 233쪽.

101 황해도장토문적에 관한 본문의 내용은 '이용훈, 「18~19세기 조선 토지가격의 변화와 그 의미」, 서울대학교 대학원 석사 학위 논문, 2016' 을 참고하였음.

102 이용훈, 위의 논문, 20쪽.

103 이용훈, 앞의 논문, 22쪽.

104 위와 같음.

105 '이용훈, 앞의 논문, 26쪽'의 〈표 3〉을 수정하여 인용.

106 '이정수·김희호, 앞의 책, 233쪽'의 〈표 1〉을 그래프화하여 인용.

107 '이정수·김희호, 앞의 책, 259~260쪽'을 참조.

108 이정수·김희호, 앞의 책, 260쪽.

109 오미일, 「18·19세기 공물연조(貢物政策)의 변화와 공인층(貢人層)의 변동」『한국사론』14, 1986, 148쪽.

110 위와 같음.

111 오미일, 앞의 논문, 14쪽.

112 이정수·김희호, 앞의 책, 288~290쪽.

113 이정수·김희호, 「18~19세기 유통자산(流通資産)의 매매를 통해 본 상업구조(商業構造) 변화」『조선시대사학보』43, 2007, 236쪽.

114 이와 관련한 더 자세한 내용은 '양진석, 「조선후기 매매문서를 통해 본 한성부(漢城府) 남부(南部) 두모포(豆毛浦) 소재 토지거래 양상」『고문서학회』35, 2009, 193~220쪽'을 참고.

115 이하의 내용은 '김세민, 「조선후기 광주(廣州)의 토지매매문서 연구」『향토서울』84, 2013, 47~80쪽'을 참고하였음.

116 김세민, 위의 논문, 59~61쪽.

117 김세민, 앞의 논문, 61쪽.

118 위와 같음.

119 더 자세한 사례는 '김세민, 앞의 논문, 59~70쪽'을 참고.

120 『고종실록(高宗實錄)』 1866년 10월 30일 기사.

121 『비변사등록(備邊司謄錄)』 1866년(고종 3년) 11월 5일 기사.

122 양진석, 앞의 논문, 213~215쪽.

123 하영휘, 『양반의 사생활』, 푸른역사, 2008, 60쪽.

124 하영휘, 위의 책, 55쪽.

125 하영휘, 「한 유학자의 서간(書簡)을 통한 19세기 호서(湖西) 사회사 연구」, 서강대학교 대학원 박사 학위 논문, 2003, 74~75쪽.

126 김건태, 앞의 책, 68~69쪽.

127 김건태, 앞의 책, 70쪽.

128 '김건태, 앞의 책, 69쪽'의 〈표 2-1〉을 수정하여 인용.

129 오희문, 이민수 옮김, 『쇄미록(瑣尾錄) 2』, 올재, 2014, 350~351쪽.

130 『태종실록(太宗實錄)』 1415년 6월 25일 기사.

131 『목민심서(牧民心書)』「예전(禮典)」. 정약용의 이 말은 엄밀히 말하면 '깨끗한 양반 귀족'과 '부당한 행위를 일삼는 하위 계급'에 대해 각각 공정한 잣대를 적용해야 한다는 뉘앙스를 내포하고 있다. 그렇지만 '신분 질서는 엄격히 서 있어야 한다.'는 전제 또한 명백하게 깔려 있다.

132 이정수·김희호, 「조선후기 소농의 확대 현상에 대한 재해석」『역사와 경계』111, 2019, 227쪽.

133 하의삼도 주민들과 조정 사이의 소송에 관한 본문의 내용은 '김경옥, 「18세기 한성부

에 정소한(呈訴) 하의삼도(荷衣三島) 사람들의 감성: 토지소유권을 둘러싼 왕실세력과 섬 주민의 갈등」 『감성연구』 2.1, 2011, 123~145쪽'을 참고하였음.

134 『비변사등록(備邊司謄錄)』 1892년(고종 29년) 12월 12일 기사.

135 최윤오, 앞의 책, 368~388쪽.

136 1696년 4월 28일자 『지암일기(支庵日記)』.

137 김성우, 「조선시대 농민적 세계관과 농촌사회의 운영원리」 『경제사학』 41, 2006, 22쪽.

138 박경안, 「선초 가대(家代)의 절급에 관하여」 『역사와현실』 69, 2008, 228쪽.

139 『성종실록(成宗實錄)』 1478년 1월 16일 기사.

140 박경안, 앞의 논문, 45~77쪽.

141 박경안, 앞의 논문, 233~234쪽.

142 유승희, 「15~16세기 한성부(漢城府)의 주택 문제와 정부의 대응」 『사학연구』 94, 2009, 55~57쪽.

143 유승희, 위의 논문, 57쪽.

144 고동환, 『조선시대 서울도시사』, 태학사, 2007, 85~88쪽.

145 유기현, 「왕조실록으로 본 조선시대 부동산정책의 고찰: 주택정책을 중심으로」 『공간과 사회』 31(1), 2021, 278~281쪽.

146 이정수·김희호, 『조선시대 노비와 토지 소유방식』, 경북대학교출판부, 2006. 21쪽.

147 유승희, 「조선전기 한성부 가옥 철거와 정부의 보상실태」 『이화사학연구』 42, 2011, 104쪽.

148 '유승희, 「조선전기 한성부 가옥 철거와 정부의 보상실태」, 108쪽'의 〈표 2〉 참조.

149 박현순, 「분재기를 통해 본 15~16세기 사족층의 주택 소유와 상속」 『역사와 현실』 84, 2012, 293~330, 288~299쪽.

150 전영준, 「조선 전기 별와요(別瓦窯)의 설치와 재정(財政) 운영(運營)」 『장서각』 31, 2014, 247~256쪽.

151 '유승희, 「조선전기 한성부 가옥 철거와 정부의 보상실태」, 98~114쪽'의 〈표 1〉 〈표 2〉 〈표 3〉 및 각주 20번의 〈표〉를 수정하여 인용.

152 『연산군일기(燕山君日記)』 1503년 11월 5일 기사.

153 유승희, 「15~16세기 한성부(漢城府)의 주택 문제와 정부의 대응」, 54쪽.

154 고동환, 앞의 책, 85쪽.

155 『비변사등록(備邊司謄錄)』 1687년 5월 1일 기사.

156 『경국대전(經國大典)』 「전택(田宅)」 "토지와 주택에 관한 소송은 (사건 발생일로부터) 5년이 지나면 들어주지 아니 한다(凡訟田宅, 過五年, 則勿聽)."

157 이무와 최립의 소송에 관한 내용은 '권이선, 「17세기 한성부 결송입안(決訟立案)을 통해 본 가대송(家垈訟) 요인과 판결 이후 소유권 확보의 과정」 『법사학연구(法史學研究)』 61, 2020, 11·39쪽'을 참고하였음.

158 정대운과 이흘의 소송에 관한 내용은 '심희기 외 9인, 『조선시대 결송입안집성』, 민속원, 2022, 590~614쪽'을 참고하였음.

159 유승희, 「17~18세기 한성부내(漢城府內) 군병(軍兵)의 가대(家垈) 지급과 차입(借入)의 실태」 『서울학연구』 36, 2009, 144쪽.

160 유승희, 위의 논문, 149쪽.

161 조성윤, 「조선후기 서울 주민의 신분구조와 그 변화: 근대 시민 형성의 역사적 기원」, 연세대학교 대학원 박사 학위 논문, 1992, 86~88쪽.

162 김종수, 「조선후기 훈련도감(訓鍊都監)의 설립과 운영」, 서울대학교 대학원 박사 학위 논문, 1996, 219~220쪽.

163 유승희, 앞의 논문, 159쪽.

164 이와 관련한 자세한 내용은 '임학성(林學成), 「조선 후기 한성부민(漢城府民)의 호적 (戶籍)자료에 보이는 '시입(時入)'의 성격」 『고문서연구』 24, 2004, 309~341쪽'을 참조.

165 유승희, 「조선후기 한성부 무주택자의 거주양상과 특징: 차입(借入), 세입(貰入)의 실태를 중심으로」 『한국민족문화』 40, 2011, 268~278쪽.

166 김건우, 「한성부 가계와 공인중개인 가쾌에 관한 고찰」 『고문서연구』 30, 2007, 205~208쪽.

167 『영조실록(英祖實錄)』 1724년 10월 16일 기사.

168 『승정원일기(承政院日記)』 1761년 7월 19일 기사.

169 『승정원일기(承政院日記)』 1735년 12월 25일 기사.

170 『승정원일기(承政院日記)』 1724년 2월 30일 기사.

171 『속대전(續大典)』 「군병입접공대자(軍兵入接公垈者)」 '군병으로서 나라의 토지에 들어와 사는 자는 면세한다(軍兵入接公垈者, 免稅).'

172 이근호, 「17·18세기 여가탈입을 통해 본 한성부의 주택문제」 『도시역사문화』 2, 2004, 60쪽.

173 『고문서집성 해남윤씨편 영인본(古文書集成-海南尹氏篇 影印本)』 3, 1986, 한국정신문화연구원, 65쪽. ('유승희, 「조선후기 한성부 무주택자의 거주양상과 특징: 차입(借入), 세입(貰入)의 실태를 중심으로」, 271쪽'에서 재인용.)

174 류승훈, 『법으로 보는 역사 기행』, 법률출판사, 2016, 420쪽.

175 김소은, 「16세기 매매 관행과 문서 양식」 『고문서연구』 24, 2004, 49쪽.

176 『승정원일기(承政院日記)』 1697년 6월 13일 기사.

177 이상식, 「18세기 서울 유학의 정치적 성격」 『향토서울』 58, 1998, 123쪽.

178 『승정원일기(承政院日記)』 1678년 5월 5일 기사.

179 『승정원일기(承政院日記)』 1697년 7월 28일 기사.

180 이광린(李光麟), 「경주인연구(京主人研究)」 『인문과학』 7, 1962, 237~267쪽.

181 유승희, 앞의 논문, 281쪽.

182 『승정원일기(承政院日記)』 1754년 8월 22일 기사.

183 이성임, 「조선중엽(朝鮮中葉) 양반관료(兩班官僚)의 경제생활(經濟生活)에 관한 일연구(一研究)」, 인하대학교 대학원 석사 학위 논문, 1990, 100쪽.

184 '임학성, 앞의 논문, 331쪽'의 〈표 6〉 참조.

185 고동환, 앞의 책, 144쪽.

186 고동환, 앞의 책, 145쪽.

187 임학성, 「18세기 말 수원(水原) 읍치(邑治)지역의 가옥 양태와 가격」 『고문서연구』 39, 2011, 171~172쪽.

188 수원 화성의 여러 특혜에 대해서는 '최성환, 「정조대 수원 화성 신도시의 위상과 별경(別京) 구상」 『역사교육』 151, 2019, 289쪽' 및 '정해득, 『정조시대 현륭원 조성과

수원』, 신구문화사, 2009, 260~307쪽'을 참고하였음.

189 임학성, 앞의 논문, 171~172쪽.

190 이하의 내용은 '양진석, 「조선후기 한성부(漢城府) 중부(中部) 장통방(長通坊) 정만석계(丁萬石契) 소재 가옥의 매매와 그 특징」 『규장각』 32, 2008, 33~61쪽'을 참고하였음.

191 '양진석, 위의 논문, 38~39쪽'의 〈표 1〉을 수정하여 인용.

192 위와 같음.

193 『정조실록(正祖實錄)』 1794년 3월 20일 기사.

194 『장서각소장 고문서대장 6』, 한국학중앙연구원 장서각, 2015, 152~178쪽.

195 '『장서각소장 고문서대장 6』, 329쪽(최주희, 「이왕직 소장 매매명문과 영수증의 성격」)'의 〈표 1〉을 수정하여 인용.

196 전성호, 「18~19세기 물가 추세(1744−1862)」 『조선시대사학보(朝鮮時代史學報)』 2, 1997, 207~209쪽.

197 전성호, 위의 논문, 220쪽.

198 이헌창, 「1678~1865년간 화폐량과 화폐가치의 추이」 『경제사학』 27, 1999, 42~45쪽.

199 이정수·김희호, 「18세기말~19세기초 자산가의 자산구조 변화와 지가(地價)변동」 『역사와 경계』 64, 2007, 130~132쪽.

200 『비변사등록(備邊司謄錄)』 1800년 11월 13일 기사.

201 『하재일기(荷齋日記)』 1891년 11월 2일 기사.

202 『하재일기(荷齋日記)』 1891년 8월 13일 기사.

203 한효정, 「17세기 전후 양반가부인의 경제활동 연구」, 성신여대 대학원 박사 학위 논문, 2007, 125~126쪽.

204 유봉학, 「《공사기고(公私記攷)》에 나타난 19세기 서리(書吏)의 생활상」 『규장각』 13, 1990, 7~8쪽.

205 유봉학, 위의 논문, 8쪽.

206 고동환, 「조선후기 한성부(漢城府) 행정편제의 변화: 방(坊)·리(里)·동(洞)·계(契)의 변동을 중심으로」 『서울학연구』 11, 1998, 42~74쪽.

207 이에나가 유코, 「북촌 한옥마을의 서울학적 연구」, 한국학중앙연구원 한국학대학원 박사 학위 논문, 2011, 146~230쪽.

208 고동환, 앞의 책, 125쪽.

209 고동환, 앞의 책, 165쪽.

210 이덕무, 『성시전도(城市全圖)』, "팔만여 민가는 오부가 통할하고, 사십구 방은 세 곳의 시장 거리를 끼고 있네(八萬餘家統五部, 四十九坊控三市)."

211 김하라, 「한 주변부 사대부의 자의식과 자기규정: 유만주(兪晚柱)의 『흠영』(欽英)을 중심으로」 『규장각』 40, 2012, 156쪽.

212 유만주의 가옥 구매에 관한 내용은 '김대중, 「유만주(兪晚柱)의 가옥 구매」 『한국실학연구』 0(27), 2014, 159~197쪽'에서 인용하였음. 또한 본문에 인용된 일기는 해당 논문의 번역문을 재인용하여 갈무리하였음.

213 유만주, 『흠영(欽英)』 5, 서울대학교규장각 영인본, 1997, 247면(朝以木庭之乘, 東訪醫, 以來直未果遇, 遂見東舍二千兩, 凡有四短. ○借僧見公洞二千一百之舍, 凡有六短), 253~254면(宮室室築則多於石, 器物則車運多於馬, 服飾則金繩多於帛, 皆參華制也. ○借倫從浚渠審視石

落. ◯崛起快於積果, 積聚雅於籬起, ◯思貞有短. 而四公可, 公有五短而四可, 而原則直有八短而無一可, 則何暇論大小遠近?).

214 『흠영(欽英)』 5, 217면(東見寒井之舍, 有園林花果頗盛, 迤見後松之舍, 舍已荒矣, 還停東移之計. ◯伊輩徒以多錢故做得許多屋子, 然全不識所以作用, 無當於雄深, 無當於雅遠, 元無尼徵也).

215 『흠영(欽英)』 5, 217면 (東見寒井之舍, 有園林花果頗盛, 見倭松之舍, 舍已荒矣, 還停東移之計. ◯伊輩徒以多錢故做得許多屋子, 然全不識所以作用, 無當於雄深, 無當於雅遠, 元無足徵也).

216 『흠영(欽英)』 5, 251면(同儈圖公舍, 特副磨餘巨玄及銀魚五, 議停當換移直以四明爲期), 253면(儈示貞圖, 凡五十二間. 質之從伯, 云, '直太高, 直爲一千八百).

217 『흠영(欽英)』 5, 251면(書議千餘于江廬, 送給一扇及花中光. 江人書諾家直), 254면(十萬五千文, 書報江廬預, 頎約翌曉發運).

218 『흠영(欽英)』 5, 124면(儈至, 議石國十五萬又五千文 ◯朝見尙洞舍. ◯讓定東舍, 約二萬五千于沔邸).

219 『흠영(欽英)』 5, 368면(儈忽發割斥曲苑之口, 直折二千文, 飭毋須詭譎, 止圖元幹).

220 『흠영(欽英)』 5, 254면(儈忽以駱舍告, 瓦見之, 有六短, 圖之, 凡七十二間, 歷拜從叔, 議越舍, 直以二千, 峻極不實, 凝覈之. ◯儈至辨疑, 約添換酪舍).

221 『흠영(欽英)』 5, 217면(儈言依違水舍唐荒, 決意東移), 254면(儈復至, 知直舍以暹而違, 更議公舍, 整置舍券).

222 『흠영(欽英)』 5, 291면(直上二千, 固非素料, 而至於無益之曠志, 則甚不利於事, 無當於事. ◯顧又向我說文事與? 令人反胃).

223 『흠영(欽英)』 5, 275면(年立矣, 乃不能作用一舍, 而若受下流欺騙, 亦難矣), 300면(不量輕發, 有如是矣. ◯舍事其難, 盡若是, 則人孰有問舍者?).

224 김대중, 앞의 논문, 193쪽.

225 위와 같음.

226 『흠영(欽英)』 5, 289~290면 (儈至議冷明遲速, 俾約于明, 今日越直記圖以示, ◯推高二萬, 越計添直于明舍, 俾儈推送駱文, 合計凡一千四白兩. ◯易券, 儈物明洞舍券. ◯儈暮以明圖至, 計凡百餘間).

227 『흠영(欽英)』 5, 291면 (大閤要停明舍, 都是無作用, 爲可恥耳, 若因是而慄悶生病, 則尤可恥, 已決不須慮, 303면 二千尙犯神明, 漸加何措? 亟停移計, 還推價本).

228 김대중, 앞의 논문, 185쪽.

229 김대중, 앞의 논문, 184쪽.

230 박은숙, 「근대 사금융 거래와 채권자의 성분(1891–1910): 서울·경기 지역을 중심으로」 『한국사연구』 189, 2020, 157쪽.

231 박은숙, 위의 논문, 177쪽.

232 박은숙, 앞의 논문, 178쪽.

233 1896년 12월 19일자 『하재일기(荷齋日記)』.

234 황윤석의 경제생활에 대한 내용은 '강신항 외 7인, 『이재난고로 보는 조선 지식인의 생활사』, 한국학중앙연구원출판부, 2007, 339~450쪽(이헌창, 「18세기 황윤석가의 경제생활」)'을 토대로 작성하였음.

235 '정수환, 「18세기 황윤석의 매매정보 수집과 소유권으로서의 매매명문 활용」 『민족문화논총』 0(52), 2012, 16~17쪽'의 〈표 4〉를 수정하여 인용.

236 한국부동산원, '유형별 매매가격 대비 전세가격 비율' 「전국주택가격동향조사」, 2022, 11.

237 김진유, 「전세의 역사와 한국과 볼리비아의 전세제도 비교분석」 『국토연구』 85, 2015, 45~46쪽.

238 「2021년도 주거실태조사 결과」, 국토교통부.

239 문수현, 『주택, 시장보다 국가』, 이음, 2022, 374~379쪽.

참고문헌

● 고문서

『경국대전』 (국사편찬위원회 조선시대법령자료DB)

『경세유표』 (한국고전종합DB)

『고려사』 (국사편찬위원회한국사DB)

『고려사절요』 (국사편찬위원회한국사DB)

『노상추일기』 (국사편찬위원회한국사DB)

『대산집』 (한국고전종합DB)

『맹자집주』 (동양고전종합DB)

『목민심서』 (한국고전종합DB)

『묵재일기』 (한국학중앙연구원 장서각기록유산DB)

『비변사등록』 (국사편찬위원회한국사DB)

『속대전』 (국사편찬위원회 조선시대법령자료DB)

『승정원일기』 (국사편찬위원회한국사DB)

『연암집』 (한국고전종합DB)

『이재난고』 (장서각기록유산DB)

『조선경국전』 (한국고전종합DB)

『조선왕조실록』 (국사편찬위원회한국사DB)

『지암일기』 (지암위키)

『하재일기』 (한국고전종합DB)

『허백당집』 (한국고전종합DB)

은진 송 씨 송규렴 가『선찰』 (디지털장서각 조선시대한글편지DB)

「1531년 옥룡(玉龍) 소지(所志)」 (장서각 한국고문서자료관)

「1535년 김은석 명문」(장서각 한국고문서자료관)
「1565년 임하 댁 토지매매명문」(장서각 한국고문서자료관)

● 단행본

강신항 외 7인,『이재난고로 보는 조선 지식인의 생활사』, 한국학중앙연구원출판
    부, 2007.

강제훈,『조선초기 전세제도 연구』, 고려대 민족문화연구원, 2002.

고동환,『조선시대 서울도시사』, 태학사, 2007.

이호철,「조선 초기의 경제구조: 토지제도와 농업」『신편한국사』, 국사편찬위원회,
    2002.

국사편찬위원회,『판적사등록』, 1995.

김상용,『토지소유권 법사상』, 민음사, 1995.

김석희,『조선후기 지방사회사 연구』, 혜안, 2004.

김성호 외 3인,『농지개혁사연구』, 한국농촌경제연구원, 1989.

김옥근,『조선왕조 재정사 연구』, 일조각, 1984.

김윤상,『지공주의: 새로운 토지 패러다임』, 경북대학교출판부, 2009.

김윤희,『근대 동아시아와 한국 자본주의』, 고려대학교 민족문화연구원, 2012.

류승훈,『법으로 보는 역사 기행』, 법률출판사, 2016.

마이클 샌델 저, 이양수 역,『정의의 한계』, 멜론, 2012.

문수현,『주택, 시장보다 국가』, 이음, 2022.

문용식,『조선후기 진정과 환곡운영』, 경인문화사, 2000.

서울사회경제연구소,『불평등 시대의 부동산 정책』, 한울엠플러스, 2022.

박병호,『한국법제사연구』, 법문사, 1974.

박영서,『시시콜콜한 조선의 편지들』, 들녘, 2020.

박영서,『시시콜콜한 조선의 일기들』, 들녘, 2021.

박영서,『시시콜콜 조선복지실록』, 들녘, 2022.

박용숙,『조선후기 향촌사회사 연구』, 혜안, 2007.

박평식,『조선전기 상업사연구』, 지식산업사, 1999.

서울시사편찬위원회,『서울육백년사』, 서울특별시, 1994.

손정목, 『조선시대 도시사회 연구』, 일지사, 1977.

송양섭, 『조선후기 둔전 연구』, 경인문화사, 2008.

송준호, 『조선사회사 연구』, 일조각, 1987.

송찬섭, 『조선후기 환곡제개혁연구』, 서울대학교출판부, 2002.

심희기 외 9인, 『조선시대 결송입안 집성』, 민속원, 2022.

오희문 저, 이민수 역, 『쇄미록 1, 2』, Olje(올재), 2014.

유만주 저·김하라 편저, 『일기를 쓰다 1, 2』, 돌베개, 2015.

유만주, 『흠영』, 서울대학교규장각 영인본, 1997.

원영환, 『조선시대 한성부 연구』, 서강대학교출판부, 1990.

이영호, 『토지소유의 장기변동: 경기도 시흥 석장둔 250년 역사』, 경인문화사, 2018.

이영훈, 『수량경제사로 다시 본 조선후기』, 서울대학교출판부, 2004.

이정수·김희호, 『조선시대 노비와 토지 소유방식』, 경북대학교출판부, 2006.

이정수·김희호, 『조선후기 토지소유계층과 지가 변동』, 혜안, 2011.

이태진 외, 『서울상업사』, 태학사, 2000.

정해득, 『정조시대 현륭원 조성과 수원』, 신구문화사, 2009.

주남철, 『한국건축사』, 고려대학교출판부, 2006.

존 롤스 저, 황경식 역, 『정의론』, 이학사, 2003.

최윤오, 『조선후기 토지소유권의 발달과 지주제』, 혜안, 2006.

토마 피케티 저, 장경덕 역, 『21세기 자본』, 글항아리, 2014.

하영휘, 『양반의 사생활』, 푸른역사, 2008.

한국역사연구회 토지대장연구반, 『조선후기 경자양전 연구』, 혜안, 2008.

한국학중앙연구원 편, 『장서각소장 고문서대장 6』, 장서각, 2015.

헨리 조지 저, 김윤상 역, 『간추린 진보와 빈곤』, 경북대학교출판부, 2012.

헨리 조지 저, 김윤상 역, 『노동 빈곤과 토지 정의』, 경북대학교출판부, 2013.

헨리 조지 저, 전강수 역, 『사회문제의 경제학』, 돌베개, 2013.

Karl Marx, Theories of Surplus Value, Prometheus Books, 2000.

● 통계자료

국토교통부, 〈2021년도 주거실태조사 결과〉.
국토교통 통계누리, 『토지소유현황』.
한국부동산원, 〈전국주택가격동향조사〉, 2023. 1. 17.

● 논문

가국일, 「한국(韓國) 토지소유권(土地所有權)의 변천에 관한 연구」 『가천법학』 4(2),
    2011, 79~110쪽.
강제훈, 「답험손실법(踏驗損實法)의 시행과 전품제(田品制)의 변화」 『한국사학보』
    8, 2000, 293~334쪽.
강제훈, 「세종 12년 정액(定額) 공법(貢法)의 제안과 찬반론」 『경기사학』 6, 2002,
    63~92쪽.
고동환, 「조선후기 한성부(漢城府) 행정편제의 변화: 방(坊)·리(里)·동(洞)·계(契)
    의 변동을 중심으로」 『서울학연구』 11, 1998, 37~81쪽.
권이선, 「17세기 한성부 결송입안(決訟立案)을 통해 본 가대송(家垈訟) 요인과 판
    결 이후 소유권 확보의 과정」 『법사학연구』 61, 2020, 11~39쪽.
김건우, 「한성부 가계와 공인중개인 가쾌에 관한 고찰」 『고문서연구』 30, 2007,
    189~213쪽.
김건태, 「19세기 어느 성리학자의 가작(家作)과 그 지향: 김흥락가(金興洛家) 사례」
    『한국문화』 55, 2011, 115~158쪽.
김건태, 「결부제의 사적 추이」 『대동문화연구』 108, 2019, 241~303쪽.
김건태, 「17~18세기(世紀) 양반지주층(兩班地主層)의 토지소유양상(土地所有樣相)」
    『성대사림』 12-13, 1997, 233~250쪽.
김경숙, 「17세기말~18세기초 향촌의 전답 분쟁과 퇴송(推訟)·환면상송(換面
    相訟): 구례·곡성현의 결송입안을 중심으로」 『조선시내사학보』 99, 2021,
    239~272쪽.
김경옥, 「18세기 한성부에 정소한(呈訴) 하의삼도(荷衣三島) 사람들의 감성: 토
    지소유권을 둘러싼 왕실세력과 섬주민의 갈등」 『감성연구』 2(1), 2011,

123~145쪽.

김대중, 「유만주(兪晩柱)의 가옥 구매」『한국실학연구』0(27), 2014, 159~197쪽.

김동일, 「17 ·18세기 결부제의 폐단과 숙종조 황해도 방전법 시도」, 연세대학교 대학원 석사 학위 논문, 2019.

김문경, 「가와이문고(河合文庫) 소장 고문서(古文書)에 보이는 조선후기 서울 종로의 주택과 미나리 논(水芹田)」『민족문화연구』84, 2019, 35~51쪽.

김병남 · 송헌재, 「보유세 전가에 관한 실증연구」『재정학연구』15(4), 2022, 101~125쪽.

김성갑, 「19세기 부안김씨가사전장(扶安金氏家舍田莊) 환퇴분쟁(還退紛爭): 부안김씨가(扶安金氏家)의 결송입안(決訟立案)을 중심(中心)으로」『장서각』12, 2004, 59~95쪽.

김성우, 「조선시대 농민적 세계관과 농촌사회의 운영원리」『경제사학』41, 2006, 3~34쪽.

김성우, 「19세기 초반 노상추(盧尙樞)의 백운동 별업(別業) 조성과 경영」『역사와 현실』78, 2010, 249~300쪽.

김세민, 「조선후기 광주(廣州)의 토지매매문서 연구」『향토서울』84, 2013, 47~80쪽.

김소라, 「양안의 재해석을 통해 본 조선후기 전세 정책의 특징」, 서울대학교 대학원 박사 학위 논문, 2021.

김소은, 「16세기 매매 관행과 문서 양식」『고문서연구』24, 2004, 45~72쪽.

김순한, 「16~18세기 영해(寧海) 신안주씨 가(新安朱氏 家)의 분재기 분석」, 영남대학교 대학원 석사 학위 논문, 2015.

김용흠, 「『경세유표』를 통해서 본 복지국가의 전통」『동방학지』180, 2017, 39~66쪽.

김종수, 「조선후기 훈련도감(訓鍊都監)의 설립과 운영」, 서울대학교 대학원 박사 학위 논문, 1996.

김진유, 「전세의 역사와 한국과 볼리비아의 전세제도 비교분석」『국토연구』85, 2015, 41~53쪽.

김하라, 「한 주변부 사대부의 자의식과 자기규정: 유만주(兪晩柱)의 『흠영』(欽英)을 중심으로」『규장각』40, 2012, 145~170쪽.

김혁, 「19세기 사족층의 "선영경관(先塋景觀)" 조성과 그 의미」『퇴계학과 유교문화』40, 2007, 333~373쪽.

김흥순, 「조선 전기 도시 토지이용 정책의 가치」『국토계획』44(2), 2009, 39~56쪽.

김흥순, 「조선 후기 도시계획에서 나타난 근대성」『도시 행정 학보』22(1), 2009, 41~67쪽.

노상욱, 「토지소유(土地所有)에 대한 인식(認識)의 전환(轉換)」, 경희대학교 행정대학원 석사 학위 논문, 2002.

노순범, 「주택임대차보호법 개정에 따른 법적쟁점에 대한 소고」『서울법학』29(1), 2021, 147~191쪽.

문숙자, 「고문서로 본 조선후기 양반가의 가사(家舍) 경영과 주거(住居)」『한국학』39(4), 2016, 73~103쪽.

문숙자, 「조선후기 균분상속의 균열과 그 이후의 상속관행」『국학연구』0(39), 2019, 117~149쪽.

문준영, 「구한국기의 임대차 분쟁과 전세 관습」『법사학연구』48, 2013, 133~216쪽.

박경안, 「선초 가대(家代)의 절급에 관하여」『역사와 현실』69, 2008, 225~254쪽.

박성준, 「19세기 말~20세기 초 강원지역 궁방전의 농업경영」『강원사학』0(35), 2020, 201~244쪽.

박은숙, 「근대 사금융 거래와 채권자의 성분(1891~1910): 서울·경기 지역을 중심으로」『한국사연구』189, 2020, 155~188쪽.

박장호, 「조선전기 한양도성 내 민가에 관한 연구」, 명지대학교 산업대학원 석사학위 논문, 2013.

박학성, 「조선 후기 한성부민(漢城府民)의 호적(戶籍)자료에 보이는 '시입(時入)'의 성격」『고문서연구』24, 2004, 309~341쪽.

박현순, 「분재기를 통해 본 15~16세기 사족층의 주택 소유와 상속」『역사와 현실』84, 2012, 293~330쪽.

박형진, 「조선 후기 신흥 양반주거의 연속적 공간 특성」『한국실내디자인학회논문집』24(1), 2015, 115~123쪽.

박훈탁, 「조선후기 적장자 상속의 역사적 기원: 시장과 벌렬의 정치경제」『대한정치학회보』10(2), 2002, 329~347쪽.

배항섭, 「19세기 조선과 베트남의 토지개혁론에 대한 비교사적 검토」『역사학보』206, 2010, 65~98쪽.

소진형, 「세종시대 공법 논쟁에서 나타난 조세개혁과 인정(仁政)의 관계, 그리고 그 범주 및 의미」 『정치사상연구』 24, 2018, 87~118쪽.

손호철, 「자본주의국가와 토지공개념: 6공화국의 토지공개념관련법안 입법을 중심으로」 『한국정치연구』 3, 1991, 191~216쪽.

성윤모, 「조선시대의 부동산매매에 관한 연구: 조선왕조실록을 중심으로」 『부동산학연구』 4(1), 1998, 165~181쪽.

신두영, 「택지개발사업의 개발이익 규모와 영향요인 분석」, 단국대학교 대학원 석사 학위 논문, 2006.

신복룡, 「조선조 실학자들의 토지 인식」 『부동산 도시연구』 3(1), 2010, 5~26쪽.

심희기·박동진, 「조선 시대의 건물(家舍)과 그 대지(垈地)의 일체성」 『토지법학』 37(2), 2021, 35~81쪽.

안승준, 「16~18세기(世紀) 해남윤씨가문(海南尹氏家門)의 토지(土地)·노비소유(奴婢所有) 실태(實態)와 경영(經營): 해남(海南) 윤씨고문서(尹氏古文書)를 중심(中心)으로」 『청계사학』 6, 1989, 157~222쪽.

양선아, 「조선 후기 서해연안 간척의 기술적 과정과 개간의 정치」 『쌀삶문명 연구』 4, 2011, 49~74쪽.

양진석, 「조선후기 한성부(漢城府) 중부(中部) 장통방(長通坊) 정만석계(丁萬石契) 소재 가옥의 매매와 그 특징」 『규장각』 32, 2008, 33~61쪽.

양진석, 「조선후기 매매문서를 통해 본 한성부(漢城府) 남부(南部) 두모포(豆毛浦) 소재 토지거래 양상」 『고문서연구』 35, 2009, 193~220쪽.

양택관, 「조선전기(朝鮮前期) 왕실(王室)의 토지소유(土地所有)와 경영(經營)」 『한국사학』 53, 2007, 13~60쪽.

오미일, 「18·19 세기 공물정책(貢物政策)의 변화와 공인층(貢人層)의 변동」 『한국사론』 14, 1986, 105~179쪽.

오인택, 「숙종대 양전의 추이와 경자양안의 성격」 『역사와 경계』 23, 1992, 37~94쪽.

유기현, 「토지공개념 3법에 대한 저하 및 지속성의 한계」 『도시행정학보』 31(3), 2018, 103~125쪽.

유기현, 「왕조실록으로 본 조선시대 부동산정책의 고찰: 주택정책을 중심으로」 『공간과 사회』 31(1), 2021, 246~288쪽.

유봉학, 「《공사기고(公私記攷)》에 나타난 19세기 서리(書吏)의 생활상」 『규장각』

13, 1990, 1~19쪽.

유승희, 「18~19세기 한성부(漢城府) 경제범죄(經濟犯罪)의 실태와 특징」『서울학연구』31, 2008, 127~165쪽.

유승희, 「15~16세기 한성부(漢城府)의 주택 문제와 정부의 대응」『사학연구』94, 2009, 37~76쪽.

유승희, 「17~18세기 한성부내(漢城府內) 군병(軍兵)의 가대(家垈) 지급과 차입(借入)의 실태」『서울학연구』36, 2009, 137~164쪽.

유승희, 「조선전기 한성부 가옥 철거와 정부의 보상실태」『이화사학연구』0(42), 2011, 95~126쪽.

유승희, 「조선후기 한성부 무주택자의 거주양상과 특징: 차입(借入), 세입(貰入)의 실태를 중심으로」『한국민족문화』40, 2011, 265~296쪽.

유현재·김현우, 「조선후기 서울 주택가격 변동과 의미」『조선시대사학보』95, 2020, 313~341쪽.

윤기상, 「정도전의 행정사상과 부동산정책 관리방향: 토지공개념을 중심으로」, 『한국행정사학지』18, 2006, 79~114쪽.

윤세순, 「문학과 일상, 혹은 비일상: 유만주의 일상과 완월(玩月)」『한문학논집』35, 2012, 59~93쪽.

이경식, 「조선전기(朝鮮前期) 토지(土地)의 사적(私的) 소유문제(所有問題)」『동방학지』85, 1994, 65~122쪽.

이광린, 「경주인문기(京主人硏究)」『인문과학』7, 1962, 237~267쪽.

이광린, 「경주인연구(京主人硏究)」『인문과학』7, 1962, 237~267쪽.

이근호, 「17·18세기 여타탈입을 통해 본 한성부의 주택문제」『도시역사문화』2, 2004, 53~80쪽.

이민우, 「고려 말 사전(私田) 혁파와 과전법에 대한 재검토」『규장각』47, 2015, 103~133쪽.

이민우, 「조선 초기 과전(科田)의 세전(世傳) 문제와 수신전·휼양전의 개정」『사학연구』135, 2019, 5~36쪽.

이상국, 「고려~조선초 공사전의 개념과 왕토사상(王土思想)」『대동문화연구』85, 2014, 499~524쪽.

이상식, 「18세기 서울 유학의 정치적 성격」『향토서울』58, 1998, 109~132쪽.

이선아, 「영조대 정국 동향과 호남지식인 황윤석의 학맥과 관료생활」『지방사와 지방문화』13(2), 2010, 239~269쪽.

이성임, 「조선중엽(朝鮮中葉) 양반관료(兩班官僚)의 경제생활(經濟生活)에 관한 일연 구(一研究)」, 인하대학교 대학원 석사 학위 논문, 1990.

이세영, 「주자(朱子)의 『맹자집주(孟子集註)』에 보이는 '정전제(井田制)'의 성격」『역 사문화연구』32, 2009, 81~115쪽.

이세영, 「조선전기의 '농장적 지주제(農莊的 地主制)': '사전형(私田型)'·'개간형(開墾 型)' 농장(農莊) 형성(形成)을 중심으로」『역사문화연구』45, 2013, 43~107쪽.

이에나가 유코, 「북촌 한옥마을의 서울학적 연구」, 한국학중앙연구원 한국학대학 원 박사 학위 논문, 2011.

이원재 외 2인, 「한국의 부동산 부자들: 한국 부동산 계층 DB로 본 계층별 사회 경제적 특성」『LAB2050 연구보고서』, 2021, 1~34쪽.

이용훈, 「18~19세기 조선 토지가격의 변화와 그 의미」, 서울대학교 대학원 석사 학위 논문, 2016.

이용훈, 「조선후기 토지거래의 비교사적 의미: 인간관계와 가격윤리의 측면에서」 『고문서연구』60, 2022, 91~125.

이욱, 「17세기 초반 예안 사족의 토지소유 분쟁과 그 성격」『고문서연구』40, 2012, 57~79쪽.

이정수, 「16세기 중반~18세기 초의 화폐유통(貨幣流通) 실태: 생활일기류(生活日 記類)와 전답매매명문(田畓賣買明文)을 중심으로」『조선시대사학보』32, 2005, 95~148쪽.

이정수·김희호, 「18~19세기 유통자산(流通資産)의 매매를 통해 본 상업구조(商業 構造) 변화」『조선시대사학보』43, 2007, 213~265쪽.

이정수·김희호, 「18세기말~19세기초 자산가의 자산구조 변화와 지가(地價)변동」 『역사와 경계』64, 2007, 105~136쪽.

이정수·김희호, 「조선후기 소농의 확대 현상에 대한 재해석」『역사와 경계』111, 2019, 205~243쪽.

이헌창, 「1678~1865년간 화폐량과 화폐가치의 추이」『경제사학』27, 1999, 3~45쪽.

이헌창, 「조선시대 경지소유권(耕地所有權)의 성장」『경제사학』58, 2015, 3~52쪽.

이호철, 「농장제에서 병작제로의 이행: 조선시대 농업생산관계론의 재검토」『농업 경제연구』38(2), 1997, 157~186쪽.

임상혁, 「조선시대 무주지 개간을 통한 소유권 취득」 『토지법학』 31(1), 2015, 207~233쪽.

임성수, 「17~18세기 과세지 확대와 궁방전(宮房田) 규제 강화」 『한국문화』 0(87), 2019, 159~197쪽.

임성수, 「18~19세기 은여결(隱餘結)의 파악과 지방재정운영」 『동방학지』 181, 2021, 33~69쪽.

임학성, 「18세기 말 수원(水原) 읍치(邑治)지역의 가옥 양태와 가격」 『고문서연구』 39, 2011, 147~186쪽.

장창민, 「조선시대(朝鮮時代)의 환퇴제도(還退制度)」 『법사학연구』 26, 2002, 173~201쪽.

전경목, 「분재기(分財記)를 통해서 본 분재(分財)와 봉사(奉祀) 관행(慣行)의 변천: 부안김씨 고문서를 중심으로」 『고문서연구』 22, 2003, 249~270쪽.

전성호, 「18~19세기 물가 추세(1744-1862)」 『조선시대사학보』 2, 1997, 193~238쪽.

전영준, 「조선 전기 별와요(別瓦窯)의 설치와 재정(財政) 운영(運營)」 『장서각』 31, 2014, 236~261쪽.

정수환, 「『이재난고』를 통해 본 조선후기 사회사: 18세기 이재 황윤석의 화폐 경제생활 – 『이재난고』 1769년 일기를 중심으로」 『고문서연구』 20, 2002, 147~182쪽.

정수환, 「17세기 화폐유통과 전답매매양상의 변화: 매매명문(賣買明文)에 대한 분석을 중심으로」 『장서각』 0(23), 2010, 151~185쪽.

정수환, 「18세기 황윤석의 매매정보 수집과 소유권으로서의 매매명문 활용」 『민족문화논총』 0(52), 2012, 540~577쪽.

정수환, 「노상추(1746~1829)의 토지 매매정보 수집과 매매활동: 거간(居間)과 거간인(居間人) 그리고 토지매매명문(土地買賣明文)」 『민족문화논총』 73, 2019, 155~191쪽.

정수환·이헌창, 「조선후기 구례(求禮) 문화류씨가(文化柳氏家)의 토지매매명문(土地賣買明文)에 관한 연구」 『고문서연구』 33, 2008, 189~225쪽.

정윤섭, 「조선후기 해남윤씨가(海南尹氏家)의 해언전(海堰田)개발과 도서(島嶼)·연해(沿海) 경영(經營)」, 목포대학교 대학원 박사 학위 논문, 2011.

정윤섭, 「16·17세기 해남윤씨(海南尹氏)의 화산(花山) 竹島 해언전(海堰田) 개간:

357

윤이후(尹爾厚)의 『지암일기(支菴日記)』를 중심으로」 『역사학연구』 46, 2012, 35~65쪽.

정윤섭, 「윤이후의 지암일기를 통해 본 죽도 별업생활과 향촌활동」 『지방사와 지방문화』 24(1), 2021, 147~185쪽.

정정남, 「생활일기에서 본 16세기 읍내에 위치한 주택의 공간구성과 활용」 『대한건축학회논문집』 19(7), 2003, 133~142쪽.

정진영, 「사족과 농민: 대립과 갈등, 그리고 상호 의존적 호혜관계」, 『조선시대사학보』 73, 2015, 153~191쪽.

정진영, 「부자들의 빈곤 2: 18세기 중반 영남 한 향촌 양반지주가의 경제생활」 『대구사학』 129, 2017, 269~308쪽.

정진영, 「18~19세기 대구지역 토지거래와 지가변동: 경주최씨가의 전답 매매자료 분석」 『조선시대사학보』 89, 2019, 291~326쪽.

조성윤, 「조선후기 서울 주민의 신분구조와 그 변화: 근대 시민 형성의 역사적 기원」, 연세대학교 대학원 박사 학위 논문, 1992.

조창은, 「고문서를 통해서 본 윤선도의 경제활동」, 한국학중앙연구원 한국학대학원 석사 학위 논문, 2011.

차은정, 「한말 공인(貢人)의 선물 교환과 사회관계: 「하재일기(荷齋日記)」를 중심으로」 『한국문화』 52, 2010, 123~157쪽.

채현경, 「조선후기 토지매매명문(土地賣買明文) 배면(背面)의 기재유형」 『고문화』 73, 2009, 135~156쪽.

최성환, 「정조대 수원 화성 신도시의 위상과 경도(別京) 구상」 『역사교육』 151, 2019, 263~300쪽.

최순희(崔淳姬), 「농포 정문부 자제 화회성문(農圃 鄭文孚 子弟 和會成文)」 『문화재』 17, 1984, 247~258쪽.

최이돈, 「세조대 직전제의 시행과 그 의미」 『진단학보』 126, 2016, 69~100쪽.

최이돈, 「조선 초기 손실답험제(損失踏驗制)의 규정과 운영」 『규장각』 49, 2016, 453~499쪽.

박상태, 「조선후기(朝鮮後期)의 인구(人口): 토지압박(土地壓迫)에 대하여」 『한국사회학회』 21, 1987, 101~120쪽.

하영휘, 「한 유학자의 서간(書簡)을 통한 19세기 호서(湖西) 사회사 연구」, 서강대학교 대학원 박사 학위 논문, 2003.

하태규,「마르크스 지대론의 전개」『사회경제평론』28(3), 2015, 35~71쪽.

한복룡,「전환기의 조선초기 상속법」『법학논총』42(3), 2018, 317~359쪽.

한효정,「17세기 전후 양반가부인의 경제활동 연구」, 성신여대 대학원 박사 학위 논문, 2007.

허원영,「조선후기 강릉 선교장(船橋莊)의 지주경영 연구」『인문과학연구』0(61), 2019, 143~175쪽.

허은철,「조선전기(朝鮮前期) 장리(長利) 연구(研究)」, 한국교원대학교 대학원 박사 학위 논문, 2019.